U0928630

辽宁林业职业技术学院社会继续教育及其体系的构建研究

王巨斌　王艳霞　郑祥辰　王晓丹　编著

中国林业出版社

内容简介

本书是辽宁林业职业技术学院战略研究“辽宁林业职业技术学院社会继续教育及其体系的构建”课题的研究报告。全书主要报告了我国终身教育体系的构建、发展和意义，以及学院在全日制学历教育、非全日制学历教育、非学历教育、终身教育、企业终身教育和高校终身教育六个方面的研究和建设。

本书是辽宁林业职业技术学院多年来在继续教育体系构建与完善的经验总结，也希望对其他职业院校有所作用。

图书在版编目(CIP)数据

辽宁林业职业技术学院社会继续教育及其体系的构建研究/王巨斌等编著. —北京：中国林业出版社，2016. 12
ISBN 978-7-5038-8875-5

Ⅰ. ①辽… Ⅱ. ①王… Ⅲ. ①高等职业教育－社会教育－研究 ②高等职业教育－继续教育－研究 Ⅳ. ①G719. 2

中国版本图书馆 CIP 数据核字(2016)第 319894 号

中国林业出版社·教育出版分社

策划编辑：吴 卉 张 佳 田 苗

责任编辑：张 佳 田 苗

电话/传真：83143561

出版发行 中国林业出版社(100009 北京市西城区德内大街刘海胡同 7 号)
E-mail：jiaocaipublic@163. com
电话：(010)83143500
http：//lycb. forestry. gov. cn

经　销 新华书店
印　刷 固安县京平诚乾印刷有限公司
版　次 2016 年 12 月第 1 版
印　次 2016 年 12 月第 1 次印刷
开　本 850mm×1168mm 1/16
印　张 18. 75
字　数 307 千字
定　价 52. 00 元

未经许可，不得以任何方式复制或抄袭本书之部分或全部内容。

版权所有　侵权必究

前言

辽宁林业职业技术学院历来重视在教育研究领域的战略研究。从2003年独立升格为高职院校起，更致力于高等职业教育的战略研究。此战略研究项目——辽宁林业职业技术学院社会继续教育及其体系的构建，幸赖学校培训中心、林学院、园林学院、继续教育学院等部门鼎力相助，经过三个春秋，终于功成。我们确信在人生的不同阶段，只有通过不断地汲取知识财富来丰富自己的头脑，才能够成为社会有用之人。本书所蕴含的思想和实践，有的为读者所熟知，有的可能是我们独见，仅供大家参考。

本书包括：绪论、全日制学历教育、非全日制学历教育、非学历教育、终身教育、企业终身教育、高校终身教育实践七部分内容。全书由王巨斌统稿。本项目研究参与者有：王巨斌、王艳霞、李祝贺、崔巍、薛丹、王福玉、郑祥辰、王晓丹、柴艳、赵慧珠、姬翔宇等，研究人员为本书著述提供了大量有价值的资料。由于作者能力有限，观点和做法不一定成熟，请读者批评指正。

编者

2016年10月

目录

绪论

一、构建终身教育体系

党的十八大提出，“完善终身教育体系，建设学习型社会”是实现全面建成小康社会重大战略任务的根本保障，又一次突出强调了建设学习型社会、构建终身教育体系的重要性。《国家中长期教育改革和发展规划纲要(2010—2020年)》(以下简称《国家教育规划纲要》)明确要求：“到2020年，要构建完成体系完备的终身教育。”这为下一步教育改革发展、构建终身教育体系指明了方向。

1. 终身教育体系是建设学习型社会的重要基石

学习型社会属于社会形态范畴，从社会发展角度来说，是消除学习障碍，保障所有人学习权益，使教育和学习从传统的学校扩展到社会的各个层面、各个组织和所有的人，囊括了一个人从出生到生命终结各种环境下的正规、非正规和非正式教育和学习。学习型社会虽然不是体系构建的内容，但与终身教育体系建设紧密不可分，二者相互联系，互为促进。从宏观上看，建设终身教育体系和学习型社会都是教育发展的新视野和新境界，是社会化教育、学习化社会的集中体现，是未来创新型社会结构的一个重要层面。具体而言，终身教育体系和学习型社会是教育和社会的集合体，其目标是建设学习型社会和终身教育体系，两者本质一致，各有侧重。终身教育体系建设完善之时，也是学习型社会建成之日。

2. 开放式的继续教育是构建终身教育体系的重要内容

通常广义上可将继续教育理解为对那些已脱离正规教育参加工作的人，为适应新的形势需要，所接受的包括进行技能训练及知识、观念更新为主的培训或进修。如此说来，终身教育在内涵上包含继续教育，但继续教育的开放式、多样化、专业性等特点，使其成为构建终身教育体系的重要内容。开放式表现为利用现代教育手段和培训设施，面向不同群体，以时间开放、空间开放、课程开放、资源开放和学员、老师交流开放的方式开展继续教育。多样化表现为办学模式、教学手段、培训内容、培训对象的多样化。主要通过开展校企合作、社区和企业教育、国际联合办学等模式，以面向社区教育、农村继续教育和企业继续教育为基础，以成人高等继续教育、专业技术人员和管理人员继续教育为主体开展多样化的继续教育培训。专业性表现为突出社会热点、热门专业开展职业技术资格证书培训，并为此建设符合专业化技术标准要求的大型实训培训基地，为培养专业技能型人才服务。

3. 建立开放式教育是构建终身教育体系的创新点

开放式教育要整合学校教育资源和社会教育资源，以网络教育、远程教育为主，同时向学历教育和非学历教育开放服务，而不单单开展学历教育，搞成又一所学校化、学历化的教育机构。其中，非学历教育服务，包括各种职业资格证书、岗位资格证书、单科学习合格证书等，应当成为开放式教育不可或缺、不可替代的重要组成部分。但是，开放式教育绝不能简单成为广播电视大学、某某名牌大学远程教育的翻版或换牌，而必须通过面向市场需求，整合社会资源，由各高等学校、广播电视大学、职业院校等共同参与。

开放式教育要以学分或者课程为基础，以学分银行为基本形式，实行普通高校正规课程开放和非正规教育学习成果认证的双向开放和衔接，实行学分累积和综合考核，然后发放相应学历文凭。其中，以若干普通高校和远程教育学校组成的联合教育体，全面系统地向社会开放正规高等教育课程，这是举办开放式教育的一种重要形式。

建立开放式教育要注重激发学员学习的内驱力。实行学历教育和非学历教育有条件的沟通与衔接，固然是建立教育立交桥的突破口，但是，以取得学历文凭为目标的对象，毕竟是其中的一小部分，对于面广量大、不以取得学历文凭为目标的社会成员，如何激发他们的学习内驱力，吸引他们为提高生活质量和生命价值、终身发展和自我完善，而持续地学习并取得成效，是建立开放式教育的重要方向。另外，建立开放式教育必须是合规范、有品质、有信誉、具特色的一种教育类型，而不能是低水平、混文凭的杂牌教育，也不能搞成类似英国精英型的开放式教育，而应该建成一个全方位、有质量、开放型、可持续发展的高等教育机构。

4. 搭建公共学习资源平台和支持服务体系，是构建终身教育体系的重要支撑

在全民终身教育发展过程中，社会成员不断增长的学习需求和公共学习资源供给不足是一个主要矛盾。满足社会成员多样化、个性化的学习需求，加强公共学习资源建设是一个关键性问题。这样，在政府主导下，加强统筹协调，发挥政府各个部门、各级各类教育机构、社会各个方面、企业行业单位的作用，整合一切包括网络在内的教育学习资源，合理优化配置，进社区、进家庭，使社会成员尽可能方便快捷地享受这些资源。

搭建多层次、综合性的公共学习资源平台和公共服务体系，是推进终身

教育体系的关键性环节。民政部基层政权和社区建设司陈伟东等人对“社区公共服务体系”的定义是：以中央和地方政府为投资主体，以社区公共服务人员为操作依托，以社区公共服务设施为运作载体，以社区居民和驻区单位为服务对象，以满足社区居民多样性公共服务需求为主要内容，政府采用多种方式引导社会各界共同参与的公共服务网络及运行机制。

社区教育是终身教育体系的基础性教育载体和公共服务平台。社区教育与普通教育、职业教育相比，尽管起步晚、时间短，但其伴随着社会的快速发展应运而生，是终身教育体系的重要一环。

二、我国终身教育体系构建

我国终身教育体系建构已经纳入《国家教育规划纲要》。2010 年国务院颁发的《国家教育规划纲要》中，将终身教育体系构建作为国家教育改革与发展的重要举措。“构建体系完备的终身教育、学历教育和非学历教育协调发展，职业教育和普通教育相互沟通，职前教育和职后教育有效衔接。继续教育参与率大幅提升，从业人员继续教育年参与率达到 50%。现代国民教育体系更加完善，终身教育体系基本形成，促进全体人民学有所教、学有所成、学有所用。”“加快发展继续教育。继续教育是面向学校教育之后所有社会成员的教育活动，特别是成人教育活动，是终身学习体系的重要组成部分。更新继续教育观念，加大投入力度，以加强人力资源能力建设为核心，大力发展非学历继续教育，稳步发展学历继续教育。重视老年教育。倡导全民阅读。广泛开展城乡社区教育，加快各类学习型组织建设，基本形成全民学习、终身学习的学习型社会。”“构建灵活开放的终身教育体系。发展和规范教育培训服务，统筹扩大继续教育资源。鼓励学校、科研院所、企业等相关组织开展继续教育。加强城乡社区教育机构和网络建设，开发社区教育资源。大力发展现代远程教育，建设以卫星、电视和互联网等为载体的远程开放继续教育及公共服务平台，为学习者提供方便、灵活、个性化的学习条件。”

例如，上海市首开先河以地方政府立法的形式加快终身教育体系的构建。《上海市终身教育促进条例》已由上海市第十三届人民代表大会常务委员会第二十四次会议于 2011 年 1 月 5 日通过，2011 年 5 月 1 日实施。明确规定了终身教育体系的协调管理、资金投入、办学实施、多渠道举办等方面内容，使终身教育体系的建设走上了法制化轨道，并成为城市发展的重要举措。

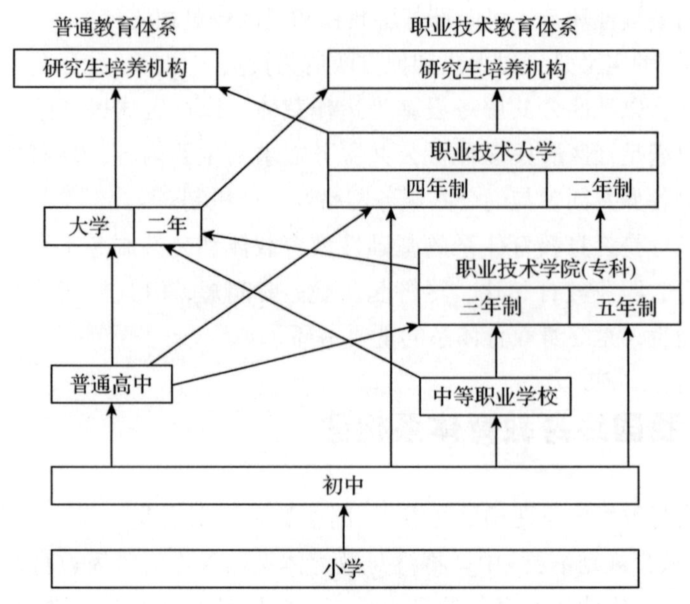

全日制终身教育体系

上海是我国较早接受终身教育理念并积极开展终身教育实践的省市之一。早在20世纪80年代中期，上海市有关部门就开始组织有关专家学者和教育实践工作者进行终身教育的课题研究和立法前瞻性思考。90年代中后期，在上海的有关政府部门、高校和教育科研院所集聚和形成了一批专家队伍，他们领衔全国和省市一级的课题研究，从理论和实践指导层面进行终身教育的国际国内比较研究与行动研究，在全国产生了较大的影响。90年代末，上海市正式提出“创建学习型社会，构建终身教育体系”的目标，标志着与现代化国际大都市建设相匹配的终身教育体系工程启动。为了顺应终身教育在上海的发展趋势，并为终身教育体系的健全与完善提供完备的法制环境。近年来，上海的不少有识之士呼吁借鉴国内外发达国家和地区终身教育法制的成功经验，尽早制定终身教育的地方性法规。2004年、2005年和2006年相继召开的上海市人大十二届二次、三次和四次会议上，许多人大代表联名提出进行终身教育立法的议案和书面意见，特别是有关议案，直接对老年教育、成人教育、职业教育、社区教育和建设学习型组织等的立法提出了文本草案，体现了终身教育立法的必要性、紧迫性、广泛性和专业性。2008年，上海市人大将终身教育立法项目列入五年立法规划，随后组成了由市人大、市政府法制办和市教委共同参加的终身教育立法课题组，就终身教育立法所涉及的重点问题开展研究。2010 年，该立法项目正式定名为《上海市终身教育促进条例》(以下简称《条例》)。在《条例》制定过程中，上海市先后通过座谈会、信函等形式向 107 家单位征求意见，并就专门问题请示教育部。《条例》(草案)经市人大常委会审议修改后，通过媒体、网络等向广大市民公示、征求意见，最后经市第十三届人大常委会第二十四次会议表决通过。《条例》集中了方方面面专业人才的智慧，体现了上海各界对终身教育事业发展的愿景和期望，其编撰过程，也是上海市对终身教育事业进行总结经验、摸清问题、探索思考、寻求突破的过程。

《条例》的内容反映出以下几个特点：

(1)体现了终身性、全员性、全程性的特点。《条例》充分体现了以人为本的现代理念与构建社会主义和谐社会的科学发展观，以科学、整体、统筹、协调和可持续发展为指导原则，适应知识经济和信息社会的发展，创建学习型城市，推进学习化社会建设，提高市民的文化素质和生活质量，提升城市的自主创新能力、综合竞争力和文明程度。

(2)《条例》体现了上海的地方特色。各地社会发展的特殊历史渊源及现实差异决定了在社会、经济、文化和教育上的诸多不同。上海作为国际化大都市，根据国际经济、贸易、金融和航运中心建设的战略定位，其经济和社会发展的速度、规模、质量要求和产业结构布局需求以及社区文化建设、学习型组织的发展与健全、市民素养的提高等，对终身教育有着比较特殊的要求，在《条例》中兼顾了上海的地方特点。

(3)《条例》在促进义务教育、职业教育、学历教育、非学历教育、成人教育、老年教育等领域协调发展方面进行了有益的尝试，对终身教育体系构建起到积极的作用。

(4)《条例》在终身教育管理和执法部门的设置与权限问题上进行了界定。特别是对终身教育管理、协调和执法的机构进行了设定，并明确了其法律地位和责任。

(5)体现了公民受教育的基本权利和对违法的处罚。任何公民都有享有接受终身教育的权利，《条例》对上海市民应当享有哪些接受终身教育的基本权利，政府和社会应当提供怎样的机会和条件，如何整合优化和充分利用社会公共资源等都做出了明确规定。同时，对违反法规如何进行处罚和承担法律责任等也有明确的规定。

(6)体现了学习形式多元化的特点。《条例》在学习形式上倡导灵活性和多样性，在鼓励发展网络教育，运用高新技术开发寓教于乐的资源和媒体，创建社区学院和开放科技馆、文化馆、公民馆、会所等公共资源方面也做出了相关的规定。《条例》的颁布与实施将成为我国终身教育体系构建先行先试的典型，也将成为我国终身教育体系立法的样板，必将对我国终身教育体系构建起到推动作用。

三、终身教育的国际实践

终身教育理论确立以来，受到世界各国的普遍重视。目前许多国家的政府把终身教育作为本国教育改革的总目标，努力把终身教育纳入规范化渠道，并以终身教育的原则来改组、设计自己的国民教育体系，试图建立一个从幼儿园到老年大学、从家庭教育到企业教育的全面实施终身教育的终身教育大系统。

以下几个方面可以清楚地看出世界各国对终身教育体系构建的探索和实践。

1. 制定终身教育的法规

不少国家通过设立机构和立法，从法律上确立终身教育理论为本国当今和今后教育发展和改革的基本指导思想。如日本在 1988 年设立了终身学习局，并于 1990 年颁布并实施《终身学习振兴整备法》；美国则在联邦教育局内专设了终身教育局，并于 1976 年制定并颁布了《终身学习法》；法国国民议会在 1971 年制定并通过了一部比较完善的成人教育法《终身职业教育法》，而且还在 1984 年通过了新的《职业继续教育法》，对一些问题作了补充规定；韩国则于 20 世纪 80 年代初把终身教育写进了宪法，并开始实施终身教育政策。联邦德国、瑞典、加拿大等许多国家也针对终身教育颁布了相应的法律。

2. 把成人教育纳入终身教育的大体系中

1976 年内罗毕会议通过了《关于发展成人教育的建议》，建议提出：成人教育是包含在终身教育总体中的一部分；教育绝不仅限于学校阶段，而应扩大到人生的各个方面，扩大到各种技能和知识的各个领域。在这种终身教育思想的影响下，各国政府把成人教育看成推动终身教育进程的先导，高度重视成人教育，通过制定法律来保障成人教育的发展。1976 年，挪威在世界上第一个通过成人教育法，把成人教育视为终身学习体制的基础，促进了成人教育各领域间的协调合作。1982 年韩国制定了社会（成人）教育法，提出了社会(成人)教育制度化。联邦德国1973年通过的教育计划把成人教育列为与普通教育的初、中、高等三种教育并列的第四种教育。许多国家为了保障成人教育的实施，采取了许多有效措施，如在入学条件上采取灵活的政策，带薪教育休假制度，经济援助，开设成人学分累计课程等。

3. 改变学校的封闭结构，向社会开放

改变学校的封闭结构，形成开放的、弹性的教育结构，是各国推行终身教育中的一个重大实践。日本在1995年召开了由社会各界知名人士组成的“终身学习审议会”，会中要求高等教育机构必须向社会敞开大门，广泛吸收在职成人进入高等教育机构学习。日本的成人大学已经被纳入大学计划，一些高级中学还举办开放讲座，向社区开放，发挥学校的文化中心作用。在美国，特别是20世纪60年代以后，以社区发展为目标的社区学院大力发展起来，其对成人的开放性达到了几乎没有什么限制的程度。很多大学都成立了大学开放部，开展对“非传统型学生”的教育活动。英国也有开放式教育和大学的成人教育部，提供成人教育。在欧洲的许多国家，大学通过公开讲座、成人教育中心、函授等形式为人们提供继续教育和回归教育的机会。

4. 开发各种社会教育渠道

许多国家有意识地把文化组织、社区组织、职业协会和企事业单位部门纳入终身教育系统，充分利用社会各种具有教育力量和教育价值的资源和设施，使教育、社会一体化。日本在1988年提出了“向终身教育体系过渡”的建议，发展社会教育团体，建立学习信息网，建立家庭、社会、学校教育一体化的终身教育体系，将文化会馆、图书馆、博物馆、活动中心等各种科学文化设施都纳入教育的范畴。美国的监狱、工会、军队、医院等许多非教育性的机构也积极从事成人教育。许多公司也定期向员工提供培训。

虽然，各国在终身教育这个领域都取得了一定的成绩，但总体来看，终身教育在世界各国都还处于实践阶段，现在还没有一个国家真正建立起完整的终身教育制度。

四、构建我国终身教育体系的主要途径

1. 继续教育是终身教育体系重要的组成部分

《国家教育规划纲要》明确指出：继续教育是面向学校教育之后所有社会成员的教育活动，特别是成人教育活动，是终身学习体系的重要组成部分。

更新继续教育观念，加大投入力度，以加强人力资源能力建设为核心，大力发展非学历继续教育，稳步发展学历继续教育，重视老年教育，倡导全民阅读，广泛开展城乡社区教育，加快各类学习型组织建设，基本形成全民学习、终身学习的学习型社会。建立健全继续教育体制机制。政府成立跨部门继续教育协调机构，统筹指导继续教育发展。将继续教育纳入区域、行业总体发展规划。行业主管部门或协会负责制定行业继续教育规划和组织实施办法。加快继续教育法制建设。健全继续教育激励机制，推进继续教育与工作考核、岗位聘任(聘用)、职务(职称)评聘、职业注册等人事管理制度的衔接。鼓励个人多种形式接受继续教育，支持用人单位为从业人员接受继续教育提供条件。加强继续教育监管和评估。构建灵活开放的终身教育体系。发展和规范教育培训服务，统筹扩大继续教育资源。鼓励学校、科研院所、企业等相关组织开展继续教育。加强城乡社区教育机构和网络建设，开发社区教育资源。大力发展现代远程教育，建设以卫星、电视和互联网等为载体的远程开放继续教育及公共服务平台，为学习者提供方便、灵活、个性化的学习条件。搭建终身学习"立交桥"。促进各级各类教育纵向衔接、横向沟通，提供多次选择机会，满足个人多样化的学习和发展需要。健全宽进严出的学习制度，办好开放式教育，改革和完善高等教育自学考试制度。建立继续教育学分积累与转换制度，实现不同类型学习成果的互认和衔接。

2. 自学考试是构建终身教育体系的重要途径

我国的自学考试制度举世瞩目，30 年来，全国累计有 2.1 亿人参加自学考试，其中 920 万人获得本专科学历，有 1000 万人获得各种非学历证书。自考全日制助学不但为因"文化大革命"失去教育机会的一代人提供了接受高等教育的机会，为改革开放后上不了大学的高考落榜生提供了平等接受高等学校教育的机会，而且开创了中国独具特色的考试经济和培训产业。20 世纪 80 年代初，邓小平借鉴英国开放式教育经验，在中国建立了高等教育自学考试制度，如果说当时是为了广开学路为人们提供接受高等教育的机会，缓解国家高等教育资源严重不足与广大人民群众不断增长的接受高等教育、提升学历的需求之间的矛盾，自考的专业设置、课程设置基本沿袭了普通高等学校的学科体系；而现在自考的教育对象、市场需求都发生了很大的变化，自考的专业设置、课程设置不适应求学者的需要、不适应市场需求、不适应经济社会发展需要的矛盾日益凸显，这就迫切需要我们与时俱进，进行改革，使自学考试向着构建终身教育体系方向健康发展。从构建终身教育体系上来看，今后高等教育自学考试应定位于“继续教育和终身教育”层面，以“促进人的发展和成长为出发点”，以“满足人民群众多样化、多层次的学习和发展需求”为宗旨，以“提高学习者的综合素质和岗位能力”为目的，明确专业和课程改革是高等教育自学考试改革的龙头，以“部分职业性较强的专业课程设置调整”为突破口，“合理把握人才培养标准，为学习者提高切合实际需要的学习服务”“逐步形成以应用型、职业性为主的自考专业和课程体系”，只有这样，才能使自考专业和课程体系从沿袭了 30 年的普通高校学科体系中“解放”出来。这就要求我们以现代教育理论和构建终身教育体系、开放教育理念为支撑，牢牢把握高等教育发展规律和人的全面发展规律，科学运用马克思主义“扬弃”观念，始终坚持把教育质量放在第一位，“扬”自考之优势，即灵活的专业设置、开放的学习形式、宽进严出的制度优势；“弃”不切实际、不符合人的全面发展、不适应经济社会发展需要的“学科型”专业和课程体系，把自考助学教育纳入终身教育范畴，真正实现以学养学、学以致用、活到老学到老的目标。自考教育是一种“全纳性”高等教育模式。所谓“全纳性”是指自考关注的是最容易被遗忘的社会群体，关注的是最需要接受教育的社会群体，这种教育在缓解社会就业压力，培养应用型人才，促进教育公平和社会和谐等方面发挥重要作用，真正使自学考试成为终身教育体系的重要组成。

五、终身教育体系的发展趋势

从国际上看，树立终身教育理念，运用终身教育理念指导、规划本国教育战略，已成为世界教育改革与发展的共同趋势。

1. 多元的办学主体

教育是集体的事业，光靠专门从事教育的人无法向前推进，需要社会各方面力量的支持与参与，需要社会各方力量、各部门以及各类人士来共同研究解决各种各样的教育问题，参加教育决策。终身教育的法制化演变历程表明，美国终身教育的法律已由最初的主要为满足国家发展需要逐渐转向了强调个人发展需求，在实施中特别强调统整、合作、协调的理念，注重调动全社会的力量共同参与终身教育工作。从其成人教育的专业团体发展来看，这些团体包括地方性、全国性、国际性的专业组织。日本各政府把教育事业当作该地区发展的基础，积极并富有创造性地对行政区域内教育事业的发展投入了很大的精力和财力，如东京教育委员会为了树立国际大都市的形象，倡导振兴终身学习，把创建“实现市民在其一生中能自主完成学业的终身学习体系”作为都政的重要目标；为市民提供各种学习机会和必要场所；促进学校、家庭和地区社会的相互联系，构筑丰富的终身学习社会。此外，英国已经形成终身教育的六大格局，即继续教育、终身教育、远距离教育、业余教育、网上教育和全日制大学成人教育。法国是终身教育思想的发源地，早已形成以民众团体推动、国家社会共同举办终身教育的格局。

2. 承担多元的社会功能

以美国为例，社区学院是比较常见的终身教育机构。它主要承担以下任务：大学预备教育、职业技术教育、成人及继续教育、补救性教育、社区教育。除此以外，社区学院还有为社区推广文化的任务，它们是社区的文化中心，扫除所有的文盲是社区学院的基本任务之一。

3. 多元的实施载体

发达国家重视根据本国国情，选定适合自己国家的创建终身教育和学习型社会的多元载体。

4. 建立终身教育体系

教育受到万众瞩目，成为知识经济社会的“支点”已是不争的事实。“终身教育”成为人们关注的新的焦点。理论和现实均告诉我们，建立“终身教育”体系势在必行。同任何事物都有两面性一样，终身教育也有其盲点和误区。有人认为它是单纯地为那些缺乏技术不能晋职的工人开设进修课程；也有人认为，有了完善的成人教育设施就意味着实现了终身教育；更有人认为终身教育是一种娱乐性、补偿性教育或成人教育。此外，遍及世界的教育培训，特别是以为终身培训可以代替终身教育，是当前许多教育工作者容易混淆的另一个认识与行动的误区。应该明确，生理和心理的变化、思想和个性的发展与成熟以及社会政治、经济、文化的发展贯穿于人的一生，因而学习也必然伴随人的一生。所以，有组织、有计划地为每个人的一生中的任何时候创造条件提供学习、研究的机会。因为终身教育是导致人的发展的变化过程。应使其超越纯粹适应就业的范畴，而将其列入作为人的持续协调发展条件加以设计的终身教育这一含义更广的概念之中。这一点，也确实为我国广泛开展的再教育培训工程与中国终身教育的发展注入一支清心剂。我们必须明确，真正符合现代社会需要的继续教育已不能再参照生活的一个具体阶段，如初、高中以至大学后的继续教育，或一种过于局限的目的而下定义了，今后，人们的一生都是学习的时间，一生所学的每一类知识都会影响和丰富其他知识。

世界教育的“累积现象”是：受教育越多，就越想受教育。而终身教育会为那些因种种原因而未能完成全部学业或因学业失败而离开受教育者行列的人提供新的机会。开展终身教育的国家除人们所熟知的英国、德国、加拿大和美国外，瑞典50%以上的成年人一年接受一种有组织的培训，免费为文化水平不高的成人在基础学校接受九年义务教育以及在读完高中后再提供一次补充培训的机会；同我国“一衣带水”的日本，在终身教育方面有许多值得我们借鉴的地方，日本正式提出了要改变迄今为止的以学校教育为中心的观念，把“学历社会”转向“终身学习化社会”，这是日本借鉴当今国际上先进的“终身教育”思想，不再把教育改革限定在学校教育制度的修修补补，而是对现行教育制度进行深刻的反思，重新认定学校教育的作用及其界限，克服原来“学历社会”的种种弊端，提出重组整个教育体系，以建成“终身学习化社会”。

日本等国开展终身教育的实践使我们得到诸多有益的启示：首先，开展终身教育已成为世界教育改革的一大潮流，是21世纪教育发展的必然趋势。而我国对此仍未放在教育改革与发展的主攻目标，未形成全民意识和教育行政部门的自觉行动。素质教育是重要的，而没有终身教育作为基础和前提，素质教育难以深入，更难持久。其次，现代社会应该是法制社会，教育立法，特别是终身教育立法事关其成败。凡是终身教育成为国家行为，始终如一地开展，并卓有成效的，都是立法在前的国度。我国终身教育立法时机已经成熟，及早走入法制轨道，是我们的唯一选择。同时还应清醒地认识到，立法一定要有前瞻性，“先上马，后备鞍”已是令人恸疚的深刻教训。第三，日本与世界许多国家开展终身教育的一个很重要的经验就是十分重视学以致用，社会对学习者终身学习的成果做出及时的评估，对学有成就的人颁发各种学习证书和资格证书，使学习者有成就感和社会认同感。第四，正确处理好终身教育与学校教育的关系，从终身教育的观点，从整个大教育系统来规划学校教育的改革。

六、终身教育体系的划时代意义

20世纪中叶，民主化作为一种泛社会性的潮流和趋势，弥漫于政治、经济领域，教育领域也受到巨大的冲击，教育民主化的需求日益成为社会的群体性呼声。从教育民主化的内涵来看，主要包括教育权利平等、教育机会均等，以及教育过程和教育结果平等，而教育机会均等是现代教育民主化的核心所在。

为实现教育民主化，学校系统作出了巨大的努力，但非民主化的教育现象仍比比皆是：弱势群体的受教育机会相对较少，一次性教育产生的“落伍者”“失败者”屡见不鲜……这些现象的存在无疑为教育民主化蒙上了阴影。仅依靠学校内部改革来实现教育的平等是不可能的，必须拓展空间，发动社会各方面的力量，延长教育的期限，从而提供多元化的教育形式。因此，通过终身教育的模式可以实现和满足教育民主化的需求，拓深教育民主化的内容和层次。

首先，终身教育思想本身隐含了教育民主与平等的要求。不同于传统教育的对象仅限于儿童、青少年，终身教育面向全体人员，不论其性别、年龄、职业等背景，都是接受教育、学习的对象。这种新的思想实际上对社会提出了更高的要求，即教育要实现民主与平等，使人人受教育、人人皆学习。作为终身教育的“火车头”的成人教育最突出体现了教育对象的广泛性，其丰富的教育内容、灵活的教育形式也促使了教育民主化的发展。

其次，朗格朗的终身教育涵盖各级各类教育，由此拓宽了人们学习、训练、进修的活动空间，使民主原则能落实在教育上，实现了教育上的机会均等。不论是从人生不同发展阶段的纵向角度，还是从不同类型的社会生活的横向角度来看，终身教育都为人的发展提供了广阔的前景。在纵向上，学前教育、初等教育、中等教育、高等教育相互衔接，前一级教育是后一级教育的基础，后一级教育是前一级教育的自然延伸。在横向上，重新调配教育资源，使普通教育、职业教育、成人教育相互沟通与渗透，正规教育与非正规教育相互补充，学校、家庭和社会教育紧密结合，相辅相成。学习者可以在人生的各个阶段，选择最适合自己的时间、地点和方法，进行连续的、系统的学习活动。譬如，早年没有机会上学或因传统选拔制度惨遭淘汰的个体，可以通过扫盲计划、校外职业训练、进修等方式接受教育。

在1996年联合国教科文组织成立50周年之际，“国际21世纪教育委员会”提交的题为《教育——财富蕴藏其中》的报告指出：“一般来说，机会均等原则对所有致力于逐步确立终身教育各个方面的人来说是一项重要标准。这一原则符合民主的要求。因此，它正式体现在灵活的教育方法中是正确的。通过这些方法，可以说社会从一开始就担保在每个人的一生中，为其提供均等的就学和随后培训的机会，不管他受教育的道路是多么迂回曲折。”由此可见，教育民主或教育平等始终是终身教育的一项基本准则，终身教育对于实现教育民主具有重要作用，朗格朗所构筑的终身教育体系具有时代价值和意义。

七、终身教育体系与国民教育体系的关系

从办学理念上看，国民教育体系侧重于提升国民的整体素质，尤其是国民的基础能力素养方面。而终身教育则在终身学习理念的倡导下立足于对每一个人的生涯发展能起到促进作用的立场出发，促进个人的终身学习，使每一个社会成员在一生中能持续地学习，以满足其在一生中各个时期、各个阶段的各种学习需求。21 世纪的教育必须扩展为终身教育，终身教育之路通向美好未来，不论年龄有多大，都必须有机会学习新的技能。

从办学特点上来讲，终身教育体系从人的发展出发，强调人受教育的终身性、灵活性，超越了国民教育体系阶段性、制度化的教育形式，因而更具包容性。

从主要内容上来讲，国民教育体系的主要组成部分是学校教育系统，即以具体的教育形态为主的学校教育，因而，它主要是指学前教育、九年义务教育、高中教育和大学教育。而终身教育体系则对国民教育体系进行了空间和时间上的延伸，更大范围地囊括了诸如职业培训、社区教育、休闲教育等，以及贯穿人的幼儿、青少年、成年和老年时期的一种统合而协调的体系。

从办学体制上来讲，终身教育体系不仅包括了由国家、其他社会组织以及个人依据国家的教育发展规划举办的制度化的国民教育体系，而且还涵盖了以自主的、自愿的、自由的乃至自助型的非制度化的教育形态。

教育规划纲要在谈及构建终身教育体系时，强调要使现代国民教育体系更加完善，体现了对完善国民教育体系在构建终身教育体系中的重要作用的深刻认识。

八、努力构建和完善终身教育体系

教育是民族振兴和社会进步的基石。党的十八大报告明确提出："努力办好人民满意的教育""积极发展继续教育，完善终身教育体系，建设学习型社会"。从实际看，完善终身教育体系任重道远，需要从以下几个方面着力：

1. 加快终身教育立法，保障终身教育体系的有效构建

一是通过法律制度建设，规范相关主体的责任、权利和义务。终身教育

工作涉及的责任主体众多，包括各级政府、职能部门、学校以及各种社会组织机构。用法律的形式明确各个部门的责任、权利和义务，可以最大限度地减少终身教育体系构建的随意性和盲目性，更好地对各个部门进行统筹协调，形成良好的运行机制，促进终身教育事业的发展。二是通过法律制度建设，整合社会各类终身教育资源。要以法律手段建立机动灵活、运转高效的各类终身教育资源整合机制，规范相关行为。三是通过法律制度建设，建立终身教育学分积累、转换与认证制度。学分转换与认证是构建开放的终身教育体系的重要内容之一，要通过法律明确建立学分认证与转换制度，以实现不同类型学习成果的互认和衔接。

2. 加快开放式教育建设，巩固终身教育活动的主要阵地

在终身教育这个大系统中，开放式教育成为实施终身教育的主要阵地和支柱。开放式教育是信息时代的产物，它以促进全民终身学习为使命，以现代信息技术与教育教学深度融合为支撑，以继续教育为主攻方向，学历教育与非学历教育并重，实行注册入学、弹性学制、宽进严出、学分银行等手段，为全社会创造出一个人人可学、时时可学、处处可学的便利环境，充分调动学习者的主动性、积极性和创造性。2012 年下半年以来，上海、北京、云南、广东、江苏等地都在原广播电视大学的基础上成立了开放式教育，开始了我国开放式教育建设的历史进程。建设开放式教育，其重要意义体现在以下几个方面：一是开放式教育举办的学历继续教育是高等教育的重要组成部分，其专业设置全面、灵活，教育资源丰富，教育手段先进，可以为经济社会建设培养大批应用型人才。二是开放式教育开展各种非学历继续教育，在社区教育、职业培训、继续教育、农村教育、老年教育、残疾人教育等许多领域大显身手，特别是将在对社会弱势群体的智力扶持上能作出积极贡献。三是开放式教育具有许多终身教育支持服务功能，如对其他各类继续教育进行协调、指导和服务等。

3. 开展社区教育，夯实终身教育体系的重要基础

社区教育是指在一定区域范围内，充分利用各类教育资源，开展旨在提高社区全体成员整体素质，促进区域经济建设和社会发展的社会化教育活动。我国的社区教育起步于 20 世纪 80 年代初期，随着社会主义市场经济体制的建立，工业化、城市化进程的明显加快，教育技术现代化水平的提高和计算机网络的普及，特别是学习型社会和终身教育体系的构建，教育社区化成为社会经济发展的迫切需求和教育发展的必然趋势。辽宁省社区教育起步较晚，

要想迎头赶上，需要充分借鉴先进省市的成功经验，高起点、高站位、大布局、远规划，尽快建立起具有辽宁省特色的社区教育新模式。一是提高认识，理清思路。开展社区教育是服务和谐社会和学习型社会建设的一项基础性工作，是“办好人民满意的教育”的一项重要内容。各级政府要提高认识，把社区教育工作纳入重要议事日程，建立机制，加大投入，确保社区教育工作取得成效。二是抓住重点，培育特色。社区教育的开展，各地要遵循“试点先行，以点带面，典型带动，全面展开”的原则，根据各地实际，寻找开展社区教育的突破口和切入点。要注意积累经验，提炼方法，探索“看得见、摸得着、可复制、易推广”的社区教育管理模式和运行机制，形成适应辽宁省经济社会发展需要的社区教育模式。三是加强宣传，营造氛围。各媒体要大力宣传社区教育对提升人民群众福祉、建设和谐社会的重大意义，不断报道各地的经验做法和先进典型，扩大社区教育工作在社会上的影响；通过各种方式的宣传引导，促进社区教育工作蓬勃健康开展，在全社会营造崇尚学习、尊重知识、尊重人才的舆论氛围，努力形成全民学习、终身学习的良好社会环境。

九、我国构建终身教育体系的思考

当今世界正处于大发展、大变革、大调整时期，世界多极化、经济全球化深入发展，世界科技创新日新月异，科技进步在给人类带来更快、更高、更多的物质文明的同时，也给我们带来了新的思考：未来社会的竞争将是科技的竞争、人才的竞争、教育的竞争，构建一个满足全社会成员学习的终身教育体系，是国家可持续发展的动力之源，它已经受到世界各国的高度重视，成为许多国家教育改革与发展的基本指导思想。

终身教育最早是由法国教育家保罗·朗格朗(Paul Lengrand)提出，1965年12月，在教科文组织“第三次促进成人教育国际委员会”上，朗格朗以“终身教育”为题作了学术报告，这是在国际会议上讨论终身教育的开端。此后，在联合国教科文组织及其他有关国际机构的大力提倡、推广和普及下，终身教育已经作为一个极其重要的教育概念而在全世界广泛传播。许多国家在制定本国的教育改革的方针、政策或是构建国民教育体系的框架时，均以终身教育的理念为依据，以终身教育提出的各项基本原则为基点，并以实现这些原则为目标。简言之，终身教育已经不是一种理论研究层面的东西，而是各国付诸行动的原则和基础。朗格朗是这样定义终身教育的：终身教育并不是指一个具体的实体，而是泛指某种思想或原则，或者说是指某种一系列的关系与研究方法。概括而言，指人的一生的教育与个人及社会生活全体教育的总和。

曾任联合国教科文组织教育研究所专职研究员 R·H·戴维认为：终身教育应该是个人或诸集团为了自身生活水平的提高，而通过每个个人的一生所经历的一种人性的、社会的、职业的过程。这是在人生的各种阶段及生活领域，以带来启发及向上为目的，并包括全部的正规的(formal)、非正规的(nonformal)及不正规的(informal)学习在内的一种综合和统一的理念。联合国教科文组织终身教育部部长 E·捷尔比指出："终身教育应该是学校教育和学校毕业以后教育及训练的总和；它不仅是正规教育和非正规教育之间关系的发展，而且也是个人(包括儿童、青年、成人)通过社区生活实现其最大限度文化及教育方面的目的，而构成的以教育政策为中心的要素。"

上述3人从不同侧面阐述了各自对终身教育的观点，虽各自侧重不同，但有一点是共同的：他们都认为终身教育是人一生所受的各种教育的总和。它开始于人的生命之初，终止于人的生命之末，包括人发展的各个阶段及各个方面的教育活动。既包括纵向的一个人从婴儿到老年期各个不同发展阶段所受到的各级各类教育，也包括横向的从学校、家庭、社会各个不同领域受到的教育，既有学校教育，又有社会教育；既有正规教育，也有非正规教育。其最终目的在于"维持和改善个人社会生活的质量"。构建终身教育体系就是主张在每一个人需要的时刻以最好的方式提供必要的知识和技能。

终身教育体系的构建根据其基本特征可概括为终身化和一体化。

终身教育体系在纵向上，应体现上下的连续性和一贯性，强化学前教育、学校教育、学校后继续教育以及老年教育的结合，强调各级教育在组织和内容上的一体化；在横向上，打破各类教育彼此孤立隔绝的状态，调动社会所有形式的教育资源，使普通学校教育、职业教育和成人教育相互沟通和渗透，正规教育与非正规教育相互补充，学校教育、家庭教育、社会教育相结合。

第一章

全日制学历教育

学历教育是根据国家教育部下达的招生计划录取的学生，按教育主管部门认可的教学计划实施教学，学生完成学业后，由学校颁发国家统一印制的毕业证书和学位证书。

“非学历教育”是指各种培训、进修，完成学业后，由培训部门颁发相应结业证书。

什么是普通高等教育呢?

普通高等教育的发展历史可以追溯到中世纪的大学，后来历经发展，主要是英国、德国、美国的大学不断转型，形成了高等教育的三项职能，即：培养专门人才，科学研究，服务社会。普通高等学校指按照国家规定的设置标准和审批程序批准举办的，通过全国普通高等学校统一招生考试，招收高中毕业生为主要培养对象，实施高等教育的全日制大学、独立设置的学院和高等专科学校、职业技术学院。

普通高等教育中的五大学历教育是国家教育部最为正规且用人单位最为认可的学历教育，学历代码和学历层次也是按照上述顺序所编。

第一节　全日制普通专科(高职)

根据教育部相关规定，从20世纪末起，非师范、非医学、非公安类的专科层次全日制普通高等学校应逐步规范校名后缀为“职业技术学院”或“职业学院”。而师范、医学、公安类的专科层次全日制普通高等学校则应规范校名后缀为“高等专科学校”。“职业技术学院”或“职业学院”为高职院校的特有校名后缀，是我国高等教育的重要组成部分。为响应教育部构建现代职业教育体系的规划，部分国家示范性高等职业院校从2012年起开始试办本科层次的专业(与本科院校合办)。

在我国，高等职业教育包括本科和专科两个学历教育层次；而在其他许多国家和地区，高等职业教育体系则完整地囊括了专科、本科、硕士、博士等层次的学历教育。

高职院校包括：高等专科学校，普通高职，民办高职，成人分校。

高职院校，是高等职业院校的简称，是高等教育的重要类型，也是我国职业教育的重要组成部分，担负着培养面向生产、建设、服务、管理第一线需要的高技能、应用型专门人才的使命。

相对于普通高等教育培养学术型人才而言，高等职业教育偏重于培养高等技术应用型人才，高职主要是专科层次，经中华人民共和国教育部批准，亦有部分国家示范性高职院校从2008年秋季开始举办四年制本科教育；而高职学历在中国台湾如今已上升到博士研究生层次。高职学生毕业时颁发国家承认学历的普通高等学校专科(三年制)或本科(四年制)毕业证书，并享受普通高校毕业生的一切待遇。

一、办学特征

(1)使学生具备必要理论知识和科学文化基础，熟练掌握主干技术，侧重于实际应用。

(2)侧重于相关知识的综合运用。

(3)培养学生的表达能力、与人沟通、合作共事的能力。

(4)重视实务知识的学习，强化职业技能的训练。

二、培养目标

以培养技术型人才为主要目标。即目标是实用化，是在完成中等教育的基础上培养出一批具有大学知识，而又有一定专业技术和技能的人才，其知识的讲授是以能用为度，实用为本。

三、招生对象

普通高中毕业生、高中同等学力者(中职/中专毕业生)，往届高中毕业生(中职/中专毕业生)，社会考生(含各级高校毕业的学生，大龄人士，社会青年，企业在职人员等)及高中同等学力者(没有高中毕业但达到了要求，具体要加试高中会考)。

四、学制

高专和高职同属大专。大专是大学专科的简称。

我国高等教育大学生教育阶段分为两种形式：大学本科(简称“大本”“本科”“大学”)和大学专科(简称“大专”“专科”)。两者区别主要有两点：一是在学制方面，大学本科为4～5年，大学专科为2～3年；二是在学位方面，大学本科可申请学士学位，大学专科没有学位。

大专教育主要有两种实现形式：高等专科学校(简称“高专”)、专科学校以及高等职业技术学校(简称“高职”)、职业技术学院、职业学院。两者只是侧重不同，无本质差别，前者重能力(如师范高等专科学校)，后者重技术(如工业职业技术学院)。

五、高职毕业的要求和待遇

1. 高职毕业的要求

英语方面：全国重点高职院校的优秀专科毕业生要掌握4000个词汇量(高标准)，能够通过全国英语等级考试第三级(60分以上)；省重点高职的专科毕业生要掌握3500个词汇量(标准)，能够通过高等学校英语应用能力考试(Practical English Test for Colleges)A级考试(60分以上)；普通高职院校的考生专科毕业生要掌握2500个词汇量(过渡性要求)，能够通过高等学校英语应用能力考试(Practical English Test for Colleges)B级考试(60分以上)。

专业技能方面：至少通过三门及以上的技能考试(含笔试和操作)鉴定。

毕业前不得挂科，英语补考可降低到要通过全国英语等级考试第二级考试2000个词汇量的最低要求(60分以上)，每科有1~5次补考机会(根据开课时间确定)，基础课、专业基础课、专业课同上。

2. 高职毕业的待遇

教育部明确规定：高职院校在办学目标、人才培养模式、招生、就业、毕业文凭及待遇等方面与普通高等教育的院校完全一样。

统考统招的高职生毕业时学校颁发的毕业证书是《普通高等学校毕业证书》，与普通高等教育本专科毕业证书完全一样。

高职生所取得的毕业证书在含金量和效力上与普通高等教育毕业证书完全一样，没有任何区别。

高职生毕业证书上面应明确注明学历层次为专科(包括三年制专科、二年制专科和初中起点五年一贯制专科)或本科(四年制或更长年限)。

除了毕业证书以外，高职毕业生的就业报到证和学历电子注册上面，也应注明学历层次为专科或本科。

高职毕业生可以继续参加省统考的专升本考试(应届专科毕业者，专科学历的退伍士兵)，也可在毕业一年后的下半年报考全国统招研究生考试(本科毕业或具备本科同等学力者可参加，专科毕业当年不得参加)。本科同等学力是指未取得国家承认的本科学历，但业务水平能达到或基本达到本科毕业生水平的生源。凡不持有国家教育部承认的本科毕业证书的考生，均属同等学力。国家教育部规定：同等学力考生在报考研究生时必须具有大学本科毕业的水平。同等学力报考硕士研究生的基本要求是：获得国家承认的大专学历，毕业后两年(从大专毕业到录取为硕士生当年的9月1日)或者两年以上，达到与大学本科毕业生同等学力，且符合招生单位根据本单位的培养目标对考生提出的具体业务要求的人员。这是必要非充分条件，也就是说，专科毕业两年(含两年)是报考研究生的基本条件，各招生单位还将在此基础上对同等学力做出具体的规定和要求。

六、高职与高专的关系

人们困惑的原因是没有搞清楚两个根本不同的概念，即教育类型和学历层次的概念，高职和高专是教育类型的名称，而专科是学历层次的名称，包括高职和高专。高等教育学历可以分为三个层次：研究生、本科、专科。高职作为普通高等教育中的一个教育类型，当然也分为研究生、本科、专科这3

个层次。事实上，一个完备的高等职业教育体系就应该由研究生(包括博士研究生和硕士研究生)、本科和专科构成。高职教育比较完善的中国台湾就是如此，不仅有高职专科，还有高职本科和高职研究生。中国大陆当前的高职教育正处于由专科层次向本科层次的过渡，相信在不远的将来，我们也会发展高职研究生教育。

七、国家示范高职

为贯彻落实《国务院关于大力发展职业教育的决定》(国发[2005]35号)精神，2006年11月，教育部和财政部正式启动了“国家示范性高等职业院校建设计划”，这项计划被誉为我国高水平高等职业院校建设的“211工程”。国家将在“十一五”期间安排20亿元重点支持100所高水平示范院校建设，被列为“国家示范性高等职业院校建设计划”的院校，除了领导能力领先、综合水平领先、教育教学改革领先、专业建设领先、社会服务领先，具有良好的建设环境外，还要求在人才培养模式、实验实训基地建设、师资队伍建设、课程体系与教学内容改革等方面取得实质性突破，力争做发展的模范、改革的模范、管理的模范，以带动全国高等职业院校深化改革，提升我国高等职业教育的整体水平，引领我国高等职业教育健康持续发展。

八、高职院校发展历史

我国高等职业教育发展速度很快，尤其是近几年，由于国家的大力支持，高等职业教育在质量和数量上发生了根本变化(表1-1)。

表1-1　职业教育发展历程

序号	时间	内　容
1	2015年	国务院于2015年7月27日印发《国务院关于加快发展现代职业教育的决定》(国发[2014]19号)； 2015年7月27日印发《教育部关于深化职业教育教学改革全面提高人才培养质量的若干意见》教职成[2015]6号； 2015年6月30日印发《教育部关于深入推进职业教育集团化办学的意见》教职成[2015]4号； 2015年6月23日印发《教育部办公厅关于建立职业院校教学工作诊断与改进制度的通知》教职成厅[2015]2号； 2015年1月15日印发《教育部关于发布〈职业院校数字校园建设规范〉的通知》教职成函[2015]1号
2	2014年	印发《教育部关于开展现代学徒制试点工作的意见》教职成[2014]9号

（续）

序号	时间	内　容
3	2011 年	《教育部关于充分发挥行业指导作用推进职业教育改革发展的意见》教职成[2011]6 号
4	2006 年	中华人民共和国教育部颁布的《教育部关于全面提高高等职业教育教学质量的若干意见》(教高[2006]16 号)明确指出："高等职业教育作为高等教育发展中的一个类型，肩负着培养面向生产、建设、服务和管理第一线需要的高技能人才的使命，在我国加快推进社会主义现代化建设进程中具有不可替代的作用。"同时，开始实施被称为"高职 211 工程"的"国家示范性高等职业院校建设计划"：力争到 2020 年内地出现 20 所文化底蕴丰厚、办学功底扎实、具有核心发展力且被国外高等职业教育界广泛认可的世界著名高职院校；重点建设 100 所办学特色鲜明、教学质量优良在全国起引领示范作用的高职院校；重点建设 1000 个技术含量高、社会适应性强、有地方特色和行业优势的品牌专业。截至 2008 年，中华人民共和国教育部和财政部已经正式遴选出了天津职业大学、成都航空职业技术学院、深圳职业技术学院等 100 所国家示范性高等职业院校建设单位和八所重点培育院校。自此，中国内地的高等职业教育和高职院校进入了一个前所未有的新的发展历史时期
5	1999 年	全国教育工作会召开，中共中央国务院颁布了《加快教育改革全面推进素质教育的决定》。《加快教育改革全面推进素质教育的决定》指出："高等职业教育是高等教育的重要组成部分。要大力发展高等职业教育，培养一大批具有一定理论知识和较强实践能力的技术应用型人才。"
6	1997 年	全国人大通过并颁布了《中华人民共和国高等教育法》。《中华人民共和国高等教育法》中明确指出："本法所称高等学校是指大学、独立设置的学院、高等专科学校，其中包括高等职业学校和成人高等学校。"在本法中非常明确地把高等职业学校作为高等教育的一部分确定了下来
7	1998 年	联合国教科文组织颁布了《国际教育标准分类》(以下简称《标准分类》)。《标准分类》将教育分为 7 个等级：学前教育为 0 级，小学教育为 1 级，初中教育为 2 级，高中阶段教育为 3 级，高中阶段与大学阶段之间有一段补习期教育为 4 级，大学阶段教育为 5 级，研究生阶段教育为 6 级。《标准分类》将大学教育(5 级)分为学术性为主的教育(5A)和技术性为主的教育(5B)。《标准分类》对学术性为主的教育(5A)描述为："课程在很大程度上是理论性的，目的是使学生进入高级研究计划和从事高技术所要求的专业。"《标准分类》对技术性为主的教育(5B)描述为："课程内容是面向实际的，是分具体职业的，主要目的是让学生获得从事某个职业或行业，或某类职业或行业所需的实际技能和知识，完成这一级学业的学生一般具备进入劳务市场所需的能力和资格。"从《标准分类》可以看出，5B 就是我国所追求的高等职业教育，它的发展是世界教育的总趋势，而不是一个国家的现象。《标准分类》的颁布，使高等职业教育得到了权威性的认可

（续）

序号	时间	内　容
8	1996 年	召开了全国职教工作会议。同年，全国人民代表大会通过并颁布了《中华人民共和国职业教育法》（以下简称《职业教育法》）。全国职教工作会议提出，通过三级分流大力发展职业教育，通过“三改一补”（高等专科学校、职业大学、成人高校改革；中等专业学校办高职班作为补充）大力发展高等职业教育。同时，《职业教育法》的颁布使职业教育走向了依法治教的道路。《职业教育法》的第13 条指出：“职业学校教育分为初等、中等、高等职业学校教育……高等职业学校教育根据需要和条件由高等职业学校实施，或者由普通高等学校实施。”
9	1993 年	召开了全国教育工作会议，会后由国务院颁布了《教育改革和发展纲要》（以下简称《纲要》）。会议明确指出我国教育今后发展的两个重点，一是基础教育（重中之重）；二是职业技术教育。《纲要》更加明确指出：“职业教育是现代教育的重要组成部分，是工业化和生产社会化、现代化的重要支柱。”《纲要》的实施意见提出：“有计划地实行小学后、初中后、高中后三级分流，大力发展职业教育，逐步形成初等、中等、高等职业教育和普通教育共同发展、相互衔接、比例合理的教育系列。”“积极发展多样化的高中后职业教育和培训。通过改革现有高等专科学校、职业大学和成人高校以及举办灵活多样的高等职业班等途径，积极发展高等职业教育。”
10	1991 年	中国颁布《国务院关于大力发展职业技术教育的决定》。其对职业技术教育的性质、地位、作用以及方向、任务、措施等都做了明确规定。并再一次重申建立初等、中等、高等职业教育体系问题，也再一次提出积极发展高等职业技术教育的任务
11	1985 年	颁布的《中共中央关于教育体制改革的决定》中明确提出：“……积极发展高等职业技术院校……逐步建立起一个从初级到高级、行业配套、结构合理又能与普通教育相沟通的职业技术教育体系”。《中共中央关于教育体制改革的决定》颁布以后，全国先后建立起 120 余所职业大学，举办高职教育
12	1980 年	天津职业大学创办。这是 1949 年后在中国大陆出现的第一所师范院校之外的高职院校，具有划时代的意义
13	1949 年后	中国的高职院校除了高等师范院校真正是在继续走高等职业教育之路外，其他的高等职业教育几乎是名存实亡
14	1912—1922 年	“中华民国”政府 1912—1913 年的“壬子癸丑学制”和 1922 的“壬戌学制”的专门学校和高等师范学校，是中国近现代高职院校的进一步发展。中国现代教育史上影响最深远的 1922 年制定的“壬戌学制”至今仍然在中国台湾贯彻实施
15	1902—1904 年	早在清末 1902—1904 年的“壬寅—癸卯学制”中，就规定了“高等实业学堂”和“高等师范学堂”，这两种高等学堂就是中国近现代意义上最早的高职院校

九、高职院校发展趋势

高等职业教育与就业教育、创业教育、全民教育相互渗透。20 世纪 90 年代后，发达国家间的贸易争夺愈演愈烈，美国在世界经济中的霸主地位从根基上产生了动摇。美国劳工与经济界经多方调研后一致认为，美国大多数工业产品出口竞争力下降的主要原因是劳工素质低下，而在失业率不断增加的形势下高新技术尤其信息发展所需的技术人员却严重缺乏，新增劳动力则普遍缺乏就业的基本技术。针对新增劳动力职业素质不高的问题，美国教育部和劳工部共同推出《由学校到就业法案》，要求学校在职业教育基础上贯彻企业培训的学习计划。凡完成“由学校到就业”计划者，可同时获得高中毕业文凭和职业技能证书。

近几年，许多国家特别重视在职业教育中实施以开办小企业为目标的创业教育。以澳大利亚为例，其教学重视学生潜能的挖掘和综合素质的培养，采用模块化课程，通过大量的案例启发学生，教会学生分析研究市场，设计创业方案，开展考核评估，激发学生的创业动机。让所有的人有机会接受职业教育，做好就业的准备，这是人生存的基本权利。同时通过职业教育使更多的人走进职场为社会做贡献又能促进社会的和谐稳定，这也体现了现代职业教育的新理念。如，德国除对残疾人、妇女和外籍子女接受职业教育的培训采取特殊的资助措施之外，还在世界上首次将普教领域的英才促进措施引入职教领域，自 1992 年起实施“职业英才促进项目”，每年向 3000 名高技能型青年提供每人 3000 马克的资助，采取重点辅导、出国学习等办法，培养职业领域和劳动世界的“行家里手”。

这一趋势要求各国着手建立全国统一的技能标准，并将其作为国家职业教育与培训的目标。例如，1991 年，英国工业协会将国家职业资格纳入行业培训大纲与目标中；1993 年，该体系正式纳入到国家职业教育与培训的目标之中。在国家职业技能标准和职业资格制度基础上，英国又制定了各种文凭和证书课程标准，然后又统一制定了各种课程的必修核心的单元与选修单元或模块课程，以此规范各级各类职业技术院校的教学质量和人才培养要求。1994 年，美国政府通过《2000 年目标法案》，按照该法案，美国政府设置了联邦一级的全国职业技能标准委员会等机构，其职责是通过资助促进行业规范技能标准，以作为国家认可的资格标准。

由此，各国开始建立“合作式”职业教育模式。例如，欧盟总结了德国与奥地利对 150 种专业的职业教育证书互认的经验，在不改变欧盟各自职业教育体制的框架内，通过评估与考核，承认各相关专业的各国职业教育证书的等值性，制定了适用欧盟各国的，用英、法、德 3 种文字印刷的“欧洲职业教育通行证”，为欧洲统一劳动力市场的形成与发展，解决欧洲青年的失业问题做了有益的尝试。

随着信息时代的来临，终身教育理念逐步深入人心，将职业教育体系中职前与职后教育有机结合起来，创造一个终身教育的完整连续统一体已成为世界性趋势。例如，芬兰在合并85所职业教育机构的基础上，组建22所高职院校，职业高中和普通高中毕业生均有机会升入高职院校深造。韩国举办二年制的初级职业学院，所有具有高中学历的青年，通过国家资格认证的技师以及符合国家规定工作年限的工人，都有继续学习的机会。世界各国职业教育逐渐融入终身教育体系，其表征之一是职业教育不再被看作是终结性教育，而是一种阶段性教育。

走综合化发展道路，加强研究性和开放性。随着职业教育体系由封闭走向开放，世界许多高职院校开始走向综合化发展道路。一是高职院校由单一的正规教育向正规与非正规教育并存方向发展；二是由单一的学历教育向学历与非学历教育并存方向发展；三是单一的职前教育向职前与职后教育并存方向发展；四是单一的育人就业向产教结合的教育方向发展，使高职院校成为一个资源开发中心。

例如，印度学生在完成8年义务教育后，可升入二年制的高中阶段学习。完成10年学业的学生，如考不上高等院校，可以进“工业教训学院”和“职业学校”接受二年制职业教育，或进入“综合工业学校”接受三年制技术教育。普通教育的中学毕业生，如果不想就读普通高等教育，也可以通过双元制职业教育与企业继续教育成为职业人才。英国职业教育体系与普通教育体系的沟通以课程为连接点，如接受过第三阶段技工培训的技工通过过渡课程的学习，可以进入高级国家证书或文凭课程学习，两年后可以再进入普通高等学位教育学习。

我国台湾地区技职院校的入学方式也很有参考价值：一是实施预修甄试入学。技职学生可以在校期间预修高一层次学校课程，成绩优秀学生经甄试后录取入学。二是确认校外学习成绩及进修成果入学。加强技职院校与校外学习机构的结合，建立教育伙伴关系，并相互设立各种可以累计、转移的学分制课程以及建立相互认可学习成绩的机制。这样，学生在校内外学习成绩的总和，可以成为入学的条件。三是对职业资格证书做学力鉴定，凭此可取得入学资格。学校允许持有职业资格证书的工作者，通过学力鉴定，取得相当层次的入学资格。这样，就承认了学生入学前的工作经验与学习成果，体现了多元证书价值观。

在迈向综合化的道路中，世界各国高职院校加强学校的研究性和开放性，主要体现在：

第一，建立加强职业教育和方法论以及相关的教学方法等研究组织，增强学校的研究性。例如，德国不莱梅大学的技术与教育研究所、汉堡大学的职业教育研究所的工程技术专业的职业教育工作者，通过各自的教学实践，不约而同地提出了工作过程导向的教学组织方式。这一思想为欧洲 10 个国家所接受。德国在职业教育教学中提出了“获取信息、指导计划、实践计划、评估计划”的四阶段教学过程，就是工作过程导向的教学组织形式的具体体现。美国也由 7 所从事职业教育的高校，包括加利福尼亚大学伯克利分校、纽约哥伦比亚大学、伊利诺伊大学、明尼苏达大学、加利福尼亚兰德学院、弗吉尼亚工业学院与州立大学、威斯康星大学，共同组建了隶属于联邦政府的美国国家职业教育研究中心，高度重视创新职业教育科研课题的研究。该中心向美国劳工部提出的包括资源合理支配、人际关系处理、信息获取利用、系统分析综合、多种技术运用的 5 种能力以及技能、思维、品行的三种素质，有可能在职业教育领域里产生新的符合职业教育特色的学习理论。

第二，加强学校的开放性，成为国际性开放大学。世界各国高职院校打破大学与社会相隔绝的状态，实行在学校内部以及向社会、国际三方开放。一是学校内部的沟通、开放。社区学院的普通教育和职业培训教育是根据社区的需要和利益而灵活调整制定的。社区学院的教育分为转学教育和职业培训教育，分别开设学士学位二、三年级课程和直接为就业作准备的教育课程。其中转学教育的课程设置，与本州内所授予学士学位的公立大学前两年的课程设置基本相同，以便于学生学完两年后转学到那些大学继续攻读学士学位。而职业培训教育则集中开设与职业相关的技能课和知识课，往往应当地工商企业的实际需求而开设。二是向企业开放。如英国多科技术学院实施的“三明治课程”。多科技术学院属高等职业教育之列，其学位课程是前两年在学院学习，第三年到相关的企业实习，最后一年又回到学院学习；文凭课程则是第一年在学院学习，第二年到企业接受实际培训，第三年再回学院学习课程。多科技术学院作为教育的基础结构，为社会培养了有技术、能适应职业需要的职工。

一些学者在职业教育研究中进行大胆借鉴与探索，从比较研究中引发了许多思考：

第一，知识经济时代的来临，全面素质教育的推进，经过几年连续扩招，学生规模有了很大发展，整个社会发展对高职生的要求由数量转向质量，高职教育质量亟待提高。

第二，随着高等教育体系的开放，高等技术应用型人才培养渠道的多元化，高职生面临生源市场与毕业生就业市场的双重竞争。

第三，高职院校自身由于投入不足，阻碍了教学质量和办学水平的提高，面临着沦为二流、三流大学的困境。

十、战略地位

高职教育是我国高等教育事业中一个特别重要的形式，承担着为经济社会的发展输送高级技能型人才和应用型人才的重要任务，在我国高等教育中的重要地位是无可置疑的，在我国的高等教育发展中发挥着举足轻重的作用。当前形势下，我国政府大力发展高等职业教育的战略决策，为社会经济发展和实现高等教育大众化做出了重要的贡献，随着我国经济的高速发展，高职教育也同时实现了自身规模上的快速发展。在我国的高职教育规模跨越式发展的过程中，政府提出了高职教育人才培养模式适时转型的一系列指导思想，确立了高职教育要培养高级应用型人才的教学目标，这一高职院校的人才培养目标，使高职教育既注重基础性理论知识的传授，又比以往更侧重实践知识的传授，强化学生的实际工作能力，为社会培养实用型人才，进而让高职院校与社会上广大企业之间的联系更加紧密，扩大了人民群众接受高等教育的机会，推动了教育公平和区域统筹乃至整个社会的和谐发展。职业教育为三大教育发展战略重点之一，在法律上被确认为国家教育事业的重要组成部分。

第二节　全日制普通本科

全日制普通高校是指办学水平至少要达到培养统招专科生的要求的学校，有招收全日制专科生的资格。全日制专科、全日制本科即通常说的统招专科和统招本科。一般指通过普通高考、统招专升本、全日制研究生入学考试进入就读的学校为全日制普通高校。全日制普通高校毕业生可取得各省教育厅派发的《全国普通高校毕业生、毕业研究生就业协议书》(又称三方协议)和教育部高校学生司派发的《全国普通高等学校本专科毕业生就业报到证》。

普通教育是和成人教育相对应的概念，两者的区别主要在于教育对象和学习形式不同。普通教育的对象主要是处于成长阶段的青少年，采取全日制教学形式；成人教育的对象顾名思义是成年人，一般实行非全日制教学。

普通教育的任务通常由实施普通教育的学校（称为普教性学校）承担，普通教育学校分为普通基础教育学校、职业教育学校和普通高等学校，均实行全日制教学。普通基础教育分为幼儿教育、小学教育、初中教育和高中教育，其中包括对残疾儿童、少年、青年的特殊教育和非常生的工读教育；职业教育包括普通中等专业教育、职业高中教育、技工教育和高等职业教育（大学专科）（普通高职专科也属于普通高等教育）。

一、高校招生对象

全日制普通高校生源主要来自全国普通高考，即通过每年6月的普通高考录取入学，读完专科专业或本科专业所有课程，经考试或考查成绩合格而取得大学专科（大专）或大学本科（大本）学历，本科以上学历可获得相应学位。

（1）参加普通高考考上四年制普通本科、三年制统招专科（高职高专）。

（2）参加中等职业学校对口高考（单考单招）考取的2～3年制专科（高职高专），少数四年制职业本科。

（3）应届全日制普通专科生在毕业之前有一次机会参加普通专科升普通本科考试考取二年制本科（统招专升本）。

二、普通高校名称及数量

普通高校是指国家教育行政部门批准或备案的以实施普通高等学历教育为主的高等学校，分为本科层次和专科层次。本科层次的普通高等学校名称为"××大学"或"××学院"，如山东大学、山东科技大学、山东建筑大学，山东英才学院、山东经济学院、山东交通学院、安康学院、潍坊学院、烟台南山学院等。专科层次的普通高等学校名称为"××专科学校""××高等专科学校""××职业技术学院"或"××职业学院"，如山东医学高等专科学校、淄博师范高等专科学校，济南铁道职业技术学院、河北建材职业技术学院、山东科技职业学院、泊头职业学院等。

据教育部门户网站公布，截至2015年5月21日，全国高等学校共计2845所，其中普通高等学校2553所（含独立设置民办普通高校447所，独立学院275所，中外合作办学7所），成人高等学校292所。全国有1219所本科院校，其中：公办普通本科学校 796 所(395 所本科大学、401 所本科学院)，民办普通本科学校 141 所，独立学院 275 所，中外合作办学普通本科学校 7 所。全国有 1334 所高职高专学校。

三、重点本科高校

1993 年 2 月 13 日中共中央、国务院印发的《中国教育改革和发展纲要》及国务院《关于〈中国教育改革和发展纲要〉的实施意见》中，关于“211 工程”的主要精神是：为了迎接世界新技术革命的挑战，面向 21 世纪，要集中中央和地方各方面的力量，分期分批地重点建设 100 所左右的高等学校和一批重点学科、专业，使其到 2000 年左右在教育质量、科学研究、管理水平及办学效益等方面有较大提高，在教育改革方面有明显进展，力争在 21 世纪初有一批高等学校和学科、专业接近或达到国际一流大学的水平。也可概括表述为：“211 工程”就是面向 21 世纪，重点建设 100 所左右的高等学校和一批重点学科点。

四、全日制普通高校毕业证书

全日制普通高校毕业生毕业证上只有普通高等学校字样(图 1-1)。

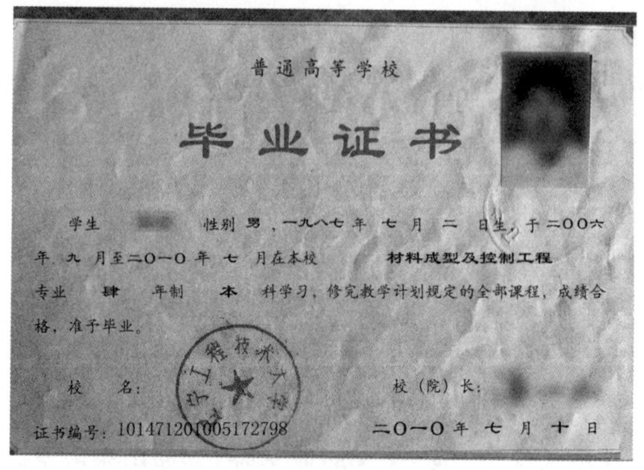

普通高等学校

毕业证书

学生 性别男，一九八七年七月二日生，于二〇〇六年九月至二〇一〇年七月在本校材料成型及控制工程专业肆年制本科学习，修完教学计划规定的全部课程，成绩合格，准予毕业。

校名：

校(院)长：

证书编号：101471201005172798

二〇一〇年七月十日

图 1-1 《普通高等学校毕业证书》样本

夜大、电大、自考、成教(包括函授、脱产和业余)等高校学历都不属于全日制普通高校学历，文凭上印有自学或成人字样，但也是国家承认文凭。

从教育部获悉，全国普通高等学校本专科、研究生新生学籍电子注册工作已基本完成，即日起可在教育部、各省级教育行政部门、高等学校各自指定网站向学生提供学籍电子注册结果查询，教育部查询网站为中国高等教育学生信息网(学信网)。

五、全国普通高等学校本科毕业生就业报到证

普通高校毕业生不包分配，实行学校推荐、自主择业。教育部已经发文，本专科毕业生将不再发《毕业派遣证》，而以《全国普通高等学校本科毕业生就业报到证》代之(图1-2)。就业后可以当干部，也可以当职工，由用人单位按照有关政策确定。

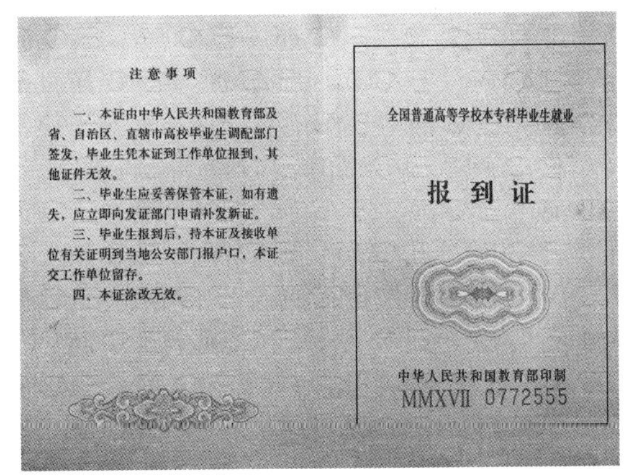

注意事项

一、本证由中华人民共和国教育部及省、自治区、直辖市高校毕业生调配部门签发，毕业生凭本证到工作单位报到，其他证件无效。

二、毕业生应妥善保管本证，如有遗失，应立即向发证部门申请补发新证。

三、毕业生报到后，持本证及接收单位有关证明到当地公安部门报户口，本证交工作单位留存。

四、本证涂改无效。

全国普通高等学校本专科毕业生就业

报 到 证

中华人民共和国教育部印制

MMXVII 0772555

图1-2 《全国普通高等学校本科毕业生就业报到证》样本

第三节　全日制普通第二学士学位

高等教育的发展历史可以追溯到中世纪的大学，后来历经发展，主要是英国、德国、美国的大学的不断转型，形成了高等教育的三项职能，即：培养专门人才、科学研究、服务社会。改革开放以来，我国高等教育事业获得长足发展，改革取得令人瞩目的成绩，初步形成了适应国民经济建设和社会发展需要的多种层次、多种形式、学科门类基本齐全的社会主义高等教育体系，为社会主义现代化建设培养了大批高级专门人才，在国家经济建设、科技进步和社会发展中发挥了重要作用。

一、学位概念

学位（degrees，academic degrees）是指授予个人的一种学术称号或学术性荣誉称号，表示其受教育的程度或在某一学科领域里已经达到的水平，或是表彰其在某一领域中所做出的杰出贡献。由具备授予资格的高等学校、科学研究机构或国家授权的其他学术机构、审定机构授予。学位称号终身享有。起源于欧洲中世纪。专业技术人员拥有何种学位，表明他具有何种学术水平或专业知识学习资历，象征着一定的身份。

二、学位培养目标

普通高等学校指按照国家规定的设置标准和审批程序批准举办的，通过全国普通高等学校统一招生考试(统招生)，招收普通高中毕业生为主要培养对象，实施高等教育的全日制大学、独立学院和职业技术学院、高等专科学校。根据高考录取批次的不同，本科也分为一本、二本、三本，但它们同属于一个层次和等级(即本科教育层次)。同时，本科又分为重点本科高校与普通本科高校。重点本科高校与普通本科高校只是侧重不同，无本质差别，前者注重理论研究，后者注重理论实践应用。普通高等教育指主要招收高中毕业生进行全日制学习的学历教育，是“中国普通高等教育储干培养计划”最具权威的措施之一，也是“中国高等院校高层次人才培养方案”的主要措施。

三、学位培养领域

“中国普通高等教育储干培养计划”之下的本科办学等级(部属、省属、市属)的不同、本科办学体制以及性质(公办、民办)的不同，由办学体制决定的本科学费高低的不同，本科(一本、二本、三本)各大学毕业证书本簿和颜色的异同等与本科高校的层次和学历、文凭水平的高低无关，所以一本、二本、三本高校是具有相同本科学历和文凭的高校，只是侧重不同，重点本科高校(“985”“211”高校)重理论研究，普通本科高校(普通一本、二本、三本高校)重理论应用。即重点本科重研究，普通本科重应用。

四、学位基本分类

普通高等教育主要包括：

(1)全日制普通博士学位研究生博士学位；

(2)全日制普通硕士学位研究生硕士学位(包括学术型硕士和专业硕士);

(3)全日制普通本科第二学士学位;

(4)全日制普通本科第一学士学位;

(5)全日制普通专科(高职)。

这五大类学历教育是国家教育部最为正规且用人单位最认可的学历教育,学历代码也是按照上述学历层次所编。

五、普通高等教育学历代码

普通全日制毕业证书编号具有一定规范(表1-2)。

表1-2 普通全日制毕业证书编号一览表

序号	普通全日制毕业证书编号形式
1	前六位数字为各个大学的名称代码
2	第八位和第九位为(01),(01)代表就是普通全日制学习形式
3	第十位到第十三位的数字代表毕业年份
4	第十四位到第十五位为学历层次代码
5	最后六位数字为学校毕业顺序编号

六、学位证书层次

普通高等教育学位证书层次国家有明确规定(表1-3)。

表1-3 普通高等教育学位证书层次代码表

序号	学位类型	学位代码
1	全日制普通研究生——博士学位研究生	01
2	全日制普通研究生——硕士学位研究生(包括学术型硕士和专业硕士)	02
3	全日制普通本科——第二学士学位	03
4	全日制普通本科——第一学士学位	04
5	全日制普通专科(高职)	05

七、学位证书代码表

普通高等教育学历证书层次国家有明确规定(表1-4)。

表 1-4　普通高等教育学历代码表

序号	学位类型	学位代码
1	全日制普通研究生——博士学位研究生	01
2	全日制普通研究生——硕士学位研究生（包括学术型硕士和专业硕士）	02
3	全日制普通本科——第二学士学位	04
4	全日制普通本科——第一学士学位	05
5	全日制普通专科（高职）学历	06

根据《中华人民共和国学位条例暂行实施办法》中所规定的十个学科门类（即哲学、经济学、法学、教育学、文学、历史学、理学、工学、农学、医学），一般凡是已修完一个学科门类中的某个本科专业课程，已准予毕业并获得学士学位，再攻读另一个学科门类中的某个本科专业，完成教学计划规定的各项要求，成绩合格，准予毕业的，可授予第二学士学位。如果国家有特殊需要，经国家教委批准，在同一学科门类中，修完一个本科专业获得学士学位后，再攻读第二个本科专业，完成教学计划规定的各项要求，成绩合格，准予毕业的，也可以授予第二学士学位。

八、学位学制与待遇

全日制普通本科——第二学士学位属于普通高等教育类别。

第二学士学位修业年限一般为 2 年。在校攻读第二学士学位，修业期满，可获得由学校颁发的普通本科毕业证书和学位证书。

攻读第二学士学位者在校期间按硕士研究生待遇的有关规定执行。应届大学毕业生，发给生活补助标准费和另加当地副食补贴。入学前为国家正式职工的，按本人的基本工资、职务工资之和的百分之九十，另加本人工龄津贴计算，由原单位负担。

九、学位档案管理

应届毕业生获得第二学士学位后原则上应根据国家需要，按第二学士学位专业参加双向选择和学校就业派遣；在职人员攻读第二学士学位者，不转户口、工资关系及人事档案，修业期满无论是否获得第二学士学位，均回原单位安排工作，不参加高校的双向选择和就业派遣。凡学习期满获得第二学位者，毕业工作后起点工资与研究生班毕业生工资待遇相同，而没有获得第二学士学位者，仍按本科毕业生对待。

十、学位学业优势

(1)读第二学士学位不亚于考研，待遇等同于研究生；

(2)第二学士人才就业面宽，前景看好；

(3)因为社会对复合型、跨学科高级人才的需要不断增加，也使二学士逐渐走俏人才市场；

(4)企业对全面人才的需求远大于对高精尖人才的需求，因此，选修二学位，拥有更宽的知识和技能，可以为自己的职业发展加上“双保险”。

十一、学位学业地位

第二学士学位的人才就业比较容易，这并不意味着的第二学士学位的专业可以随兴所选。如果选择不当，非但无法为就业增加“砝码”，还会削弱第一专业在就业时的优势。例如，第一本科专业为数学，如果第二本科专业是中文，日后就业的时候就体现不出太大的优势，1 +1 仍然等于1；而第一本科专业是法律，第二本科专业选择经济学，日后就业时会成为既懂经济又懂法律的全才，可以得到1 +1 >2 的效果。全日制第二学士学位教育属于本科后教育，第二学士学位学历证书代码(04)待遇优于普通全日制本科学历代码(05)，在机关企事业单位以及社会认可上，第二学士学位毕业生待遇远远高于本科生。

十二、学位政策

中华人民共和国本科学士学位编号规定（学位证书编号的规定从2006 年1 月1 日起执行）根据国务院学位委员会2005 年8 月25 日下发的《国务院学位委员会关于调整学位证书编号方式的通知》精神，一般如下：

第一类编号：普通博士、硕士、学士学位证书(以下简称三级学位证书)。

编号调整为16 位数：前五位为学位授予单位代码；第六位为授予学位的级别，博士为2，硕士为3，学士为4；第七至第十位为授予学位的年份，如2006 年为2006，后六位为学位授予单位授予学位人员的顺序号码。

例如，1048642006000001——这是国家统招大学本科的学士学位证书的编号，国家教育部已经备案，在其网站上可以查到。

第二类编号：普通学士学位。

“双学位”和“第二学位”证书，分别在第11 位用一个汉语拼音字母“S”和

“E”加以区别，其余与普通学士学位证书编号方式相同。总位数为 16 位。

例如，1048642006S00001——这是双学士学位证书的编号，属各高校自编的，在国家教育部没有备案，查不到，并且没有单独的大学本科毕业证与之对应。

1048642006E00001——这是第二学士学位证书的编号，国家教育部有其备案，并且发放有单独的第二学位的毕业证与之对应，在事业单位享受研究生待遇。

第三类编号：成人高等教育本科毕业生。

所获学位证书，在起始位置加“C”，与普通学士学位证书加以区分，其后续编号为 16 位数。

例如，C1048642006000001 自考生所获学位证书。

第 11 位用汉语拼音字母“Z”标明，其余与成人学士学位相同。总位数为 17 位。

例如，C1048642006Z00001。

第四类编号：专业学位。

专业学位证书编号位置印有汉语拼音缩写的“Z”字样，其后续编号为 16 位数。除第 11 位根据不同专业学位用一个汉语拼音字母加以区别外，其余与普通三级学位证书编号方式相同。具体见表 1-5。

表 1-5　专业学位证书编号位置印有的汉语拼音的含义

序号	专业学位类别	代表拼音
1	法律硕士	F
2	教育硕士	Y
3	工程硕士	C
4	建筑学硕士和学士	J
5	农业推广硕士	A
6	兽医博士和硕士	B
7	临床医学博士和硕士	L
8	口腔医学博士和硕士	D
9	公共卫生硕士	G
10	公共管理硕士	E
11	工商管理硕士	S
12	工商管理硕士 EMBA	I
13	会计硕士	K

例如，Z1048632006F00001。

第五类编号：攻读两课教师、中职教师、高校教师。

所获取的硕士学位证书的编号，在起始位置用“Q”与其他学位证书加以区别，后续编号方式与普通硕士学位证书编号相同。

例如，Q1048632006000001。

第六类编号：具有研究生毕业同等学力人员所获学位。

证书的编号，在起始位置用“T”与其他学位证书加以区分，后续编号方式与普通三级学位证书编号相同。总位数为17位。

例如，T1048632006000001。

第七类编号：来华留学人员所获学位。

证书的编号，在起始位置用“L”与其他学位证书加以区分，后续编号方式与普通三级学位证书编号相同。总位数为17位。

例如，L1048632006000001。

以上学位证书编号的规定从2006年1月1日起执行。

十三、学位管理办法

为了尽快地培养一批国家急需的知识面宽、跨学科的高层次专门人才，以适应“四化”建设的要求，自1984年以来，经原教育部和国家教委批准，少数高等学校试办了第二学士学位班。从初步实践和社会反映来看，采取第二学士学位的方式，有计划地培养某些应用学科的高层次专门人才，与培养研究生方式相辅相成，更能适合“四化”建设的实际需要。为了顺利地开展这项工作，现就高等学校培养第二学士学位生的有关问题，暂做如下规定：

（1）培养第二学士学位生，在层次上属于大学本科后教育，与培养研究生一样，同是培养高层次专门人才的一种途径。

（2）根据《中华人民共和国学位条例暂行实施办法》中所规定的十个学科门类（即哲学、经济学、法学、教育学、文学、历史学、理学、工学、农学、医学），一般凡是已修完一个学科门类中的某个本科专业课程，已准予毕业并获得学士学位，再攻读另一个学科门类中的某个本科专业，完成教学计划规定的各项要求，成绩合格，准予毕业的，可授予第二学士学位。

如果国家有特殊需要，经国家教委批准，在同一学科门类中，修完一个本科专业获得学士学位后，再攻读第二个本科专业，完成教学计划规定的各项要求，成绩合格，准予毕业的，也可以授予第二学士学位。

但是，目前有些高等学校在教学改革中，为了调动学生学习积极性，拓宽知识面，允许跨专业选修课程的学生，不能按攻读第二学士学位对待，不得授予第二学士学位。

(3)鉴于高等学校的容量有限，而培养本专科学生的任务又很重，第二学士学位生只能根据国家的特殊需要有计划地按需培养，不大面积铺开，招生规模要从严控制，原则上限在部分办学历史较久、师资力量较强、教学科研水平较高的本科院校中试行。凡招收第二学士学位生，均须由学校根据国家需要和用人单位的要求，提出包括必要性和可行性论证内容的申请报告，经主管部门审核同意后，报国家教委审核批准。校舍紧张的重点高等学校，可以削减一些研究生招生名额，来安排招收第二学士学位生。年度招生计划由国家统一下达，并严格按计划招生。任何高等学校均不得不经批准擅自招生和授予学位。

(4)第二学士学位生所攻读的专业，原则上应是学校现设的、具有学士学位授予资格的本科专业。如设置新的专业，应按规定先履行专业审批手续。

(5)第二学士学位专业的招生对象，主要是大学毕业并获得学士学位的在职人员(含实行学位制度以前的大学本科毕业生，以下简称在职人员)。也可以根据国家的特殊需要，招收少量大学本科毕业并获得学士学位的应届毕业生(含按学分制提前完成学业并获得学士学位的学生，以下简称在校生)。攻读第二学士学位，均须本人自愿(在职人员报考，要经过本单位的批准)，并经过必要的资格审查与入学考试、考核，择优录取。考试、考核的内容，应是第二学士学位专业的主要基础课程。招生考试及录取工作，目前可根据各专业的办学规模，采取不同的方式进行。有的专业可以实行全国统一考试、录取，有的也可以由省、市教育部门或招生学校自行组织。

为缓解高等学校校舍紧张，在本市有住房的学生，应当尽可能实行走读。

(6)第二学士学位的修业年限一般为2年。具体修业时间和教学计划，由承担培养任务的学校提出意见，报主管部门核定。修业年限确定后，未经主管部门同意，学校不得更改。

(7)培养第二学士学位生，必须保证教育质量。对攻读第二学士学位的学生，不论是在校生，还是在职人员，在教学上都要严格要求，必须依照教学要求，学完规定课程，不得迁就和随意降低标准。

攻读第二学士学位的学生，凡在规定修业年限内，修完规定课程，经考试合格，取得毕业和授予学士学位资格者，即可授予第二学士学位。凡达不到要求的，不再延长学习时间，也不实行留级制度，可发肄业、结业证明。

对于攻读第二学士学位的学生，如发现有学习困难，无能力完成学业或表现不好的，学校可以取消其攻读第二学士学位的资格。同时，也允许学习有困难的学生申请中途终止第二学士学位专业的学习。被取消资格的及中途终止学习的学生，属在校生的，按第一学士学位专业毕业分配；属在职人员的，仍回原单位工作。

(8)在校生攻读第二学士学位，修业期满，获得第二学士学位者，原则上应根据国家需要，按第二学士学位专业分配工作。在职人员攻读第二学士学位，修业期满，不论是否获得第二学士学位者，均回原单位安排工作。

凡学习期满，获得第二学士学位者，毕业工作后起点工资与研究生班毕业生工资待遇相同；未获得第二学士学位者，仍按本科毕业生对待。

(9)经国家教委批准，列入国家统一招生计划内的攻读第二学士学位学生，其所需经费按学校隶属关系和财政管理体制，按照研究生班的经费标准及其他待遇，分别在中央和地方的教育事业费中开支。

在校期间的生活补助费标准及其他待遇，按照硕士研究生待遇的有关规定执行，在规定学习期限内的书籍补助费，每生每年为30元。

(10)第二学士学位的毕业证书和学位证书，仍按现行规定的统一格式，由学校制定颁发。但须在证书中注明第二学士学位的学科门类和专业名称。

十四、学位实施细则

第二学士学位与所说的双学士/双学位不是一个概念。

1. 双学士/双学位

①可以在4年本科学习中同时读两个(甚至一起读3、4、5个)学士学位，如果吃得消，就可以在第四年本科毕业时拿到2、3、4、5个学士学位(如果各学位都掌握很好，成绩斐然，则含金量较高)。

②考试较宽松(很多高校甚至收费后就入班发证，但部分高校质量较好)。

2. 攻读第二学士学位者

①必须先获得其他不同类别的学士学位资格，然后才只可专攻第二个学位。

②考试较严。名校名专业第二学士学位含金量可能会比一般高校一般专业研究生还高；但部分院校可能考试、教学较松散，甚至每月只是在职上课一两天而两年内拿证，类似于目前很多的非正规/在职研究生教育。

③为保证质量，攻读第二学士学位者不可以同时读几个学位。通常所谓与研究生学历相当，指的是第二学士学位。

④第二学士学位的招生对象主要是大学毕业并获得学士学位的在职人员（含实行学位制度以前的大学本科毕业生，以下简称在职人员）。也可以根据国家的特殊需要，招收少量大学本科毕业并获得学士学位的应届毕业生（含按学分制提前完成学业并获得学士学位的学生，以下简称在校生）。

通过成人高考和自学考试获得本科学历的人，不能报考第二学士学位。如果想报考第二学士学位，需参加由国家学位办组织的学士学位考试，获得学士学位后再报名参加第二学士学位考试。

此外，一方面由于各校第二学士学位的招生专业和招生数量由教育部严格限制；另一方面由于现在绝大多数的报考生源来自于即将毕业的本科生甚至研究生（已经不是有关文件所规定的“大学毕业并获得学士学位的在职人员”），从而使得第二学士学位的考录竞争也日趋激烈，一线城市的名校尤为突出。

第二学士学位考录步骤一般为：报名、初审、考试、复审、录取等。

第四节　全日制普通硕士学位研究生（包括学术型硕士和专业硕士）

全日制研究生，即周一到周五正常工作时间上课的研究生，概念基本上等同于在高等学校和科研机构进行脱产学习的脱产研究生。

一、分类

研究生教育属于国民教育序列中的高等教育，又分为两个层次：硕士研究生和博士研究生。目前我国硕士研究生种类比较复杂，可以从以下角度划分。

1. 按学习方法不同分

按学习方法不同，分为脱产研究生和在职研究生。前者指在高等学校和科研机构进行全日制学习的研究生；后者指在学习期间仍在原工作岗位承担一定工作任务的研究生。

在职研究生按照入学和考核方式的不同又可以分为以下几种：同等学力申请硕士（博士）学位，在职人员攻读硕士（博士）学位（包括参加十月联考的攻读专业学位、高等学校教师在职攻读硕士学位、中等职业学校教师在职攻读硕士学位等）和单独考试取得硕士学历证书和学位证书。

2. 按学习经费渠道不同分

按学习经费渠道不同，分为国家计划研究生、委托培养研究生（简称委培生）和自费研究生。国家计划研究生的培养经费由国家提供，又分为非定向研究生和定向研究生（简称定向生）。其中非定向研究生毕业时实行双向选择的自由就业制度；定向生则在录取时就必须签订合同，毕业后按合同规定到定向地区或单位工作。委托培养研究生的培养经费由委托单位提供，录取时要签订合同，毕业后到委托单位工作。自费研究生的培养经费由学生自己承担，有时候也可以从导师科研经费中开支，或获取社会赞助。国家计划非定向研究生，通常就是我们所说的公费研究生，目前在硕士研究生招生名额中占据较大份额，但随着连年扩招，自费研究生的名额也在不断扩大。

3. 按专业和用途不同分

按照专业和用途的不同，分为普通研究生和特殊种类研究生。现在我们常见的大多是普通研究生。特殊类研究生即专业学位研究生，如 MBA 就属于特殊类研究生。

4. 按照考试方式不同分

顿士研究生的考试方式主要包括全国统考、单独考试、法律硕士联考、MBA 联考等。

二、接受研究生教育的途径

随着我国研究生教育方式的多样化，人们接受研究生教育的途径也灵活多样，可以根据自己的条件和目的做出最适合自己的选择。这些方式大体上可归为两种类型：学历教育和非学历教育。

三、研究生学历教育

研究生学历教育，是指考生参加国家统一组织的硕士生入学考试（含应届本科毕业生的推荐免试和部分高等学校经教育部批准自行组织的单独入学考试），被录取后，获得研究生学籍。毕业时，若课程学习和论文答辩均符合学位条例的规定，可获硕士生毕业证书和硕士学位证书。研究生学历教育大致有以下几种：普通研究生、单独考试研究生、参加一月统考的法律硕士和MBA。研究生学历教育的招生工作由教育部高校学生司负责。

四、研究生非学历教育

研究生非学历教育，是指不参加国家统一组织的硕士生入学考试，没有学籍。毕业时也不能获得毕业证书，学历不变。研究生非学历教育大致有以下几种：参加研究生课程进修班，同等学力申请硕士学位，在职攻读专业学位，高校教师在职攻读硕士学位，中等职业学校教师攻读硕士学位。研究生非学历教育工作由国务院学位委员会负责。

五、研究生报考条件

不同学历报考研究生要求不同，详见表1-6所列。

表1-6　报考研究生的各学历起点条件

<table>
<tr><th>学历</th><th colspan="2">报考要求</th></tr>
<tr><td>大学本科</td><td colspan="2">国家承认学历的应届本科毕业生可直接报名参加</td></tr>
<tr><td>国家承认学历的高职高专毕业生</td><td colspan="2">获得国家承认的高职高专毕业学历后两年（从毕业到录取为硕士生当年9月1日，下同）或两年以上，达到与大学本科毕业生同等学力，且符合招生单位根据本单位的培养目标对考生提出的具体业务要求的人员，按本科毕业同等学力身份报考</td></tr>
<tr><td rowspan="2">成人高考毕业生</td><td>成人高校大专毕业生</td><td>国家承认学历的大专毕业生，毕业后两年或者两年以上，达到与大学本科毕业生同等学力（含国家承认学历的本科结业生和成人高校应届本科毕业生），且符合招生单位根据本单位的培养目标对考生提出的具体业务要求的人员，可以同等学力身份报考</td></tr>
<tr><td>成人高校应、往届本科毕业生</td><td>成人教育学历是国家承认的，成人教育本科往届生可以直接以本科生的资格报考。而成人教育应届本科生由于报考时（每年的11月中旬）并没有取得本科学历，所以只能以同等学力的资格报考，不同于全日制的普通高校应届本科生</td></tr>
<tr><td rowspan="2">高等教育自学考试</td><td>自考本科毕业生</td><td>自考生和网络教育学生报名现场确认截止日期前取得国家承认的大学本科毕业证书，无论是否已取得学位都能报考全国硕士研究生统一招生考试</td></tr>
<tr><td>自考专科毕业生</td><td>自考专科毕业生自取得专科毕业证书后工作两年后才有资格报考，有的学校还在此条件的基础上加上必须通过自考本科主干课程的规定，有的学校规定部分专业不招收大专毕业生。具体报考情况，考生应提前向拟报考的高等院校研究生招生办公室咨询</td></tr>
</table>

（续）

学历	报考要求	
高等教育自学考试	未取得本科毕业	每年12月毕业的本科毕业生，在全国硕士研究生统一招生考试之前，到本地招考办申请办理“自学考试在读考生成绩单”，以本科在读的同等学力的身份报考研究生，待来年4月研究生录取复审时，再出具正式的本科毕业证，确认考试资格以及是否被录取
党校函授毕业生	党校函授实际上是党为了提高广大党员干部的理论素养和业务水平，建设一支高素质党员干部队伍而进行的一种内部培训。相对于国民教育（即普通高校、成人高校、高教自学考试等）而言，“进口”要宽一些，“出口”要松一些。有关文件规定：“党校函授毕业生不得享受国民教育系列学历同等待遇”。具体考研规定请与所要报考单位进行确认	
普通高校结业生与肄业生	从2002年起，高校结业生（没有毕业证，但没有完成所有的指定学业科目，有普通高校结业证书）可以按同等学力身份报考。肄业生（在普通高校学习一段时间，完成部分的指定学业科目学习有普通高校肄业证书）根据不同学校要求执行	
同等学力	（1）通过本科段课程；（2）英语达到本科毕业水平；（3）要求发表论文或有科研成果；（4）复试时要加试两门专业课。对于以上问题，（1）和（4）是各招生单位的共同要求，（2）和（3）各招生单位则有不同要求	
已获硕士学位或博士学位	已获硕士学位或博士学位的人员可以再次报考硕士生，但只能报考委托培养或自筹经费的硕士生	

第五节　全日制博士学位研究生

博士研究生即攻读博士学位的研究生，简称博士生，是研究生学历的最高一级。人们日常生活中所说的考上了博士、读博士等，正是指博士研究生。正在读还没有获得博士学位的学生，严格来讲只能称为博士研究生；已经获得博士学位的人员，才是真正意义上的博士。因此，按照国际惯例，在正式场合，只有已经获得博士学位的人才能冠之以“Dr.”称呼；在非正式场合可以不受此限制。

我国高等学历教育分为3个学历层次，分别为专科、本科、研究生，研究生学历为最高学历，但研究生可以根据学位分为硕士研究生和博士研究生，博士研究生是高等学历教育中最高的教育等级。博士研究生毕业时，可以获得全日制博士研究生毕业证书（图1-3）和博士学位证书。而以同等学力在职攻读博士学位的，则不能取得学历证书，只能取得学位证书，其学历仍然是原学历，如本科或硕士研究生。

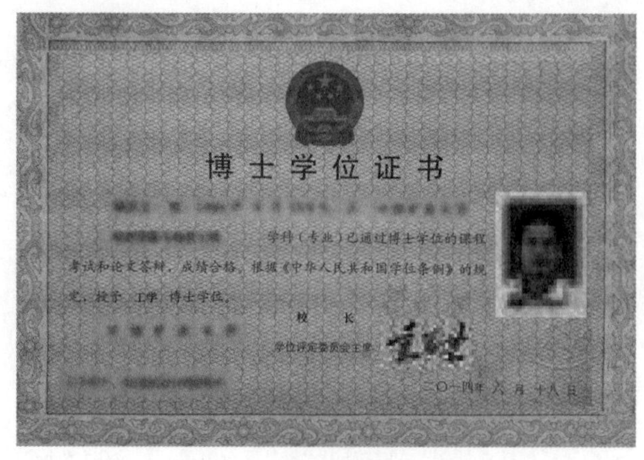

博士学位证书

学科（专业）已通过博士学位的课程考试和论文答辩，成绩合格，根据《中华人民共和国学位条例》的规定，授予 工学 博士学位。

校 长

学位评定委员会主席

二〇一四年 六 月 十八 日

图 1-3 博士学位证书样本

目前，我国博士研究生教育是控制规模的，形成 10∶1 的比例。另外，为了容易理解，可以参照我国全套学历教育的政策分类：中学生包括初中生与高中生，大学生包括专科生、本科生和研究生，研究生又包括硕士研究生与博士研究生。博士研究生是目前我国最高的学历教育，博士后不是学生，是一种工作人员的名称。虽然其名称上带有博士两个字，但与学生无关，实质是工作人员身份。

每年，教育部都会下达各招生单位博士学位研究生招生规模数，制定全国招生简章，并汇编《全国博士生招生专业目录》。已获得硕士学位的人员，或获得学士学位后 6 年并达到硕士毕业生同等学力人员也可以报考。各招生单位要制定健全的招生工作制度，完成命题、考试、阅卷等工作。入学考试分为初试、复试两个阶段。考试成绩由招生单位书面通知考生。招生单位按照“德智体全面衡量，择优录取，保证质量，宁缺毋滥”的原则录取新生。入学考试成绩仅对本次招生有效，被录取新生要当年入学。经过培养学习阶段后，可获得国家承认的博士生毕业证书和博士学位证书。

第六节 中等专业学校

中专教育属于地方和行业办学的一种教育类型。

一、中等专业学校概述

中等专业学校通常是在九年制义务教育结束后进行，属于高级中等教育范畴，中专重视专业技能的培训，毕业后一般都已经掌握了相应的职业技能，步入社会可以胜任某种职业。目前的中专有公办与民办之分，包括普通中专、职业中专、中技等。

中专是我国职业教育的重要部分，也是高级中等教育的一部分，每年为社会提供大量应用型人才。

知识经济的时代，信息化的社会，促使终身教育理念和建立学习型社会等新观念融入各国教育领域，受到普遍的认同和推崇，并在不断实践探索之中。中等职业教育也必然融入终身教育的体系之中。终身教育体系的教育目标与中等职业学校的教育目标是有机统一的。

首先，表现在过程性目标，为社会和经济的发展培养输送第一线的劳动者，满足受教育者学习技能、形成职业能力、求得生存和发展的最基本的需求。

其次，按照马克思的全面发展理论，教育必须使受教育者的兴趣、爱好、个性得到充分、自由的发展。中等职业教育应责无旁贷地，尽可能为受教育者提供追求人性完善和人生价值实现的教育，不仅要培养学生的职业能力和职业素养，更重要的是从个性发展的高度培养个体获得适应未来社会的基础知识和竞争能力。

只有两者相统一，才能充分发挥中等职业学校为经济和社会发展服务的职能，也才能在学生个性发展和实现人生真正价值方面发挥教育的功能，激发学校办学活力。

二、中等专业学校办学区别

中专、职高和技校都属于我国中等职业技术教育范畴。只是管理部门不同，中专、职高统一由教育部主管，而技校由国家人力资源和社会保障部主管。

1. 办学形式

中专以行业办学为主，职高由当地教育部门主办；技校主要以国有大中型企业办学为主，包括一些行业土管部门办学（大部分是各级政府办学）。

2. 培养目标

中专、职高、技校都是为各行业、各企业培养一线的工作人员，没有身份差别。

3. 专业设立

中专、职高、技校在专业设置上侧重点有所不同，但发展到今天，3 类学校的专业设置基本相同，主要包括旅游餐饮服务、机械加工，电子加工、计算机类、幼儿教育等。

4. 招生形式

中专、职高都放宽了招生限制，大部分学校不再设置分数限制；初中毕业生可以在中考志愿中选择填报中专、职高，也可以直接到这类学校直接报名，招生对象主要是初中毕业生。

5. 毕业发证

中专、职高毕业颁发教育部门印制的中等专业学校毕业证书，如果通过劳动部门的职业资格鉴定考试，可以获得初级或中级职业资格证书，技校由省市人力资源和社会保障厅(局)颁发中技、高技、预备技师毕业证书。

第七节　高校全日制学历教育实践

一、辽宁林业职业技术学院全日制专升本实践

1. 专升本相关政策

普通专升本教育始于 2001 年，根据《中共中央国务院关于深化教育改革，全面推进素质教育的决定》(中发[1999]9 号)、教育部有关本年度普通高等学校招生计划的通知，以及教育工作会议精神，为了构建与社会主义市场经济体制和高等教育内在规律相适应、不同类型普通高等教育相互衔接的教育体制，使部分优秀高职高专(大学专科)毕业生能够进入普通本科阶段学习。

普通专升本是指普通院校的专科学生结束专科阶段的课程学习之后，根据当年国家教育部和国家发展改革委(发改委)编报的《全国普通高校招生计划》和《全国普通高校分学校分专业招生计划》(招生计划人数控制在各省当年普通全日制专科应届毕业生总人数的 5% 及以内)，各地普通高等院校公布招生人数、各省级行政部门统一组织的考试，选拔优秀普通专科应届毕业生在毕业之前三年级第二学期参加由省教育考试院组织的统一考试(部分地区为本科校方出卷)，按原专业或相关专业升入本科院校继续进行正规本科教育的制度。

接受普通专升本教育的学生在本科学习期满并达到普通本科毕业所需学

分后颁发普通本科毕业证书(图 1-4)，符合学位授予条件的授予学士学位。普通高校专升本考试每年一次。普通专升本纳入当年国家教育部全国普通高校招生计划，被录取的学生享受与普通高等学校招生全国统一考试(普通高考)统招四年制本科生同等待遇，同为国家计划内统招培养的本科生，本科为第一学历。有别于自考专升本、成人高考(函授，业余)专升本、远程教育(网络教育)专升本、广播电视大学开放式专升本等非统招学历。

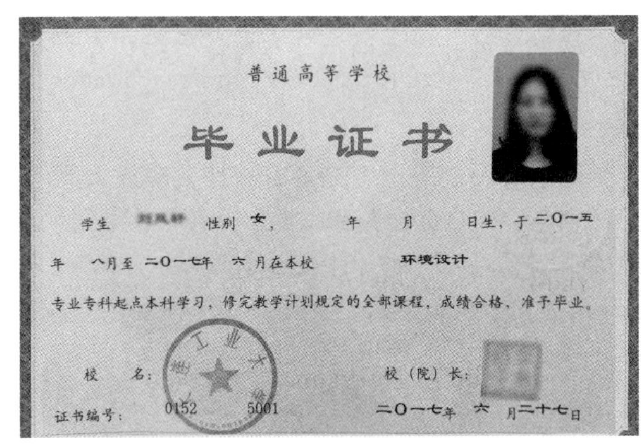
普通高等学校

毕业证书

学生　　性别女，　　年　　月　　日生，于二〇一五年　八月至二〇一七年　六月在本校　　环境设计

专业专科起点本科学习，修完教学计划规定的全部课程，成绩合格，准予毕业。

校　名：　　　　校（院）长：

证书编号：　0152　5001　　二〇一七年　六　月二十七日

图 1-4　专升本毕业证书样本

根据教育部办公厅《普通高职(专科)毕业生服义务兵役退役后接受普通本科教育招生办法(试行)》(教学厅[2009]6 号)精神，普通高等学校高职(专科)应届毕业生应征入伍的，在退役后 1 年内，可凭身份证、普通高职(专科)毕业证和士兵退役证，到其户籍所在地的市级考试机构办理报名和确认手续。市级考试机构需协同当地民政部门，认真审核确认考生士兵退役身份证明。其余事项与普通考生相同。具体政策由各省级教育主管部门制定。

各省普通专升本政策稍有不同。

2. 专升本行动措施

专升本即专科升本科，由于国家有多种高等教育形式，所以可以通过多种途径取得不一样的本科学历。升本类型有普通专升本、自考专升(套)本、成考(成人高考)专升本、网络教育专升本。

(1)普通专升本

普通专升本考上后需要再读 2 年本科(全日制学习)，普通专升本是属于国家普通高等教育，目前已纳入高招计划。其文凭的认可度在专升本中是最高的。自 2006 年起，“211”院校已停止招收普通专升本，各地普通专升本招收比例严格控制在当年应届专科毕业生 5% 内，并纳入高招计划，不再收取

8000元赞助费，实行和普通本科生平价费用。

(2)自考专升本

自考专升本是自考性质的本科，即独立本科段。自考专升本一般称为专套本，因为其学习形式自由，报考时间和专业不受限制，文凭认可率相比后两者认可度要高，所以很受学生欢迎。

(3)成考专升本

成考专升本即成人高等教育(成人高考)，参加国家统一的入学考试，考试通过比较容易，录取率高。成人高考分为专科阶段和专升本阶段，每年一次报考机会。

(4)网络教育专升本

网络教育也是国家一种高等教育制度，其性质和成人高考相近，也是需要入学考试，但区别是学校自己命题和阅卷，分春、秋季招生。

3. 辽宁林业职业技术学院鼓励学生专升本的具体措施

(1)学校内部选拔。学校希望给学生提供专升本通道。学校以三年期末考试成绩进行排名，或进行专升本模拟考试进行选拔。

(2)通过辅导、发放专升本学习材料、提供考试大纲等多种形式帮助学生准备专升本考试。

(3)及时发布专升本计划给每位考生。每年3月或4月，省教育厅统一下发专升本的招生计划(因为专升本招考院校仅限省内)，每个专升本招生院校会公布自己的招生专业、招生人数。

(4)鼓励考生自学复习或者参加专升本的辅导机构，多做历年真题，掌握必考知识点。

(5)组织安排考生及时参加考试，服务到位。考试时间和高考时间相同，上午考大学英语，下午考专业课综合。

(6)组织学生根据自己的分数结合各个高校的招生计划，填报志愿。

(7)专升本参加普通高考提前批录取，积极和报考学校的招生办联系，咨询录取情况。

(8)帮助考生查询录取结果，等待录取通知书下发。

4. 专升本学生人数汇总

辽宁林业职业技术学院学生近几年开始重视专升本工作，由于专业的限制，每年专升本的人数也不同程度地发生变化，2013、2014、2015年三年专升本人数详见表1-7、图1-5。

表 1-7　全日制学生专升本情况统计表

序号	学校	2015 年	专业	2014 年	专业	2013 年	专业	2012 年	专业
1	沈阳农业大学			1	园艺	2	园艺	2	园艺
2	辽宁工业大学			2	软件工程				
3	辽宁工程技术大学			2	计算机科学与技术	1	计算机科学与技术		
4	沈阳工程学院	1	计算机科学与技术	1	物业管理				
5	沈阳大学			3	旅游管理	1	计算机科学与技术	1	计算机科学与技术
6	辽宁科技大学					2	金融学、机械设计与自动化		
7	沈阳工业学院	1	园艺						
8	辽宁石油化工大学					1	会计学		
9	沈阳建筑大学					1	工程管理		
10	辽宁科技大学	1	计算机科学与技术			1	土木工程		
11	东北财经大学					1	旅游管理		
12	沈阳师范大学	3	计算机科学与技术					2	计算机科学与技术
13	鞍山师范学院							1	学前教育
14	沈阳航空航天大学							3	英语、旅游管理
15	沈阳理工大学							2	市场营销
16	大连工业大学	1	环境艺术设计			1	环境设计		
合计		7		9		11		11	
报考人数		64		65		82		61	

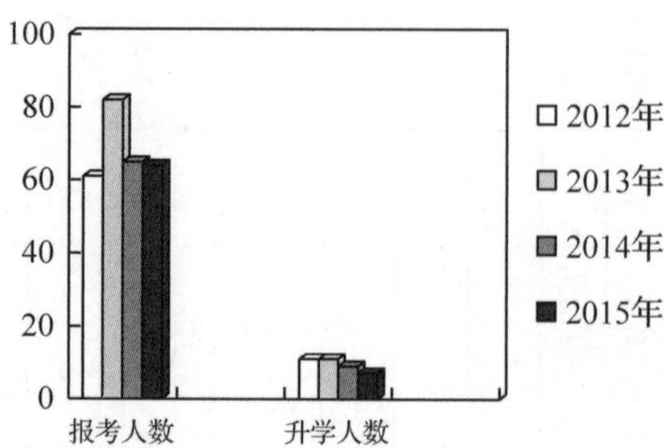

图 1-5 2012—2015 年全日制学生专升本情况对比图

二、学历教育国际合作实践

1. 国际合作开端是项目合作

辽宁林业职业技术学院 2014 年与加拿大亚岗昆应用文理与技术学院合作，开设酒店管理专业（图 1-6 至图 1-10）。

图 1-6 合作办学项目签字仪式

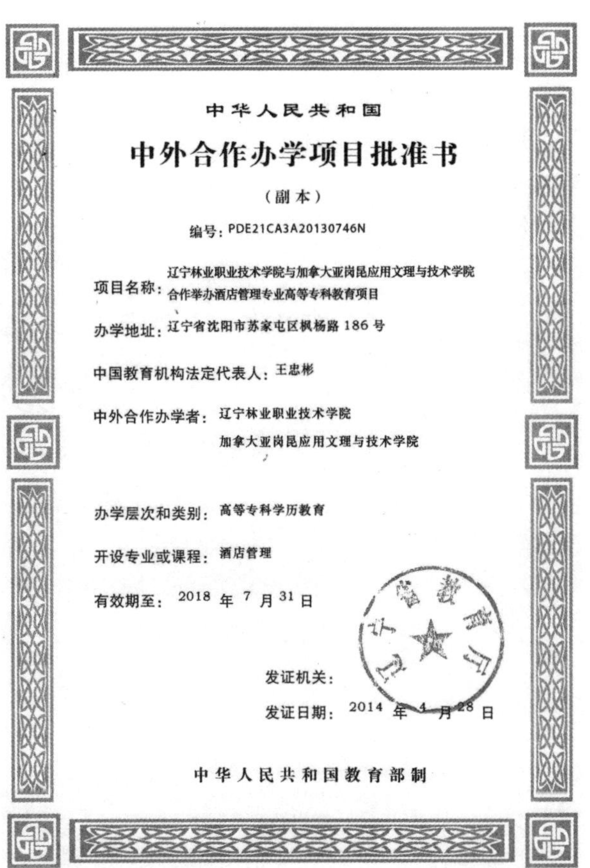

中华人民共和国

中外合作办学项目批准书

（副本）

编号：PDE21CA3A20130746N

项目名称：辽宁林业职业技术学院与加拿大亚岗昆应用文理与技术学院合作举办酒店管理专业高等专科教育项目

办学地址：辽宁省沈阳市苏家屯区枫杨路186号

中国教育机构法定代表人：王忠彬

中外合作办学者：辽宁林业职业技术学院
加拿大亚岗昆应用文理与技术学院

办学层次和类别：高等专科学历教育

开设专业或课程：酒店管理

有效期至：2018 年 7 月 31 日

发证机关：

发证日期：2014 年 4 月 28 日

中华人民共和国教育部制

图 1-7　中华人民共和国中外合作办学项目批准书

图 1-8　合作办学项目新生开学典礼

图 1-9　教学现场

图 1-10　师生合影

2. 国际教育人才培养计划开发

辽宁林业职业技术学院和加拿大亚岗昆应用文理与技术学院合作开设酒店管理专业，共同制订人才培养方案，详见附件。

附件：与加拿大亚岗昆学院酒店管理专业专科教育人才培养计划

2015 年辽宁林业职业技术学院与加拿大亚岗昆学院酒店管理专业专科教育（三年制）人才培养方案。

专业编码：640106

(1)专业培养目标

本专业致力于为中国酒店业以及世界酒店业培养具备先进管理知识、专业外语能力强、素质优秀的国际化人才。本专业秉承我院的以“学生为本、人才强校、突出特色、服务社会”的办学理念，严格要求，精益求精，用一流的师资、一流的教学来培养我们的学生，使学生真正学有所成、学有所用，以适应行业的飞速发展，成为酒店行业未来的精英和领军者。

人才培养规格定位为：经过一定时间一线服务岗位的实践锻炼，能够成为在现代国际品牌酒店各主要业务部门从事一线服务工作的高级服务人才和基层管理工作的领班、主管人员及部门经理等中层管理人员。

(2)职业岗位分析

2009年，我系酒店管理教研室曾对国内外北京、上海、深圳、沈阳、大连数十家酒店的岗位设置及部门与岗位人才需求状况进行了市场调查，结果显示：酒店的岗位职级比较明显，基本上设有7级管理岗位，由低到高分别为：领班、主管、部门副经理(经理助理)、部门经理、部门总监、执行总经理(副总经理)和总经理。其中，领班和主管属于饭店基层管理人员，部门副经理(经理助理)和部门经理属于饭店中层管理人员，部门总监、执行总经理(副总经理)和总经理属于饭店高层管理人员。

在对饭店各个部门最急需高职毕业生的调查中，按需求程度高低排列，依次为餐饮部、前厅部、客房部、康乐部、营销部、财务部、人力资源部和总经理办公室；在对目前酒店员工队伍中最需充实哪一层次的管理人员调查中，五分之四的酒店选择了基层管理人员(主管、领班)，近一半的酒店选择了中层管理人员(部门副经理、部门经理)。

在对高职院校毕业生需要经过多少时间的工作实践锻炼才能胜任不同管理岗位的调查中发现：基层管理人员需要2~3年，中层管理人员需要4~5年，高层管理人员需要10年以上。这说明，酒店管理职业重视实践经验的积累，酒店管理专业毕业生想要胜任相应的管理岗位，必须经过相当长时间的基层服务与管理岗位的锻炼。

对酒店管理职业岗位群的岗位能力分析见表1-8所列 。

表 1-8 酒店管理职业岗位群及岗位能力分析表

职业岗位群	综合职业能力	构成综合职业能力的理论知识与服务管理技能	专项能力分解								拟开设课程
			1	2	3	4	5	6	7	8	
前厅服务员、客房服务员、中餐服务员、西餐服务员、初级调酒师	现代饭店服务操作能力	中西餐知识、茶艺、酒水知识、饭店前厅服务、饭店客房服务、饭店餐饮服务	熟知中西菜肴知识，掌握茶艺知识	熟知中外名酒知识，熟悉主要中外名酒的产地口味特点。会使用恰当的方法调制一定数量的鸡尾酒	熟悉饭店前厅礼宾部的服务流程，会提供门口迎送服务、行李服务、专职管家带房服务、介绍房间设施服务	熟悉客人预订房间的主要渠道，会进行电话、传真、网络订房，熟练掌握电话服务技巧	熟悉饭店客房种类前台接待服务流程，会为客人办理入住登记手续、回答客人问讯、会填制前台各种营业报表	熟悉饭店客房服务流程，会清扫各种房间，会使用主要的清洁机器和清洁工具，会运用恰当的方法保养大理石、地毯等常用饰材	熟悉中西餐服务流程，掌握托盘、摆台托盘、摆台、斟酒、口布折花、上菜派菜以及插花等基本服务技能	会为宾客点菜、推荐菜肴、服务各种酒水，熟练掌握餐前餐后的各项准备和结束工作技巧	酒水知识与调酒技艺、茶艺、酒店插花饭店前厅服务与管理、饭店客房服务与管理、饭店餐饮服务与管理
总台经理、总台主管、总台领班、礼宾经理、酒店门童、酒店行李、前台收银、预订经理、预订主管、预订领班、预订文员	现代饭店前厅管理能力	饭店类别知识、前厅部计划管理、前厅部组织管理、客房价格管理、客房销售管理、前厅宾客关系管理、前厅部经营分析	识别不同种类客房，掌握不同饭店经营模式和特点；熟悉国内外饭店集团的经营特点、不同品牌特色、经营特点、成功经验	能根据饭店规模确定前厅大堂布置，设置组织机构，进行岗位设置，确定人员配备，划分工作班次	能根据饭店档次制定服务质量标准，编制服务流程，并能据此对一线员工进行岗前培训	确定饭店房价，会运用恰当的方法制订客房价格，能根据市场供求关系和饭店销售政策对客房价格做出相应的调整	会运用各种客房销售技巧及时为客人提供售房、分房服务；灵活处理预定、销售中的各种疑难问题；建立良好的宾客关系，能妥善处理各类宾客投诉	领会当代饭店金钥匙服务理念；熟悉金钥匙的服务内容，能运用恰当的服务技巧为宾客提供高品质的个性化服务	会制定前厅部人力资源计划，制定用人标准，制定劳动生产率标准，控制劳动力成本	会填制各种营业报表，会对报表中的各种数据展开分析；会编制前台营业预算，开展收益管理	酒店前厅服务与管理

（续）

职业岗位群	综合职业能力	构成综合职业能力的理论知识与服务管理技能	专项能力分解								拟开设课程
			1	2	3	4	5	6	7	8	
客房经理、客房主管、客房领班、公卫主管、公卫领班、公卫保洁、洗衣主管、洗衣领班、楼层主管、楼层领班、客房清扫员	现代饭店客房管理能力	饭店建筑布局知识、饭店设备用品知识、客房部计划管理、客房部组织管理、客房服务管理、客房清洁保养知识、客房部劳动管理、客房经营分析	能识别各类饭店建筑，描述其主要特点；掌握饭店建筑布局方法	识别各类客房及风格，识别各类客房设备用品，并能对其加以鉴别选择	能根据饭店规模和档次确定客房部的组织机构，进行岗位设置，确定人员配备，划分工作班次	能根据饭店档次制定服务内容及质量标准，编制服务流程，并能据此对一线员工进行岗前培训	能根据饭店档次制定清洁保养标准，公共区域的清洁保养计划，确定清洁保养模式，制定检查标准，督导一线员工工作	能依据饭店档次选择购置客房设备用品，制定消耗定额，编制客房设备用品管理制度	会制订客房部人力资源计划，制定用人标准，制定劳动生产率标准，控制劳动力成本	会填制各种营业报表，会对报表中的各类数据展开分析，会编制客房营业预算，会进行客房经营效益分析	酒店客房服务与管理
餐饮经理、中餐主管、中餐领班、中餐服务员、中餐宴会服务员、西餐主管、西餐领班、西餐服务员、西餐宴会服务员、宴会经理、宴会销售、宴会主管、宴会领班	现代饭店餐饮管理能力	食品营养卫生、菜单知识、食品原材料知识、餐饮设施设备知识、餐厅运行管理、宴会销售管理	掌握食品营养和食品卫生基本常识，能描述各类食品主要营养成分和餐饮生产中的卫生注意事项，制定相应的卫生质量标准并能据此进行检查	能依据饭店规模档次确定饭店餐饮经营特色，确定餐饮经营规模，开展市场调查，设计出能反映饭店经营特色又能满足饭店目标市场的餐单	掌握中西餐主要食品原料的产地、生长季节、品质特点、市场价格、供货渠道，会鉴别原料品质，会制定餐饮原料的采购标准并据此控制采购质量	能制定餐饮原料的库存定额、库存质量标准、原材料领用发放标准，会核算与库存有关的定额指标	能依据餐饮规模风格特色选择购置餐饮设施和用品，制定物品消耗定额并加以控制，编制设施设备及用品管理制度	确定各餐厅的组织机构；进行岗位设置，确定人员配备，划分工作班次；制定服务内容及质量标准，编制服务流程，并能对一线员工进行岗前培训	确定宴会部的组织机构；进行岗位设置，确定人员配备，划分工作班次；制订宴会销售计划及服务标准，编制服务流程，并能对一线员工进行岗前培训	会同厨师长确定厨房的组织机构、岗位设计、人员配备、班次划分；会根据饭店餐饮经营情况确定标准成本并进行成本分析，制定有效成本控制策略	酒店餐饮服务与管理实务

（续）

职业岗位群	综合职业能力	构成综合职业能力的理论知识与服务管理技能	专项能力分解								拟开设课程
			1	2	3	4	5	6	7	8	
前厅部经理、客房部经理、餐饮部经理、销售部经理、财务部经理	现代饭店经营管理能力	现代饭店经营理念、现代饭店组织设计、现代饭店竞争战略、现代饭店投资决策、现代饭店营销策划、现代饭店服务质量、现代饭店人力资源、现代饭店经营分析	领会顾客满意、顾客忠诚、员工满意理念的内涵及相互之间的关系，并能运用这些理念对某些案例进行分析	掌握组织结构设置的基本原则，会根据不同饭店的规模、管理模式绘制组织机构图，编写岗位职责	掌握饭店经营战略的内涵及制定过程，会运用SWOT分析法进行饭店经营战略的选择，会依据实际情况对某些案例指定通用竞争战略	把握饭店投资可行性研究的内容，能运用饭店投资分析技术对某些案例进行模拟分析，会编制饭店可行性研究报告	会运用BCG、GE多因素分析等方法对饭店市场进行分析，会进行STP营销策划，会运用不同的营销组合策略对实际案例进行分析，会编制市场营销策划书	界定服务、饭店服务的定义；能辨析服务的特性，能描述服务质量的衡量标准，会运用服务质量评估模型对实际服务质量问题进行评价和测定，会运用PDCA循环法寻找、分析、改进服务质量问题	会编制人力资源计划，进行岗位分析，会制定员工劳动定额，确定人员编制，制订人员培训计划，运用四步培训法培训员工；掌握正确的激励方法和领导方式的本质	能看懂饭店财务报告，会运用比较分析法、结构分析法、综合分析法对财务报告进行分析；会对一份给定饭店财务报告进行饭店偿债能力分析、饭店营运能力分析、饭店获利能力分析、财务比例综合分析；会运用财务指标与非财务指标对给定的饭店实例进行经营绩效进行评价	现代酒店管理、酒店市场营销、酒店财务管理、酒店人力资源管理

（续）

职业岗位群	综合职业能力	构成综合职业能力的理论知识与服务管理技能	专项能力分解								拟开设课程
			1	2	3	4	5	6	7	8	
上述所有岗位	可持续发展能力	国际旅游业发展概况、中外饭店比较研究、饭店集团化经营与管理、饭店规划与设计、现代企业管理技术、服务业市场营销、娱乐休闲管理	了解国际旅游业的发展动态和趋势	把握中外饭店经营管理发展规律和特点	了解国内外饭店集团化发展现状、动态及特点	了解当今中外饭店规划与设计的基本要求和流行趋势	掌握现代企业管理技术应用和管理信息系统应用	了解服务业市场营销方法和技巧	掌握旅游酒店服务心理	了解国内外娱乐休闲业的发展现状和趋势	对应各专项能力的专题讲座和专题调研

(3)专业人才培养规格(表1-9至表1-11)

表1-9　酒店管理专业知识结构

一级知识名称	二级知识名称	备注
基础知识	调查方法论知识	
	英语基本知识(IELTS)	
	现代办公软件Office操作知识	
	加拿大国情知识	
	微观经济学知识	
专业基础知识	酒店与旅游业发展历史知识	
	酒店法规知识	
	食品、酒水及文化知识	
	茶艺知识	
专业知识	宴会设计与管理	
	前厅服务与管理知识	
	客房服务与管理知识	
	餐饮服务与管理知识	
	酒店营销管理知识	
	酒店人力资源管理知识	
	酒店会计知识	
	酒店财务管理知识	
	国际化酒店管理及运营知识	
综合素质知识	商务写作知识	
	社会学知识	
	人际关系学知识	

表1-10　酒店管理专业能力结构

一级能力名称	二级能力名称	备注
基础能力	一手及二手资料收集能力	
	英文的听、说、读、写、译能力	
	Office操作能力	

（续）

一级能力名称		二级能力名称	备注
职业能力	单项职业能力	酒店国际化运营及风险管理能力	
		酒店法规应用能力	
		宴会设计与管理能力	
		酒店人力资源管理能力	
		酒店专业英语应用能力	
		酒店会计统计、记账、分析能力	
		酒店营销能力	
	核心职业能力	前厅服务与管理服务能力	
		餐饮服务与管理能力	
	综合职业能力	酒店知识综合运用能力	
		协调、沟通和协作能力	
		市场公关能力	
		可持续发展能力	

表 1-11　酒店管理专业素质结构

一级素质名称	二级素质名称	备注
思想道德素质	政治与政策的认识	
	社会责任感	
	言行的自我约束与自觉规范	
	职业道德	
身心素质	身体健康状况	
	心理调适力	
	情绪情感控制	
文化素质	知识行为意识	
	法律意识	
	语言规范表达	
职业素质	熟知专业理论	
	掌握专业特长技能	
	了解市场行情	
创业素质	创业意识	
	自我意识与主动精神	
	参与和实干精神	

(4)学制及招生对象

学制：3年。

招生对象：学生必须为通过全国高校入学考试的在籍学生，并符合亚岗昆学院的录取标准，方可被录取为本项目学生。

(5)毕业标准

①通过IELTS测试并取得不低于5分的成绩；

②获得全国计算机信息高新技术考试合格证书；

③修满课程的全部学分164学分。

(6)课程体系构建

以酒店管理专业面向的旅游酒店岗位群的需要为依据，从“411全程职业化”的人才培养模式需求出发，对北京、上海、深圳以及辽宁省内知名的旅游酒店的人才需求量、岗位设置及能力要求进行调研；组建以国内旅游行业专家、亚岗昆旅游及酒店管理学院专家、亚岗昆大学英语言学院专家为主的课程体系建设团队，将酒店管理专业面向的旅游酒店岗位群的职业岗位分解成若干相对独立的工作任务，再对工作任务内容及过程进行学习领域分析，重构工作导向课程体系(表1-12、表1-13)。

表1-12　酒店管理专业技能训练计划

类别	学习领域号	学习领域名称	技能训练项目名称	学时数	学期	备注
基础学习领域	1	英语听说读写译能力	IELTS测试	800	第一至第五学期	
单项职业技能学习领域	1	前厅服务与管理	前台接待及前厅系统操作学习	68	第四学期	核心技能
	2	酒店财务分析	酒店经营报告分析(侧重财务状况分析)	45	第三学期	
	3	餐饮服务与管理	中西餐摆台	66	第二学期	核心技能
	4	管理会计	酒店会计核算	68	第三学期	
	5	宴会设计与管理	宴会设计与管理	56	第五学期	
	6	茶艺学	功夫茶及花式调酒训练	44	第三学期	

（续）

类别	学习领域号	学习领域名称	技能训练项目名称	学时数	学期	备注
综合职业技能学习领域	1	顶岗实习	酒店服务与管理实训	700	第六学期	
	2	毕业答辩		40	第六学期	
合计				1887		

注：备注中填写是否为核心技能。

表 1-13　技能训练基地

实训基地		主要实训内容
校内实训基地	茶艺实训中心	茶的识别、茶艺表演
	调酒实训中心	调酒
	餐饮一体化教室	餐饮实训项目
	旅游情境英语实训室	IELTS 口语训练、IELTS 听力训练
校外实训基地	北京龙城丽宫国际酒店实训基地	可进行酒店前厅、客房、餐饮、康乐、商务中心、财务、人力资源等实习实训项目
	沈阳黎明国际酒店实训基地	可进行酒店前厅、客房、餐饮、康乐、商务中心、财务、人力资源等实习实训项目
	北京临空皇冠假日酒店实训基地	可讲行酒店前厅、客房、餐饮、康乐、商务中心、财务、人力资源等实习实训项目
	深圳金晖酒店实训基地	可进行酒店前厅、客房、餐饮、康乐、商务中心、财务、人力资源等实习实训项目
	沈阳三隆中天酒店实训基地	可进行酒店前厅、客房、餐饮、康乐、商务中心、财务、人力资源等实习实训项目
	沈阳凯宾斯基饭店实训基地	可进行酒店前厅、客房、餐饮、康乐、商务中心、财务、人力资源等实习实训项目
	深圳中油阳光大酒店实训基地	可进行酒店前厅、客房、餐饮、康乐、商务中心、财务、人力资源等实习实训项目
	上海东方佘山索菲特大酒店实训基地	可进行酒店前厅、客房、餐饮、康乐、商务中心、财务、人力资源等实习实训项目
	大连日航国际饭店实训基地	可进行酒店前厅、客房、餐饮、康乐、商务中心、财务、人力资源等实习实训项目
	北京稻香湖景酒店实训基地	可进行酒店前厅、客房、餐饮、康乐、商务中心、财务、人力资源等实习实训项目
	沈阳丽都喜来登饭店实训基地	可进行酒店前厅、客房、餐饮、康乐、商务中心、财务、人力资源等实习实训项目

(7)课程主要内容(表1-14至表1-17)

表1-14 餐饮服务与管理课程主要内容

学习领域：餐饮服务与管理第一学年第二学期　　基本学时：65学时
学习目标： 能力目标： 1. 能用正确的托盘端托姿势灵活使用托盘；能轻松用托盘实现物品递送、酒水斟倒等服务。 2. 能熟练完成10种以上动物和植物的杯花造型；能熟练完成10以上盘花造型。 3. 能通过观、闻、品等熟练判断酒水的品种；能根据不同酒水品种提供相应的酒水服务。 4. 能根据高星级酒店中餐厅摆台要求，完成零点、宴会摆台。 5. 能根据高星级餐厅服务标准完成上菜与分菜服务；能结合客人具体需求，灵活提供分菜服务。 6. 能根据用餐客人的需求插制最合时宜的餐台花饰。 7. 能根据中餐标准提供标准化服务；能根据客人的不同需求提供个性化服务；能灵活处理服务过程中的客人投诉事件。 8. 能根据西餐不同服务方式提供相对应的服务程序；能灵活处理客人用餐过程中出现的突发事件。 9. 能够按照宾客投诉处理的程序，合理解决投诉事件；能灵活应用处理宾客投诉的技巧，灵活处理各类投诉事件。 10. 能够设计零点、宴会、套餐等各种类型的菜单。 11. 能够正确运用各种表单管理验收过程。 12. 能正确划分和统计餐饮用料成本。 13. 能用ABC分析法进行餐饮产品质量控制。 14. 能运用餐饮内、外部餐饮营销策略和技巧进行合理的餐饮营销。 知识目标： 1. 了解托盘的分类；了解托盘的端托形式；掌握轻托的动作要领。 2. 掌握不同中式和西式酒水品种及特性；掌握不同酒水的服务方法。 3. 了解餐巾的分类、用途、功效；掌握不同餐巾花折法。 4. 掌握中餐零点与宴会的摆台操作程序和要求。 5. 掌握西餐零点、宴会及自助餐的摆台操作程序和要求。 6. 掌握中式不同菜系菜肴的口味特色；掌握上菜与分菜的动作操作要领。 7. 掌握中/西餐餐台花艺插制的主要步骤、动作要领、注意事项。 8. 了解中餐零点服务与宴会服务的区别；掌握中餐的主要服务方式；掌握中餐零点、宴会的服务程序和操作要求。 9. 了解西餐用餐礼仪；掌握西餐的上菜顺序；掌握西餐不同服务方式及其特点。 10. 掌握宾客投诉的原因；掌握宾客投诉处理的程序；掌握宾客投诉处理的技巧。 11. 掌握50余个英语专业词汇的读、写、用。 12. 了解菜单的作用、种类和基本内容。 13. 掌握菜单设计、制作的方法和程序。

（续）

<table>
<tr><td colspan="3">14. 掌握原料的采购数量控制、质量控制及价格控制的方法。
15. 了解餐饮原材料发放管理制度。
16. 了解餐饮服务质量控制的方法。
17. 掌握餐饮服务质量的含义。
18. 掌握餐饮营销的概念及餐饮营销的重要性。
19. 掌握餐饮产品及服务的营销组合策略。
20. 掌握餐饮企业内部营销策略与技巧。
21. 掌握餐饮企业外部营销策略与技巧。
素质目标：
1. 树立良好的职业形象。
2. 具有良好的服务意识。
3. 具有较好的身体素质和较强的责任心及开拓创新精神。</td></tr>
<tr><td colspan="2">内容：
餐饮服务基本技能；
中餐服务；
西餐服务；
宾客投诉的处理；
菜单设计与制作；
餐饮食品原料采购管理；
餐饮服务质量管理；
餐饮营销管理</td><td>方法：
练习；
学习材料、录像；
典型案例分析；
角色扮演；
模拟实践；
任务驱动；
成果展示</td></tr>
<tr><td>学习材料：
文档页；
表格页；
网页；
幻灯片</td><td>学生需要的知识和技能：
计算机基本应用能力；
酒店专业英语知识</td><td>教师需要的知识和技能：
教师资格证；
餐饮服务与管理知识；
计算机基本应用能力；
酒店专业英语知识</td></tr>
</table>

表 1-15　房务管理课程主要内容

学习领域：客房服务与管理第三学年第一学期　　基本学时：60 学时
学习目标： 能力目标： 1. 熟练表述酒店客房部的业务特点。 2. 能熟练地说出客房部的主要工作任务。 3. 能基本说出客房部的组织机构、岗位设置及职责。 4. 熟练回答客房部员工基本素质要求。 5. 能够正确介绍客房类型及客房设施的功能布局。 6. 会规范的站、坐、行姿势及带路、指引、微笑服务等基本的服务礼仪。 7. 熟练地按要求做好岗前准备工作。 8. 准确填写清洁表单与报表。 9. 要求独立完成中式铺床、西式铺床；能按照要求独立完成走客住客房清扫工作；能按照要求独立完成客房晚间寝前整理工作。 10. 能够迅速熟练地按要求做好岗前准备工作。 11. 能够按要求准确填写服务表单、报表。 12. 能按规范要求做好楼层迎宾服务、VIP 客人接待与客房布置、洗衣服务、设备用品增补与借用服务、擦鞋服务、托婴服务、离店查房、客房送餐服务、私人管家服务。 13. 熟悉大理石地面清洁与保养、大堂卫生间清洁与整理、地毯的清洗、大堂的清洁等服务工作。 14. 能初步进行客房部日常现场检查督导。 15. 能通过案例较有条理地处理各种投诉事件。 16. 会编写周期清洁计划。 17. 会主持召开班前会。 18. 能根据假设的客情给班组“员工”排班。 19. 能给客房部新入职的员工制定培训计划书并组织培训。 20. 能通过案例较有条理地处理应急事件。 21. 能初步分析客房部营业收入情况。 知识目标： 1. 认识客房设施和客房设备用品。 2. 了解客房部管辖区域业务分工。 3. 了解客房部组织机构设置。 4. 掌握客房基本礼仪。 5. 熟悉客房部常规卫生与计划卫生知识。 6. 熟知搞好客房常规卫生工作应考虑的几个因素。 7. 掌握常规卫生与计划卫生的形式、内容、要领。

（续）

8. 掌握客房对客服务的特点和要求。 9. 掌握客房对客服务的模式及优缺点。 10. 掌握客房对客服务的主要项目、规范及要点。 11. 熟悉客房对客服务质量控制的方法与要点。 12. 掌握公共区域的范围。 13. 熟悉公共区域卫生知识特点。 14. 掌握公共区域卫生工作的主要内容、质量控制措施。 15. 掌握客房部周期清洁计划的编制方法。 16. 掌握客房服务质量控制方法。 17. 掌握客房经营指标及分析与评价方法。 素质目标： 1. 具备良好的酒店服务意识。 2. 在接待酒店顾客时做到文明待客、礼貌待人。 3. 养成积极主动的工作态度。 4. 能够熟练操作计算机 XP 系统、熟悉软件安装、熟练操作 Office 办公软件。 5. 能够拾金不昧、对待外宾服务时不卑不亢。 6. 能够掌握一门外语。 7. 对客服务中，特别是遇到突发事件时，保持头脑清醒，处事沉着冷静、有条不紊。

内容： 客房部认知； 客房卫生及质量管理； 客房对客服务； 公共区域清洁与管理； 客房部基层日常管理	方法： 练习； 学习材料、录像； 典型案例分析； 角色扮演； 模拟实践； 任务驱动； 成果展示

学习材料： 文档页； 表格页； 网页； 幻灯片	学生需要的知识和技能： 计算机基本应用能力； 酒店专业英语知识	教师需要的知识和技能： 教师资格证； 客房服务与管理知识； 计算机基本应用能力； 酒店专业英语知识

表 1-16　前厅服务与管理课程主要内容

学习领域：前厅服务与管理第二学年第二学期　　基本学时：60 学时
学习目标： 能力目标： 1. 能够按照教师布置的学习任务，设计学习情境，用准确的语言、优雅的动作进行前厅客房服务。 2. 能够根据预设前厅部前台服务员、行政楼层服务员身份，按照接待流程及相关原则，完成前台接待、行政楼层接待、办理入住、结账、客账管理、客史管理等工作。 3. 能够以预设前厅部商务中心文员、总机文员、总机预订员、礼宾部行李员身份，按照接待流程，完成商务中心服务、总机服务、预订服务、礼宾服务、客账管理和结账等工作。 4. 能够以预设客房服务员身份，根据客房清洁程序与标准，运用清洁设备，为客人提供客房清洁、客房服务、客房管理等工作。 5. 能够以预设大堂副理身份，按照有关原则，为顾客提供个别要求处理，完成各种各类突发事件处理工作。 知识目标： 1. 认识前厅部在现代饭店经营管理中的基本功能和重要地位；了解前厅部的组织机构设置与主要管理岗位的职责。 2. 掌握前厅部预订的意义、任务、渠道、方式和种类。 3. 掌握前厅部接待工作的意义和接待工作程序；从接待前的准备、客房状况的显示及控制、宾客的入住登记到客房商品的推销，进一步认识前厅接待在饭店经营中的作用。 4. 掌握前厅系列服务内容和要求；了解前厅各项服务的基本规程。 5. 了解客房价格的特点、种类，影响客房定价的主要因素；熟悉前厅主要统计报表的内容和客房经营重要统计指标的含义。 6. 了解客房部组织机构；熟悉客房种类。 7. 掌握客房卫生整理的程序和操作方法；掌握客房系列服务内容和要求；掌握中式做床的操作程序，了解饭店公共区域清洁卫生工作主要方法。 8. 掌握客房安全管理设施的配备；掌握客房防火、防盗以及意外事故处理的基本程序。 素质目标： 1. 具备良好的酒店服务意识。 2. 对酒店前厅部工作能够很好地认知，有一定的了解。 3. 具有良好的语言表达能力，说普通话，掌握一门以上外语。 4. 具有良好的沟通协调能力和自学能力

（续）

<table>
<tr><td colspan="2">内容：
前厅部认知；
客房预订服务与管理；
前厅接待服务与管理；
前厅收银服务与管理；
前厅问讯服务与管理；
前厅礼宾服务与管理；
总机服务与管理；
商务中心服务与管理；
大堂副理日常管理工作；
前厅部基层日常管理工作</td><td>方法：
练习；
学习材料、录像；
典型案例分析；
角色扮演；
模拟实践；
任务驱动；
成果展示</td></tr>
<tr><td>学习材料：
文档页；
表格页；
网页；
幻灯片</td><td>学生需要的知识和技能：
计算机基本应用能力；
酒店专业英语知识</td><td>教师需要的知识和技能：
教师资格证；
前厅服务与管理知识；
计算机基本应用能力；
酒店销售知识；
酒店财务知识；
酒店专业英语知识</td></tr>
</table>

表 1-17　高级人力资源管理课程主要内容

<table>
<tr><td>学习领域：酒店人力资源管理第二学年第一学期　　基本学时：45 学时</td></tr>
<tr><td>学习目标：
能力目标：
1. 会绘制组织机构图。
2. 会进行人力资源需求预测技术。
3. 会进行工作分析。
4. 会编制岗位规范与职位说明书。
5. 会进行面试。
6. 能够开展员工入职教育的资料准备工作和会务准备工作。
7. 能够采集和处理培训所需的费用数据，提出培训经费草案。
8. 能够跟踪、搜集、反馈受训者培训效果信息。
9. 会进行绩效考评。
10. 能够收集、整理、记录、分析、计算考勤和工时数据，准确、及时地进行工资、奖金、津贴和个人所得税的计算，编制工资表。
11. 能够办理社会保险核算与统计。
12. 会办理劳动合同的签订、续订、变更和解除。</td></tr>
</table>

（续）

<table>
<tr><td colspan="2">知识目标：
1. 认识酒店人力资源管理的功能与重要作用。
2. 掌握酒店人力资源管理的主要内容与基本任务。
3. 掌握酒店组织机构的设置。
4. 掌握酒店人力资源需求预测技术。
5. 掌握酒店人员招聘的基本程序与来源。
6. 掌握酒店面试的程序、方法。
7. 掌握酒店培训的程序、方法。
8. 掌握酒店培训的内容。
9. 熟悉酒店培训的原则。
10. 掌握酒店绩效考评的一般程序和方法。
11. 掌握酒店绩效考评数据的收集、分类、记录、统计、保存的方法和技术。
12. 掌握酒店薪酬管理的基本工作程序和方法。
13. 熟悉酒店工资制度类型。
14. 掌握酒店工资统计分析的知识。
15. 了解社会保险的有关法规。
16. 掌握酒店劳动合同签订、续订、变更的程序和原则。
17. 掌握酒店解除、终止劳动合同的条件。
18. 掌握 50 个英语专业词汇的读、写、用。
素质目标：
1. 具有热爱酒店人力资源管理事业的敬业乐业精神。
2. 与业务部门之间具有强烈的团队协作合作意识。
3. 具有较强的沟通协调能力。
4. 具有良好的组织能力、观察能力、语言表达能力、应变能力及交际能力。
5. 具有优良的思想作风和严格的组织纪律，谦虚谨慎，公道正派，作风民主，平易近人</td></tr>
<tr><td>内容：
酒店人力资源规划；
酒店人员招聘与录用；
酒店员工培训；
酒店绩效考评；
酒店薪酬福利管理；
酒店劳动关系管理</td><td>方法：
练习；
小组讨论；
学习材料、录像；
典型案例分析；
角色扮演；
模拟实践；
任务驱动；
成果展示</td></tr>
</table>

（续）

学习材料： 文档页； 表格页； 网页； 幻灯片	学生需要的知识和技能： 管理学基础知识； 酒店礼仪； 心理学基本知识； 计算机基本应用能力	教师需要的知识和技能： 教师资格证； 管理学知识； 心理学知识； 计算机基本应用能力； 人力资源管理能力

（8）总学程与学分计划（表1-18）

表1-18　2015级三年制总学程时间表

<table>
<tr><td rowspan="8">周数安排</td><td rowspan="2">序号</td><td rowspan="2">内容</td><td rowspan="2">周数</td><td colspan="3">第一学年</td><td colspan="3">第二学年</td><td colspan="2">第三学年</td></tr>
<tr><td>一</td><td>二</td><td>暑假</td><td>三</td><td>四</td><td>暑假</td><td>五</td><td>六</td></tr>
<tr><td>1</td><td>理论教学</td><td rowspan="2">104</td><td rowspan="2">16</td><td rowspan="2">18</td><td></td><td rowspan="2">16</td><td rowspan="2">19</td><td></td><td rowspan="2">17</td><td rowspan="2">22</td></tr>
<tr><td>2</td><td>实践教学</td><td></td><td></td></tr>
<tr><td>3</td><td>十一放假</td><td>3</td><td>1</td><td></td><td></td><td>1</td><td></td><td></td><td>1</td><td></td></tr>
<tr><td>4</td><td>考试</td><td>4</td><td>1</td><td>1</td><td></td><td>1</td><td>1</td><td></td><td></td><td></td></tr>
<tr><td>5</td><td>寒暑假</td><td>38</td><td>8</td><td>7</td><td></td><td>8</td><td>6</td><td></td><td>9</td><td></td></tr>
<tr><td>6</td><td>总计</td><td>149</td><td>26</td><td colspan="2">26</td><td>26</td><td colspan="2">26</td><td>27</td><td>22</td></tr>
</table>

全学程153周，其中寒暑假34周，考试4周，“十·一”放假3周，教学周共104周。

学时计划：教学周中，顶岗实训20周，共700学时，毕业设计2周，其周学时按20学时计算；实习周按35学时计算；其余教学周，原则上课堂教学周（含拓展学习领域选修课）学时控制在24～26学时。总学时2788学时。

学分计划：顶岗实训（20学时1学分）、毕业设计答辩周每周1学分，国防教育共4学分，其余课程按16学时1学分计算。

学生修满164学分方可毕业。

（9）成绩考核

本计划所列各门课程，理论教学和技能训练内容，均要进行成绩考核。各课程均应制定课程标准，明确考核办法与考核标准。课程考核以能力为重点，分为全程理实一体化和阶段理实一体化两种进程，全程理实一体化课程考核包括平时考核（过程、产品）和期末考核两种，平时考核重点是技术应用能力和职业素质；教学产品（是指职业化的按企业产品标准，在教学过程生产的产品）考评是通过产品规模、质量、效益重点评价学生职业能力和职业素质；期末考试100分钟，重点考核课程中涉及职业工作的客观规律、工作原则、政策法规、行业标准等关键理论知识，平时考核与期末考试相结合，考试形式根据课程目标需要确定。其中过程考核占50分，产品考核占20分，期末考核占30分。“过程”即以考核操作为主，“产品”即以考核教学产品为主。某些课程可以不进行期末笔试（但需要严格掌握），可以以微缩的“产品”或产品的重点部分进行考核。平时考试与期末考试均合格方能合定成绩为合格，如果不合格，补考不合格的部分（平时或期末）。

（10）人才培养方案编制说明

①方案编制依据

a.《教育部　财政部关于实施国家示范性高等职业院校建设计划加快高等职业教育改革与发展的意见》（教高[2006]14号）；

b.《教育部关于全面提高高等职业教育教学质量的若干意见》（教高[2006]16号）；

c.《教育部关于制订高职高专教育专业教学计划的原则意见》（教高[2000]2号）；

d.《辽宁省教育厅关于制订高等职业教育专业教学计划的指导意见》（辽教发[2001]67号）。

②编制人员组成（略）

③方案特点

a. 专业培养目标定位准确，适应经济建设和社会发展的需要；

b. 人才培养模式为以就业为导向、以能力为本位的“411全程职业化”人才培养模式；

c. 教学设计应充分体现教学做一体化的教学模式；

d. 教学组织形式推行以学生为主体的教学过程；

e. 注重大学生综合素质教育力度的提高。

第二章

非全日制学历教育

第一节　网络教育

远程网络教育是一种新兴的教育模式，自1999年以来，教育部批准如清华大学远程教育、对外经济贸易大学远程教育学院等68所普通高校学校开展现代远程教育试点工作，允许上述试点高校在校内开展网络教学工作的基础上，通过现代通信网络，开展学历教育和非学历教育。对达到本、专科毕业要求的学生，颁发高等教育学历证书，学历证书电子注册后，国家予以承认。

2000年，国家教育部批准北京外国语大学(以下简称“北外”)成为现代远程教育试点院校，随后北京外国语大学网络教育学院(以下简称“北外网院”)成立。北外网院自成立以来秉承北外严谨治学的一贯作风，积极利用北外丰富的学习资源和教学优势，并结合现代网络的技术优势，全面开展多专业学历学位教育和各类培训项目，成功构建了集学历和非学历教育为一体的多层次、多模式、全方位的网络教育体系。

招生类型为专科、本科、专升本。

对网络教育学院的学生，可按教育成本收费，其收费标准和办法由学校按国家有关规定报学校所在地收费管理部门批准后执行。一般是按照学分收取费用的。

符合条件的可免试入学。不符合免试入学条件者需参加学校的入学考试。

远程网络教育通常实行弹性学制，如对外经济贸易大学远程教育学院允许学生自由选择学习期限，高中起点专科、专科起点本科一般学制为2.5年，学习期限为2~5年；高中起点本科一般学制为2.5年，学习期限为2~5年。根据教育部文件，试点院校的网络学院可以自己决定招生范围和标准、考试方式、招生人数、招生专业以及颁发文凭。

本科毕业证书与学士学位：根据教育部文件教高[2004]5号规定，2004年3月1日以后注册入学的全国网络教育本科层次学生，还须参加全国现代远程教育试点高校网络教育公共基础课统一考试，成绩合格者方可颁发本科毕业证书。本科毕业生符合条件者，可申请成人高等教育(加注“网络教育”)学士学位证书。

第二节　成人高等教育

成人高等教育是高等教育的重要组成部分。经教育部审定核准举办成人高等学校教育的广播电视大学、职工大学、业余大学、职工医学院、管理干部学院、教育学院、普通高校的成人(继续)教育学院(以下统称成人高校)实行全国统一招生。

招生类型：高中起点升成教专科(简称高起专)、高中起点升成教本科(简称高起本)和高等专科起点升成教本科(简称成教专升本)3 种。

学习形式：脱产、业余(包括半脱产、夜大学)和函授 3 种。其中，脱产最短学习年限为专升本两年，高起本两年本科，高起专两年。业余和函授最短学习年限为专升本两年半，高起本两年半，高起专两年半。

学费：学年制和学分制两种收费方式，学费标准较低。

特点：有门槛限制，需参加统一报名、考试和录取。历史悠久，考生群体庞大。

本科招生院校多有成人学士学位授予权。

第三节　自学考试

一、基本信息

高等教育自学考试是对自学者进行以学历为主的高等教育国家考试，是个人自学、社会助学和国家考试相结合的高等教育形式。自考制度创立于 1981 年。自学考试已遍及全国 31 个省、自治区、直辖市及军队系统和港、澳、台地区，是我国规模最大的开放的高等教育形式。中华人民共和国公民，不受性别、年龄、民族、种族和已受教育程度的限制，均可依照国务院《高等教育自学考试暂行条例》的规定参加自学考试。

二、学习形式

考生自学为主，根据需要和可能，自考生还可以选择面授、函授、广播、电视、音像等方式接受指导和帮助。部分应用技术类专业需参加全日制学习，有相应毕业年限。考试采用施考分科、学分累计的方式逐步完成学业。按照专业考试计划的要求，分课程进行考试，课程考试合格者发单科合格证并按规定计算学分。不及格者可参加下一次该课程的考试。考完专业考试计划规定的全部课程并取得合格成绩，完成毕业论文或其他教学实践任务。

学费：课程考试报考费用较低。

特点：学历社会认可度较高，通过难度较大。

招生类型：专科、独立本科段(自考专升本)、本科。

自学考试是门槛最低的高等教育形式，基本无毕业年限限制。

高等教育自学考试是对自学者进行的以学历考试为主的高等教育国家考试，是个人自学、社会助学、国家考试相结合的高等教育形式，是我国高等教育体系的重要组成部分。考试采用学分累积制，不需经过入学考试，没有招生规模和学制的限制，考试合格一科即可获得该科的学分，不合格可以重考，重考次数不限，积满学分即可毕业。《中华人民共和国高等教育法》第 21 条、第 22 条规定：国家实行高等教育自学考试制度，经考试合格的，发给相应的学历证书或者其他学业证书。其学业水平达到国家规定的学位标准，可以向学位授予单位申请授予相应的学位。

三、学历水平

高等教育自学考试届目标参照性考试，其学历水平和质量标准在总体上与普通高等学校相同学历层次水平的要求相一致。每门课程的考试均为该课程的结业考试。高等教育自学考试的学历分为专科、本科两个层次；证书包括课程合格证书、专业证书、专科毕业证书、本科毕业证书 4 种。

课程考试合格者，由高等教育自学考试委员会(以下简称“省考委”)发给该门课程的课程合格证书，并计算该课程学分；完成专业考试计划规定课程的考试，积满学分，符合专业证书发放条件者，由省考委发给专业证书(该证书根据有关部门、行业系统的需要而设置)；完成专业考试计划规定的全部课程的考试和考核，积满学分，符合毕业要求者，由省考委颁发相应的专科、本科毕业证书，主考学校在专科、本科毕业证书上副署，国家承认其学历，并享受全日制普通高等学校相同学历层次毕业生的同等待遇。高等教育自学考试本科毕业生，符合《中华人民共和国学位条例》规定的，由有学位授予权的主考学校授予相应的学士学位。

第四节　开放教育

广播电视大学开放教育是相对于封闭教育而言的一种教育形式，基本特征为：以学生和学习为中心，取消和突破对学习者的限制和障碍。比如开放教育对入学者的年龄、职业、地区、学习资历等方面没有太多的限制，凡有志向学习者，具备一定文化基础的，不需参加入学考试，均可以申请入学；学生对课程选择和媒体使用有一定的自主权，在学习方式、学习进度、时间和地点等方面也可以由学生根据需要决定；在教学上采用多种媒体教材和现代信息技术手段等。

招生类型：专科、专升本。

学习形式：远程教育结合面授，实行学分制，毕业年限最长可达8年。

学费：适中。

特点：学生需具备一定上网学习条件。以在职、业余、自主学习为主，接受必要的面授辅导和学习支持服务。学习时间自由度较高，没有固定的班级建制。入学考试相当于摸底测试，不作录取依据，基本无门槛。电大其他类型的学生则需通过普通高考或成人高考录取。宽进不“宽出”，毕业年限前必须取得规定学分。

第五节　在职教育

在职教育是为已经工作的人，提供继续进修的一个平台。在职教育共有以下几种方式：同等学力申硕、法律硕士、一月份MBA。

一、同等学力申硕

同等学力申硕是根据《中华人民共和国学位条例》的规定，具有研究生毕业同等学力的人员，都可以按照《国务院学位委员会关于授予具有研究生毕业同等学力人员硕士、博士学位的规定》的要求与办法，向学位授予单位提出申请。申请人通过了学位授予单位审核、国家组织的全部考试以及学位论文答辩后，经审查达到了硕士学位学术水平者，可以获得硕士学位。授予同等学力人员硕士学位是国家为同等学力人员开辟的获得学位的渠道，这对于在职人员业务素质的提高和干部队伍建设都能起到积极的作用。

（一）概述

在职研究生是国家计划内，以在职人员的身份，部分时间在职工作，部分时间在校学习的研究生学历教育的一种类型，属于国民教育系列。在报名、考试要求及录取办法方面不同种类有所不同，是经过学校录取的正式研究生，获得与脱产研究生相同的学位。

在职读研有以下 3 种情况：

一是在职人员攻读专业硕士学位。在职人员攻读专业硕士学位实行全国联考，一般每年 7 月报名，10 月考试（根据教育部《关于 2014 年招收在职人员攻读硕士专业学位工作的通知》，不再组织 GCT 考试，并入 1 月全国统考）。毕业后只能获取专业硕士学位，不能取得研究生学历。

二是和全日制统考生一起学习，但不转户口和工作关系的委培和定向的在职研究生。这种情况和全国统一的全日制硕士研究生完全一样，一般在每年 10 月 10—31 日网上报名，11 月 10—14 日现场确认，考试一般在次年 1 月，只不过录取类别为定向或委培，入学时不转户口和档案关系，毕业后回原单位工作。委培生和定向生毕业后都能获取研究生学历和硕士学位。

三是研究生进修班。研究生课程进修班不属于学历教育，研究生课程进修班是在职人员进修、提高自身业务水平的一种非学历、非脱产的教学形式，不能直接与授予硕士学位挂钩，不允许发毕业证书。参加研究生课程进修班的学员结业后，也不享受国家规定的研究生学历教育待遇。可以在结业后参加同等学力硕士研究生考试，完成学位论文答辩后，经审查达到硕士学位学术水平者，可获得硕士学位证书。

同等学力硕士研究生最初出现的目的，是在现行的向毕业研究生授予学位的渠道之外，对那些学术水平或专门技术水平已达到所申请学位专业的毕业研究生同等水平的人的一种认可。

从 1999 年开始，同等学力申请硕士学位开始在全国范围内对外语水平和综合学科水平进行统一考试，考试在每年的 5 月进行。

（二）流程

1. 提交申请

拟以研究生毕业同等学力申请硕士学位者须满足以下条件：获得学士学位并在获得学士学位后工作 3 年以上或者虽无学士学位但已获得硕士或博士学位。

2. 在申请学位的专业或相近专业做出成绩

满足上述条件的申请人可通过信息平台向学位授予单位提出申请。申请时除填写个人信息外，还需按要求提交本人电子照片。

3. 现场确认

申请人提交申请后，要按照学位授予单位规定的时间和地点进行图像信息和指纹信息等个人特征信息采集，核对相关信息并签署诚信承诺书，同时按要求提交本人身份证件、所获学位证书等资格审查所需材料。学位授予单位根据相关规定对申请人进行资格审查。申请人可以登录信息平台查询资格审查结果。

4. 考试

通过资格审查的申请人在学位授予单位规定期限内学习硕士研究生培养方案规定的课程，并通过学位授予单位组织的课程考试，课程学习一般有以下几种方式：

(1)参加研究生课程进修班；

(2)参加学位授予单位相应学科全日制在校硕士研究生培养方案规定的学位课程学习；

(3)自学。

5. 全国统考

(1)报名

申请人须在学位授予单位规定的期限内通过国家组织的同等学力人员申请硕士学位外国语水平和学科综合水平全国统一考试。该考试一般每年 3 月报名，5 月底考试。申请人通过信息平台完成报考、缴费、下载打印准考证事宜。

(2)考试

申请人持有效身份证件、准考证等证件按规定参加考试。

(3)成绩查询

考试结束后，全国集中阅卷，考试成绩一般在两个月后公布，合格分数线由国务院学位委员会办公室统一划定。考生可通过省学位课程统考办公室网站查询考试成绩。

6. 论文答辩

申请人在通过学位授予单位培养方案中规定的所有课程考试和全国统一组织的外国语及学科综合水平考试之后，1 年内提出学位论文申请，并在提交学位论文后的半年内完成学位论文答辩。

7. 学位授予

申请人通过学位授予单位所有规定的课程考试、国家组织的同等学力人员申请硕士学位外国语水平和学科综合水平全国统一考试以及学位论文答辩后，经学位授予单位学位评定分委员会同意，报教育部学位评定委员会批准，授予硕士学位并颁发学位证书。

（三）考试代码

1. 各省（自治区、直辖市）代码

在同等学力申硕考试时，需要填写考试代码，详见表2-1。

表2-1　同等学力申硕考试代码表

序号	代码	地区名称	序号	代码	地区名称
1	11	北京市	17	42	湖北省
2	12	天津市	18	43	湖南省
3	13	河北省	19	44	广东省
4	14	山西省	20	45	广西壮族自治区
5	15	内蒙古自治区	21	46	海南省
6	21	辽宁省	22	50	重庆市
7	22	吉林省	23	51	四川省
8	23	黑龙江省	24	52	贵州省
9	31	上海市	25	53	云南省
10	32	江苏省	26	54	西藏自治区
11	33	浙江省	27	61	陕西省
12	34	安徽省	28	62	甘肃省
13	35	福建省	29	63	青海省
14	36	江西省	30	64	宁夏回族自治区
15	37	山东省	31	65	新疆维吾尔自治区
16	41	河南省			

2. 学科代码

在同等学力申硕考试时，需要填写学科代码，详见表2-2。

表 2-2 同等学力申硕考试学科代码表

序号	代码	学科名称	序号	代码	学科名称
1	0101	哲学	15	0808	电气工程
2	0200	经济学	16	0809	电子科学与技术
3	0301	法学	17	0810	信息与通信工程
4	0302	政治学	18	0811	控制科学与工程
5	0303	社会学	19	0812	计算机科学与技术
6	0401	教育学	20	0813	建筑学
7	0402	心理学	21	0901	作物学
8	0501	中国语言文学	22	1002	临床医学
9	0503	新闻传播学	23	1201	管理科学与工程
10	0601	历史学	24	1202	工商管理学
11	0705	地理学	25	1203	农林经济管理学
12	0710	生物学	26	1204	公共管理学
13	0802	机械工程	27	1205	图书馆、情报与档案学
14	0807	动力工程及工程热物理			

3. 语种代码

在同等学力申硕考试时，需要填写语种代码，详见表 2-3。

表 2-3 同等学力申硕考试语种代码表

序号	代码	语种名称	序号	代码	语种名称
1	9901	英语	4	9904	德语
2	9902	俄语	5	9905	日语
3	9903	法语	6	9900	其他小语种

注：其他小语种须在语种名称字段中说明具体语种。

(四)考试科目

1. 外国语考试

进行全国统一考试的外国语语种主要有英语、俄语、德语、法语和日语。以同等学力申请硕士学位人员参加外国语水平考试的语种，必须与接受其硕士学位申请的学位授予单位相应学科全日制在校硕士研究生培养方案规定的语种相同。

国务院学位委员会办公室发布通知，自 2013 年起，同等学力人员申请硕士学位外国语水平全国统一考试将启用新考试大纲。

2. 学科综合

学科综合考试按一级学科进行全国统考，考试的学科有哲学、经济学（含理论经济学、应用经济学）、法学、政治学、社会学、教育学、心理学、中国语言文学、新闻传播学、生物学、历史学、地理学、机械工程、动力工程及工程热物理、电气工程、电子科学与技术、信息与通信工程、控制科学与工程、计算机科学与技术、建筑学、作物学、临床医学、管理科学与工程、工商管理、农林经济管理、公共管理和图书馆、情报与档案管理共27个学科。还需取得《同等学力人员外国语水平全国统一考试合格证书》和相应学科的《同等学力人员学科综合水平全国统一考试合格证书》，方能申请硕士学位论文答辩。

（五）统一考试

外国语水平和学科综合水平考试成绩的合格分数线均为60分，其中英语试卷二的成绩不低于18分，俄语、法语、德语和日语试卷二的成绩不低于16分，建筑学的综合考试和快速设计两部分的成绩均不低于60分。

（六）报考条件

（1）申请人获学士学位后工作3年以上。

（2）通过学位授予单位的资格审查。

（3）通过同等学力人员申请硕士学位的外国语水平及学科综合水平全国统一考试；否则，本次申请无效。

（4）在通过全部考试后的1年内提出学位论文，并在半年内完成论文答辩；论文答辩未通过，本次申请无效。但论文答辩委员会建议修改论文后再重新答辩者，可在半年后至1年内重新答辩1次，答辩仍未通过或逾期未申请者，本次申请无效。

（5）申请人通过同等学力水平认定，经学位授予单位学位评定分委员会同意，报学位评定委员会批准，授予硕士学位并颁发学位证书。

（七）难度分析

日前国务院学位委员会办公室下发文件，放宽以研究生毕业同等学力申请硕士学位相关课程考试及国家统考的年限限制，并进一步明确上述渠道申请硕士学位人员的资格范围。

授予具有研究生毕业同等学力人员学位工作是国家促进高层次专门人才成长的一项重要措施，为具有相应水平的实际工作者获得学位开辟了一条重要渠道，使他们在边工作、边学习提高业务水平的同时也能有机会获得学位，已成为中国特色学位授予体系的重要组成部分和高层次人才培养的补充渠道。据悉，我国经批准开展此项工作的硕士学位授予单位为453个，每年约有3万人通过此渠道获得硕士学位，占硕士学位获得者总数的约7.5%。本次政策调整是国家学位管理部门为落实《中国家中长期人才发展纲要》和《国家中长期教育改革和发展纲要》，进一步贯彻终身教育理念，为我国建设学习型社会和构建终身教育体系提供有力支撑的又一重要举措。

另外，为加强同等学力人员申请硕士学位的规范管理，国务院学位委员会办公室已委托教育部学位与研究生教育发展中心开发建设“全国同等学力人员申请硕士学位管理信息平台”，为有关部门和学位授予单位提供统一、高效的信息管理，为社会公众提供及时、权威的信息服务，也将为以研究生毕业同等学力申请硕士学位人员提供高校信息查询、学位申请注册、课程考试备案、统考考试报名、成绩查询等一系列信息服务。

近几年的考研情况分析：

1. 考取研究生的人数分析

2006年和2007年每年报考研究生120多万，2008年预计报考研究生130.5万人。我们看全国每年报考研究生的学生有100多万，国家招收30多万，也就是说在100多万的报考生中，有1/3的考生被录取，也就是3个考生中录取1个。从同等学力来说可以这样分析，在10个报考研究生中有同等学力的考生就有3个，在100人中就有30人，在100万人中就有30万。而30万的1/3，就是9万多人。所以说，考取的几率是很大的。

2. 录取院校人数分析

2004年全国94.5万报考841所研究生招生机构，前55学校就集中了一半考生，而另一半考生则报了剩下的786所研招单位。

2005年全国117.2万考生报考823所研究生招生机构，前63名学校也集中了几乎一半考生。而另一半考生则报了剩下的760所研招单位。

2006年全国127.12万考生报考全国847所研究生招生机构，前63名学校集中了51.3%的考生。而剩下的48.7%报了其余760所研招单位。

2007研究生入学考试，全国128.2万考生报考，从报名人数第一名的北京大学到报名人数第65名的首都经贸大学共报了53.4%的考生。而剩下的40%考生报考700多所研招单位，这就给剩下的40%的考生留下很大的考研选择空间，留下相当大的考取可能。

2016 年考研报考人数为 177 万人，比 2015 年增长 7%，其中，报考专业学位人数为 85 万，占全部报考人数的 48%。继考研报名人数连续两年下跌后，2016 年报名人数出现反弹。

全国硕士研究生报名人数激增，与我国经济下行压力下大学生就业形势严峻有关，近几年本科毕业生人数连创新高，就业压力增大，从而催生“考研大军”。近几年考研人数变化分析见表 2-4、表 2-5。

表 2-4　全国各地 2016 年考研报名人数变化趋势及分析

地区	2016 年报名情况
北京	报名人数：增幅为 6.8%。今年全市报名人数为 243 420 名，比 2015 年增加 15 448名。 招生计划：10 956
山东	报名人数：有所增加，其中，青岛网上报名人数比上一年增加 4000 人；济南增幅在 10% 以上，临沂、菏泽、东营等地报名人数均有增加。 招生计划：16 676
河南	报名人数：增幅为 7.22%，今年全省报名人数为 135 916 人，比去年增加 9158 人。 招生计划：13 089
江苏	报名人数：增幅为 11.12%，今年全省报名人数为 116 039 人，比 2015 年增加 11 617人(其中应届生增加 7321 人，往届生增加 4296 人)。 招生计划：22 107
湖北	报名人数：增幅为 0.6%。全省报考人数为 102 449 人，比 2015 年增加 641 人。 招生计划：8182
河北	报名人数：增幅为 8%。今年河北省共接收 90 147 人报考。 招生计划：13 316
安徽	报名人数：— 招生计划：9648
陕西	报名人数：增幅为 4%。陕西省今年 68 565 人报名，比去年增加 2600 余人。 招生计划：13 057
辽宁	报名人数：增幅为 11.7%。全省报名考生达到 70 260 人(不含推免考生)，比 2015 年增加了 7372 人。 招生计划：21 173
湖南	报名人数：— 招生计划：11 021
四川	报名人数：增幅为 6%。今年全省参考人数达 63 523 名，较 2015 年增加 3950 人。 招生计划：10 228
山西	报名人数：— 招生计划：9452

（续）

地区	2016 年报名情况
广东	报名人数：增幅为 19.4%。报考人数为 61 588 人，比 2015 年增加了 1 万人。 招生计划：15 174
黑龙江	报名人数：今年黑龙江省 56 645 人报名参加考试，比去年增加了 2250 人，增幅约 4%。 招生计划：10 631
吉林	报名人数：报名 41 639 人。 招生计划：7904
江西	报名人数：增幅为 5.7%。今年全省报考人数为 43 982 人，比 2015 年增加 2375 人。 招生计划：10 220
天津	报名人数：增幅为 2%。今年全省报考人数为 37 007 人，比 2015 年增加 737 人。 招生计划：8593
甘肃	报名人数：增幅为 12.09%。今年全省报考人数为 33 044 人，比 2015 年增加 3564 人。 招生计划：5945
内蒙古	报名人数：全区共有 30 945 人报考研究生考试，4141 人缺考，26 804 名考生参加了本人全部科目的考试。 招生计划：6084
重庆	报名人数：增幅为 14.99%。今年全市报名人数共计 39 601 人（不含 2796 名推免生），较去年同口径增加 5161 人。 招生计划：8071
福建	报名人数：— 招生计划：7426
上海	报名人数：— 招生计划：12 794
云南	报名人数：— 招生计划：10 625
广西	报名人数：广西有近 2 万人报名参加本次考试。 招生计划：9371
新疆	报名人数：增幅为 19.5%。今年新疆共有 19 963 人报名，比 2015 年增加 3262 人。 招生计划：5124
海南	报名人数：— 招生计划：1569

（续）

地区	2016 年报名情况
浙江	报名人数：— 招生计划：13 855
贵州	报名人数：— 招生计划：5519
西藏	报名人数：— 招生计划：643
青海	报名人数：— 招生计划：1231
宁夏	报名人数：今年宁夏考研报名人数为 6848 人。 招生计划：1464

表 2-5　历年各地市考研报名人数

地区	2016 年	2015 年	2014 年	2013 年	2012 年	2011 年
北京	243 420	227 972	250 000	271 238	269 555	—
山东	—	144 012	160 052	172 308	144 085	214 352
河南	135 916	126 759	134 000	120 727	120 727	111 421
江苏	116 039	104 000	115 000	117 000	109 000	95 000
湖北	102 449	101 808	111 820	113 214	109 218	103 000
河北	90 147	83 100	85 645	88 994	82 523	74 778
安徽	—	79 888	82 359	84 368	76 068	67 504
陕西	68 565	65 884	73 393	76 018	—	—
辽宁	70 260	62 855	67 271	80 874	63 573	60 423
湖南	—	67 000	67 504	70 857	72 151	—
四川	63 523	59 573	66 014	—	59 573	52 746
山西	—	—	61 262	59 178	50 629	45 608
广东	61 588	56 444	59 000	60 320	55 437	49 780
黑龙江	—	54 395	57 954	62 061	59 941	54 206
吉林	—	41 222 （不含推免）	43 936	50 660	48 295	43 991
江西	43 982	41 607	45 205	46 296	43 815	38 654
天津	37 007	36 270	41 243	40 402	—	35 617

（续）

地区	2016 年	2015 年	2014 年	2013 年	2012 年	2011 年
甘肃	—	29 480	30 670	32 231	30 205	27 476
内蒙古	—	29 132	31 565	32 274	28 306	26 162
重庆	39 601	34 440（不含推免）	38 541	38 307	32 130	28 448
福建	—	26 000	29 896	30 631	30 631	26 410
上海	—	46 000	—	—	—	—
云南	—	—	20 648	22 380	21 000	18 750
广西	—	—	18 000	18 700	18 500	16 400
新疆	19 963	16 700	18 225	18 415	17 513	15 976
海南	—	8395	8901	8455	—	6598
浙江	—	—	—	—	—	—
贵州	—	16 991	—	—	10 048	—
西藏	—	—	—	—	—	1600
青海	—	—	3565	3839	—	3142
宁夏	6848	—	—	—	5814	4459

（八）与同等学力考研的区别

同等学力考研指的是专科毕业两年以上者，在满足硕士研究生招生单位对同等学力考生的附加要求后，可以以同等学力身份考研。一般院校对同等学力考研的要求包括论文发表经历、本科段课程成绩、复试加试等项目。

同等学力申硕指的是本科毕业生，经过研究生非学历教育（在职硕士、专业硕士、研究生课程班），取得研究生课程班结业证书者，具备以同等学力申请硕士学位的资格，通过同等学力申硕外语（同等学力英语、同等学力申硕法语、同等学力申硕德语、同等学力申硕日语、同等学力申硕俄语）考试和同等学力申硕学科综合考试和论文答辩及论文发表之后，可以获得硕士学位。

以同等学力身份考研说的是考生在研究生入学之前要做的事，考生需要通过、通过复试、面试环节后被院校录取，才能入学读研究生。而同等学力申硕说的是考生通过院校资格审查，先进入在职研究生课程班就读研究生课程，修满学分，通过院考，一直到考生具备了以同等学力申请硕士学位的资格，才能参加的在每年 5 月底（一般都是 5 月底举行，有时是 6 月初）举行的同等学力申请硕士学位考试。前者针对的是报考统招研究生的考生，属于研究生学历教育，而后者针对的是在职人员、研究生课程班的情况，主要属于研究生学位教育，非学历教育。

(九)政策变化

1. 同等学力申请硕士学位人员的资格范围扩大

根据国务院学位委员会1998年制定的《国务院学位委员会关于授予具有研究生毕业同等学力人员硕士、博士学位的规定》，研究生毕业同等学力人员申请硕士学位须“已获得学士学位，并在获得学士学位后工作3年以上”。

2013年最新政策则扩大了申请人的范围。在原来“已获得学士学位，并在获得学士学位后工作3年以上”的基础上，另外增加了“虽无学士学位但已获得硕士或博士学位”者。同时规定前置学位是国(境)外学位的，其学位须经教育部留学服务中心认证。此项调整扩大了申请人群的范围，为更多的有深造需求的人员提供了机会。

2. 同等学力申硕学习年限放宽，不再进行统一规定

根据原有规定：“申请人自通过资格审查之日起，必须在4年内完成学位授予单位组织的全部课程考试和国家组织的水平考试，且成绩合格。4年内未通过课程考试和国家组织的水平考试者，本次申请无效。”

新规定对上述年限规定进行了放宽：申请学位人员通过上述考试的期限不再由国家统一规定，而是由学位授予单位自行规定。这一调整更加适应大部分人在职学习提高的特点和终身学习理念的要求，必将减少在职人员学业和工作相互影响的矛盾，为申请学位人员提供了更加合理、宽松的学习空间。

3. 同等学力申硕统考学科范围扩大

2013年同等学力申硕统考的学科由之前的27个变为33个。其中，历史学细化为考古学、中国史、世界史。并且增加了软件工程、城乡规划学、风景园林学、护理学。

4. 同等学力申硕流程有所变化，报名平台统一

(1)统一网上报名平台

历年的同等学力申硕报考工作将通过“全国同等学力人员申请硕士学位管理工作信息平台”完成。网上报名阶段，考生将不需要到各地相关网站进行报名，而只需在统一的报名网站——中国学位与研究生教育信息网完成网上报名。

(2)现场确认工作由各院校自行组织

同等学力申请硕士学位人员在进行网上报名后，须在学位授予单位规定

的时间内，带相关证件原件，到学位授予单位确认信息，同时采集图像和指纹信息，签署《诚信承诺书》。

(3)网上报名与现场确认时间提前

最新规定中要求，2013 年同等学力申硕申请人所有信息须在 2 月底采集完毕。根据这项要求，各学位授予单位将报名工作从往年的 3 月初提前到 2 月进行，并且在 2 月下旬自行组织完成现场确认工作。

(4)现场确认须进行指纹采集工作

2013 年同等学力申硕考生个人信息采集过程中不仅进行图像信息采集，还将首次进行指纹信息的采集，申请人应考入场时，将进行指纹验证，验证通过后方可入场参加考试。

(5)自 2013 年起，同等学力人员申请硕士学位外国语水平全国统一考试将启用新大纲

为进一步做好同等学力人员申请硕士学位外国语水平全国统一考试工作，国务院学位委员会办公室组织有关专家对《同等学力人员申请硕士学位外国语水平全国统一考试大纲》进行了重新修订。与原有大纲相比，新大纲取消了分设试卷一、试卷二及试卷二得分的有关要求。

新大纲将成为今后几年同等学力人员申请硕士学位外国语水平全国统一考试命题的基本依据，也将作为各院校进行有关教学和辅导时的参考工具，同时，为广大应试者的复习和备考提供了参考资料。

新大纲由高等教育出版社出版发行。各语种新大纲的版本分别是：法语为第五版，英语、德语和日语等语种为第六版，俄语为第七版。

(十)政策解读

同等学力申硕已成为中国特色学位授予体系的重要组成部分和高层次人才培养的补充渠道，也是我国实现现代化综合能力人才建设的重大战略。为了促进这一战略目标的实现，国务院学位委员会办公室已委托教育部学位与研究生教育发展中心对具备研究生同等水平的在职人士开辟了申硕的绿色通道，放宽了在职申硕的相关政策。

(十一)考试规定

五月同等学力申请硕士考试是在职人员获取硕士学位的重要方法，2012 年在职研究生同等学力申硕考试的政策有所变动，对考试年限进行了放宽，为考生提供了更多的机会，下面重点介绍一下 2012 年之后的同等学力申硕考

试范围规定。

1. 全国统一组织的外国语水平考试

主要语种为英语、俄语、法语、德语和日语。

以同等学力申请硕士学位人员均须参加外国语水平考试，且应试语种须与接受其硕士学位申请的学位授予单位相应学科全日制在校硕士研究生培养方案规定的语种相同。

在满足上述要求的前提下，如有报考其他语种的考生，由各省(自治区、直辖市)将报考人员名单、报考语种等汇总递送“教育部学位与研究生教育发展中心”(以下简称“中心”)。

全国统一组织的外国语水平考试不含听力测试，由各学位授予单位自行组织。

2. 学科综合水平考试的学科范围

学科综合水平考试的学科有哲学、经济学(含理论经济学、应用经济学)、法学、政治学、社会学、教育学、心理学、中国语言文学、新闻传播学、生物学、历史学、地理学、机械工程、动力工程及工程热物理、电气工程、电子科学与技术、信息与通信工程、控制科学与工程、计算机科学与技术、建筑学、作物学、临床医学、管理科学与工程、工商管理、农林经济管理、公共管理和图书馆、情报与档案管理共27 个学科。在这些学科范围内以同等学力申请硕士学位的人员，除要通过学位授予单位按研究生培养方案规定的课程考试(包括外国语)外，还须参加全国统一组织的外国语水平和相应学科的学科综合水平考试且均达到合格分数线，方能申请硕士学位论文答辩。

二、法律硕士

法律硕士(Juris Master，JM)是专业学位之一，我国自 1996 年试办法律硕士，按照国务院学位委员会第十四次会议审议通过的《专业学位设置审批暂行办法》规定设置。法律硕士学位是具有特定法律职业背景的职业性学位，主要培养面向立法、司法、律师、公证、审判、检察、监察及经济管理、金融、行政执法与监督等部门、行业的高层次法律专业人才与管理人才。

法律硕士区别于法学硕士，法学硕士的培养目标是以教学、学术、实务多方面为指向，而法律硕士则是以致用、实务为指向。

(一)法律硕士历史现状

随着国家法制化进程加快，政法部门及社会其他部门都急需大批较高层次的应用型、复合型法律人才。法律硕士专业(以下简称“法硕”)学位教育应运而生。1996 年国务院学位委员会办公室批准中国人民大学、北京大学、中国政法大学等 8 所高校首批试点招收法律硕士专业研究生。1998 年，又允许在职攻读法律硕士专业学位。截至 2010 年，经批准的培养单位共有 115 所。

实质上，全日制法律硕士由于跨专业报考，难度极大。从 2002 年开始至今，法律硕士总分及单科分数线均为所有研究生考试中最高，竞争极其激烈。

(二)与法学硕士的区别

法律硕士不同于法学硕士。前者是具有特定法律职业背景的专业学位，主要为立法、司法、行政执法、法律服务与法律监督部门以及经济管理、行政管理和社会公共管理部门培养应用型法律人才；后者则是法学学位系列的一个层次。我们通常所说的“考法律专业的研究生”一般都是指报考法学硕士。

时下社会上存在一种错误认识，只知道法学硕士，而不知道法律硕士。实际上，两者存在一些区别：

(1)招生条件不同

法学硕士要求必须具有国民教育序列大学本科学历，不限本科专业(但实际考生多为法学本科)，但不招收同等学历的非本科生；法律硕士要求具有国民教育序列大学本科学历的非法律专业的毕业生。从 2009 年起，允许法学本科毕业生报考法律硕士。

(2)考试试题不同

法学硕士专业课试题倾向于理论化试题，以主观题为主。而法律硕士起源为英美，遵循美国法律人才培养原则，需要有较强的逻辑思维与推理能力，所以法律硕士是由本科为非法律专业毕业生考录，题目倾向于实务。

(3)录取比例不一样

法学硕士的录取比例一般都是在 10:1 左右，而法律硕士由于引进于英美国家，属于国内考研热门专业，加上有权招收全日制法律硕士的院校皆为全国重点大学，所以竞争极为激烈，平均达到 15:1。

(4)培养方式不同

法律硕士基本是自费，如法学硕士有公费也有自费。

(5)教学方式不同

法学硕士分专业采取导师制，每个学生一个导师(教授或者副教授)，在读期间能够得到导师的不断辅导，深入学习相关法律理论。而法律硕士不分专业，采用“双导师”制。以经世致用为原则，实务为先，贯彻理论学习与实践操作的教学理念。

由此可见，法学硕士的培养目标是以教学、学术为指向，而法律硕士是以致用、实务为指向。

(三)法律硕士特点

法律硕士专业学位中的“法律”是指职业领域，它是指具有特定法律职业背景的专业性学位，是培养高层次的法律实践专门人才的专业学位。它的特点如下：

(1)它是一种专业学位。它虽然与法学硕士学位处于同一层次、同一规格，但类型不同，各有侧重。根据培养方案，法律硕士专业学位主要培养面向法律实务部门中级以上专业和管理岗位的专门人才。

(2)它是以法律为职业领域的，或具有法律职业背景的专业性学位。这使得它不同于工商管理硕士学位(MBA)或公共管理硕士学位(MPA)等其他职业领域的专业学位。

(3)它是一种高层次的学位。这是因为法律专业的特点决定的，这个学位的培养目标就是以能够胜任法律实务工作为基准。要达到“实践部门中级以上(含中级)专业与管理职务的任职要求”。这就是说，其人才培养目标不同于法律本科教育的培养目标，而是高层次的，即达到硕士研究生水平的一种学位。

(四)法律硕士种类

第一种是法律硕士(非法学)。参加每年一月全国135所高校联考的法律硕士专业学位研究生，招生对象为应届或往届的非法律专业本科毕业生(含同等学力者)。考试科目为4门：政治(100分)、外语(100分)实行全国统考，专业基础课(150分)和综合课(150分)实行全国联考。考试大纲为高等教育出版社出版的《法律硕士(非法学)专业学位研究生联考考试大纲》。录取类别包括计划内非定向、计划内定向、计划外委培和计划外自费，学习方式有全日制脱产学习和在职不脱产学习，毕业时获硕士研究生毕业证书和硕士学位证书。

第二种是法律硕士(法学)。参加每年一月全国135所高校联考的法律硕士专业学位研究生，招生对象为法律专业本科毕业生(含同等学力者)。考试科目也为4门：具体内容与法律硕士(非法学)相同。考试大纲为高等教育出版社出版的《法律硕士(法学)专业学位研究生联考考试大纲》。录取类别与法律硕士(非法学)相同，学习方式有全日制(2年)脱产学习，毕业时获硕士研究生毕业证书和硕士学位证书。

第三种是参加每年十月全国135所高校联考的在职攻读法律硕士专业学位（即“五部委法硕”），招生对象为具有法律或非法律专业大学本科学历、年龄在45岁以下的法律实践部门在职人员。考试科目为4门：政治由各校自行命题，外语、专业基础课和综合课实行全国联考，考试大纲为科学技术文献出版社出版的《在职攻读硕士学位全国联考英语（日语、俄语、德语）考试大纲》和中国人民大学出版社出版的《法律硕士专业学位研究生联考考试大纲》。录取后全部是委托培养，采取脱产、半脱产和在职兼读等多种方式学习，毕业时只获硕士学位证书。

（五）法律硕士报考要求

2000年起，不再允许法律专业本科毕业生（含同等学力）报考，而只招收具有大学本科学历（或同等学力）的非法律专业毕业生。对于法律专业本科毕业生，鼓励报考法学硕士研究生。这项措施大大降低了考试的竞争压力。从2009年起，法学本科毕业生也可报考法律硕士，学位名称为法律硕士（法学）；非法律专业毕业生只能报考法律硕士（非法学）学位。

（六）法律硕士考试范围

2000年开始试行全国联考。2003年法硕招生入学考试中的初试科目由5门改为4门，即政治理论、外国语、专业综合课（含宪法、法学基础理论、中国法制史）和专业基础课（含民法学、刑法学）。其中，政治理论和外国语参加全国硕士研究生入学统一考试。综合基础课和专业基础课等业务考试科目为全国联考科目。联考科目的考试范围和要求依据全国法律硕士专业学位教育指导委员会编写的《法律硕士专业学位研究生联考考试大纲》和教育部高校学生司、国务院学位委员会办公室、司法部法规教育司组织编写的《法律硕士专业学位研究生联考考试指南》（中国人民大学出版社出版）。

（七）法律硕士报考条件

考生学历必须符合下列条件之一：①国家承认学历的应届本科毕业生；②具有国家承认的大学本科毕业学历的在职人员；③获得国家承认大专毕业学历后经两年或两年以上（从大专毕业到录取为硕士生当年9月份），达到与大学本科毕业生同等学力，且符合招生单位根据本单位的培养目标对考生提出的具体业务要求的人员；④国家承认学历的本科学力的本科结业生和成人高校应届本科毕业生按本科毕业生同等学力身份报考；⑤参加自学考试并取得毕业证书的也可报考。考生在高校学习的专业为非法学专业，下列13个专业不得报考：法学、经济法、国际法、国际经济法、劳动改造法、商法、公证、法律事务、行政法、律师、涉外经济与法律、知识产权法、刑事法。

(八)法律硕士报名时间

法律硕士的报名时间与参加全国硕士研究生统考的报名时间相同，一般在每年的11月中旬报名。

在职法律硕士一般是在7月上旬网上报名，7月底再现场确认。考试时间是10月的最后一个周末。

(九)法律硕士报名方式

1. 考生填写诚信承诺书

教育部要求考生在《报考硕士研究生考生诚信考试承诺书》上签字，以维护国家教育统一考试的公平、公正，加强对考生遵守考试纪律的教育，强化考生的自律意识，营造诚实守信的考试环境。

2. 全面试行网上报名

硕士研究生招生在全国范围全面试行网上报名。考生在规定的时间(10月8—31日每天8：00～23：00)内通过登录中国研究生招生信息网，按报名网站的提示和要求填写本人报名信息，然后于11月10—14日到省级招办指定的报考点确认报名信息，并进行缴费、照相。

3. 注意事项

(1)参加法律硕士联考的考生可以填报两个试办法律硕士专业学位的院校。

(2)应试的外语语种按招生单位的规定任选一种。

(3)同等学力的报考人员，应按招生单位要求如实填写学习情况和提供真实材料。

(4)填写报名登记表时，相应项目应与报名机读卡一致，二者有出入的以机读卡为准，因失误造成的后果由考生自负。

(十)法律硕士录取类别

1. 计划内非定向培养

按国家招生计划录取，学生户口和人事档案转入学校，培养经费由国家提供，毕业后在国家计划指导下，学生选报志愿，学校推荐，用人单位择优录用就业。

2. 计划内定向培养

按国家招生计划录取，招生时定向单位、学生和学校三方签订定向培养合同，培养经费由国家提供，毕业后按合同规定到定向单位工作。

3. 计划外委托培养

招生时委托单位、学生和学校三方签订委托培养合同，不转学生户口和人事档案，培养经费由委托单位承担，毕业后按合同规定到委托单位工作。

4. 计划外自筹经费

招生时学生和学校签订合同，培养经费由学生自行承担，学生户口和人事档案将转入学校，毕业后由学生选报志愿，学校推荐，用人单位择优录用就业。

计划外委托培养和自筹经费的收费标准各校有所不同，一般在每年7000～14 000元不等。

(十一)法律硕士教学方式

法律硕士采用全日制脱产和非全日制不脱产两种学习方式，全日制学习为2～3年，非全日制学习不超过4年。在教学上，法律硕士以课堂教学为主，重视案例教学，强调实际操作能力的培养。教学内容按法学一级学科设置，采用学分制，包括必修课和选修课，必修课为30学分，总学分不得低于45学分。法律硕士实行导师组集体培养，导师组由各专业具有硕士生导师资格的正、副教授组成，并吸收法律实务部门的高级专业技术人员参加。硕士学位论文根据学生的兴趣爱好和原专业背景有所侧重，字数一般不少于2万字。

三、一月 MBA

一月 MBA 是指一月报考的 MBA 在职研究生的一种方式。

如果同时在读在职研究生，可以报考一月的研究生统考。

关于 MBA 或 EMBA，学习方式有点类似在职研究生，不脱产学习，主要利用周末授课，是需要至少5年的工作经验才有资格报名，是对管理能力进行提升的实战型课程，如果没有工作经验或相关管理经验，学习 MBA 或 EMBA 没有多少实际用处。因此，只要有5年的工作经验，即使在读在职研究生，也可以 MBA 以及一月研究生统考同时进行报名。

第六节　辽宁林业职业技术学院非全日制学历教育实践

一、函授教育

1. 辽宁林业职业技术学院与社会力量办学机构和政府合作

辽宁林业职业技术学院与企事业单位、政府机构、社会组织等进行了多方面的合作办学，成果斐然。如图2-1至图2-4所示。

合作办学协议书

甲方：辽宁林业职业技术学院

乙方：沈阳市苏家屯区委组织部

经双方协商，联合举办成人函授教育大专学历培训班，为有利于教学管理，确保培养规格和教育质量，明确双方责任，协议如下：

一、开设专业、教学方式、证书发放

成人函授教育大专学历培训班所设专业为林业技术和园林技术，按教学计划规定的课程内容授课，授课费用由林职院负责。此外，还将开展林果、花卉、蔬菜、园艺等农村实用技术培训。由党校、民政、农林等部门根据农村工作、生产需要，结合本系统培训要求，从省内大专院校中聘请专家学者进行授课，费用由组织部负责。

教学方式为集中授课、到基地实践、自学等方式。函授学员完成教学计划规定的全部课程，考试合格者，由甲方颁发大专毕业证书，国家承认学历。

二、招生名额和条件

本函授班计划招生150人。招生对象从区内各行政村的现任“村两委”班子成员、村级后备干部、优秀产业带头人和致富带头人中产生。年龄一般要求在45周岁以下，特别优秀的可适当放宽年龄。其他条件以成人高考相关要求为

本函授班学期两年半，学费每人3600元，书本费每人600-700元，由区人才资源开发基金列支。

乙方在开学时将学费收齐，开学后一月内将应交学费，送交甲方。拖欠不交的，甲方有权停发教材，限制考试，直至扣发毕业证书，并收取滞纳金。

十一、违约责任。

违反本协议的双方应赔偿对方因其违约所受的损失，乙方违约，甲方有权扣发学员毕业证书。

十二、未尽事宜，以补充协议解决。

本协议自2014年7月1日起生效。本协议一式四份，双方各持两份。

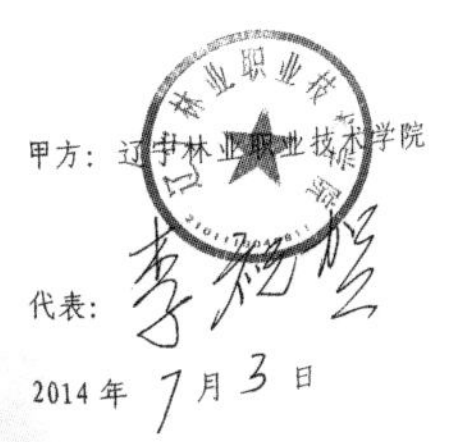

甲方：辽宁林业职业技术学院　　乙方：中共沈阳市苏家屯区委组织部

代表：　　代表：

2014年7月3日　　2014年7月3日

图2-1　与沈阳市苏家屯区委组织部合作办学协议

协　议　书

辽宁林业职业技术学院（以下简称甲方）与大连嘉凡教育咨询有限公司函授站（以下简称乙方），就2013年度成人高等学历教育招生、学费分配、教学管理等事宜，签订如下协议：

第一条　办学依据：

甲、乙双方必须严格遵守、执行国家教委教成[1993]12号《普通高等学校函授教育辅导站暂行规程》文件的各项规定及甲乙双方所签订的建站协议，并以此作为双方合作的基本原则。

第二条　招生原则：

乙方按照甲方当年的招生分配方案，负责函授站（分院）所在地区的成人招生宣传和录取工作，包括各专业、各层次、各形式的录取及其它有关招生工作，并承担相应的录取费。

第三条　教学方式：

乙方负责函授站（分院）所在地区的函授学生在校期间的函授教学及日常管理等工作。期间由甲方下派主讲教师的差旅费、讲课费、食宿费由乙方解决。

第四条　收费标准：

2013年招收的函授学生收费标准，按照省物价部门下发的有关函授教育收费文件的规定标准执行，乙方不得擅自提高或降低收费标准。

招生专业	层次	学制（年）	学费（元/人年）	书费	毕业证书
林业技术	专科	3	[illegible]	[illegible]	辽宁林业职业技术学院
园林技术	专科	3	[illegible]	[illegible]	辽宁林业职业技术学院

第五条　经费收取及分配：

在乙方处就学的2014年正式注册报到的函授学生，乙方负责按照学制每年收取学生学费，甲乙双方按如下标准进行学费分配：

高起专：甲方分配学费的40%，乙方分配学费的60%；

学生的教材资料费由甲方收取，其费用的使用依照国家有关规定执行。

第六条　双方职责：

甲方：

1、对函授教育质量及在函授站（分院）所进行的教学环节进行规范与督导，指导函授站（分院）的教学及管理工作；

2、制定并规范函授站（分院）有关招生、日常教学、学籍管理、学生管理等各项工作的规章制度，并定期派人前往函授站（分院）进行函授教学及教学督导；

3、根据教学进度及实际情况，派遣、聘任主讲教师、辅导教师；

4、定期对函授站（分院）各项工作进行检查和评估，并组织各函授站（分院）进行定期交流与培训。

5、负责学生教材的发放工作。

乙方：

1、协助甲方做好招生宣传、录取等工作；

2、协助甲方做好本函授站（分院）学生的学籍管理、成绩管理及其它有关教学管理的工作；

3、承担甲方根据教学计划和教学大纲要求下达的教学辅导任务，执行甲方交给的有关教学环节的组织管理工作；

4、负责及时、准确地向函授学生分发教材和辅导资料；

5、依照甲方有关函授站管理的规章制度，向甲方推荐教师并协助甲方做好教师的管理工作；

6、能提供或筹集函授站经费；

7、健全函授站（分院）各项规章制度；

8、及时向甲方上报有关材料及报表；

9、按甲方规定时间内向甲方及时上缴学费分配款项。

第七条　甲、乙双方必须严格遵守本协议内容及国家政策法规，如有违反，须赔偿对方的全部损失，并对此引起的一切后果负全部责任。

第八条　协议如遇有与国家文件、政策等不符或相抵触之处，以国家文件、政策为准。

第九条　未尽事宜，双方协商解决。

第十条　本协议一式四份，双方各执二份。有效期依据本级学生学制，自双方负责人签字之日起，至本级学生毕业为止。

甲方：　　乙方：

负责人：　　负责人：

2013年7月11日　　2013年7月9日

图2-2　与大连嘉凡教育咨询有限公司合作办学协议

阳光园林　深圳市洲际人才管理有限公司　Http://www.edu2151.com

联合办学协议书

甲方：辽宁林业职业技术学院　　（以下简称甲方）

乙方：深圳市洲际人才管理有限公司（以下简称乙方）

根据国家和省教育厅有关政策和市场需求，大力推进校企合作，订单式培养，开创高职教育与企业相结合的典范，采用“学历+技能+订单”模式，为大型知名企业培养实用型技术人才，甲乙双方共同培养，数控技术专业-SMT 技术方向、计算机应用技术专业（应用电子技术专业）-PCB 设计与制造方向、工商企业管理专业-品质管理技术方向、物流专业-采购与供应链方向、建筑工程技术专业-楼宇智能化方向 5 个专业方向的 3 年制成人大专层次（业余/函授）学生，具体开办专业以辽宁教育行政主管部门审批的专业为准（专业以实际开设为主），为使甲乙双方之间的联合办学工作顺利进行，经甲乙双方友好协商，达成如下协议：

一、合作办学时间及规模

（1）合作年限：六年，即 2011 年 3 月 1 日至 2016 年 9 月 30 日（三届新生）。

（2）办学规模：年招生人数为 120 人。

二、教学过程

阶段	文化课程+专业基础课程	专业技能课程	顶岗带薪实习	高薪就业
	第一、二学期	第三、四学期	第五、六学期	第六学期末
时间	12 个月	12 个月	12 个月	1 个月
甲方	主导	辅导	辅导	辅导
乙方	辅导	主导	主导	主导
地点	辽宁林业职业技术学院	辽宁林业职业技术学院	企业	

三、双方职责

1、甲方职责

（1）招生：以辽宁林业职业技术学院名义招生，甲方负责提供招生网站、入学通知单，指导乙方招生咨询与宣传工作，做好报到接待工作，新生军训工作，负责学生参加全国成人高考的报考相关工作。

（2）[illegible]

校企合作　专业共建　订单培养

图 2-3　与深圳市洲际人才管理有限公司办学合作协议

协　议　书

北京林业大学成人教育学院（以下简称甲方）与 辽宁林业职业技术学院 （以下简称乙方），就 2017 年度成人高等学历教育招生、学费分配、教学管理等事宜，签订如下协议：

第一条　办学依据：

甲、乙双方必须严格遵守、执行国家教委教成[1993]12 号《普通高等学校函授教育辅导站暂行规程》文件的各项规定及甲乙双方所签订的建站协议，并以此作为双方合作的基本原则。

第二条　招生原则：

乙方按照甲方当年的招生分配方案，负责函授站（分院）所在地区的成人招生宣传和录取工作，包括各专业、各层次、各形式的录取及其它有关招生工作，并承担相应的录取费；甲方在乙方所在地区的脱产招生工作委托乙方完成，脱产生的录取费由甲方承担。

第三条　教学方式：

乙方负责函授站（分院）所在地区的函授学生在校期间的函授教学及日常管理等工作。期间由甲方下派主讲教师的差旅费、讲课费由甲乙双方协商解决，其他费用（如：其他教师讲课费、差旅费、作业及试卷批改费、教室租用费、教学仪器设备使用费、实习实验费等因教学活动发生的费用）均由乙方承担。

第四条　收费标准：

2017 年招收的函授学生收费标准，按照乙方所在地区教育、财政、物价等主管部门下发的有关函授教育收费文件的规定及甲方批准的下述标准执行，乙方不得擅自提高或降低收费标准（乙方须提供有关文件依据，并将复印件附于本协议之后）。同时，乙方须及时向函授学生出具正式收费发票。

招生专业	层次	学制（年）	收费标准（元/人，年）
林业技术	专科	2.5 年	[illegible]
园林技术	专科	2.5 年	[illegible]
林学	专升本	3 年	[illegible]
园林	专升本	3 年	[illegible]
会计学	专升本	3 年	[illegible]
计算机	专升本	3 年	[illegible]

第五条　经费收取及分配：

在乙方处就学的 2017 年正式注册报到的函授学生，乙方负责按照学制每年收取学生学费，甲乙双方按如下标准进行学费分配：

1、专升本、高起本：甲方分配学费的 40%，乙方分配学费的 60%。

2、高起专：甲方分配学费的 30%，乙方分配学费的 70%。

3、乙方每年收缴的学费，应给甲方比例分配部分，乙方应在 5 月 30 日前交给甲方。

第六条　双方职责：

甲方：

1、对函授教育质量及在函授站（分院）所进行的教学环节进行规范与督导，指导函授站（分院）的教学及管理工作；

2、制定并规范函授站（分院）有关招生、日常教学、学籍管理、学生管理等各项工作的规章制度，并定期派人前往函授站（分院）进行函授教学及教学督导；

3、根据教学进度及实际情况，派遣、聘任主讲教师、辅导教师；

4、定期对函授站（分院）各项工作进行检查和评估，并组织各函授站（分院）进行定期交流与培训。

乙方：

1、协助甲方做好招生宣传、录取等工作；

2、协助甲方做好本函授站（分院）学生的学籍管理、成绩管理及其它有关教学管理的工作；

3、承担甲方根据教学计划和教学大纲要求下达的教学辅导任务，执行甲方交给的有关教学环节的组织管理工作；

4、负责及时、准确地向函授学生分发教材和辅导资料；

5、依照甲方有关函授站管理的规章制度，向甲方推荐教师并协助甲方做好教师的管理工作；

6、能提供或筹集函授站经费，保障教学场地和教学设施；

7、健全函授站（分院）各项规章制度；

8、及时向甲方上报有关材料及报表；

9、按甲方规定时间内向甲方及时上缴学费分配款项；

10、做好各类管理、档案材料的保存归档工作。

第七条　甲、乙双方必须严格遵守本协议内容及国家政策法规，如有违反，须赔偿对方的全部损失，并对此引起的一切后果负全部责任。

第八条　协议如遇有与国家文件、政策等不符或相抵触之处，以国家文件、政策为准。

第九条　未尽事宜，双方协商解决。

第十条　本协议一式四份，双方各执二份。有效期依据本级学生学制，自双方负责人签字之日起，至本级学生毕业为止。

甲方：

负责人：

2016 年 6 月 15 日

乙方：

负责人：

2016 年　月 6 日

图 2-4　与北京林业大学合作办学协议

2. 函授各专业课程授课计划

有关专业课程设置及时间分配、教学计划进程详见表2-8至表2-13。

表2-8 辽宁林业职业技术学院楼宇智能化课程设置及时间分配

课程类型	序号	课程名称	教学课时			课时分配					
			总课时	理论教学课时	实践教学课时	一学年周课时		二学年周课时		三学年	
						1(16)	2(16)	3(16)	4(16)	5(16)	6
文化基础课	1	邓小平理论	96	96	0	2	4				
	2	应用文写作	64	64	0	4					
	3	大学英语	192	224	0	4	4	4			
	4	高等数学	128	128	0	4	4				
	5	计算机基础	128	90	38		4	4			
	6	大学物理	64	54	10	4					
	7	C语言程序设计	32	24	8	2					
	8	体育	108	10	98	2	2	2	2		
专业基础课	1	电路分析基础	64	54	10	4					
	2	模拟电子技术	96	80	16		6				
	3	数字电子技术	80	60	20			4		顶岗带薪实习	顶岗带薪实习
	4	计算机网络技术	96	80	16			6			
	5	建筑制图	64	54	10			4			
	6	建筑电气控制系统	64	32	32		4				
	7	电机与电力拖动	64	50	14			4			
	8	自动控制原理	64	40	24				4		
	9	微机原理与接口技术	80	60	20				6		
专业技能课	1	楼宇综合布线	64	54	10				4		
	2	楼宇智能化技术	32	24	8				2		
	3	电气CAD	42	20	22				2		
	4	电气照明技术	64	48	16				4		
	5	建筑电气施工	60	48	12				4		
毕业设计	1	毕业论文	320								
说明											

表 2-9　辽宁林业职业技术学院工商企业管理专业高中起点三年制教学计划进程表

		序号	内　容	周　数					第一学年		第二学年		第三学年	
周数安排		1	理论教学	65					16	18	15	16	17	
		2	实践教学	39							2	2		18
		3	入学、军训	2					2					
		4	五一、十一放假	6					1	1	1	1	1	1
		5	劳育课	4						1	1	1	1	
		6	考试	6					1	1	1	1	1	1
		7	在校总周数	122					20	21	20	21	20	20
		8	寒暑假	28					6	5	6	5	6	
		总　计		150					26	26	26	26	26	20
教学进程及学时分配	模块类别	序号	课程名称	学分	总学时	理论	实验	实习	周学时数					
	基础能力	1	概论课	4	64	44	20		4					
		2	基础	3	48	38	10		3					
		3	形势教育(讲座)	1	[16]	16								
		4	体育	2	32	32			2					
		5	英语	14	230	230			4	4	4	2/15、4/1		
		6	计算机基础	6	96	46	50		6					
		7	心理健康	2	32	22	10		2					
		8	就业创业教育	2	32	22	10		2					
		小　计		34	550	450	100							
	专业能力	1	管理学	3	48	48			3					
		2	*人力资源管理	7	108	108				6				
		3	基础会计	3	54	54				3				
		4	人力资源管理常用法律	3	54	54				3				
		5	*生产与运营管理	7	108	108				6				
		6	*营销管理	7	105	105					7			
		7	管理经济学	4	60	60					4			
		8	组织行为学	4	60	60					4			
		9	经济法	5	75	75					5			
		10	质量管理	4	64	64						4		
		11	财务管理	4	64	64						4		
		12	物流管理	6	96	96						6		
		13	工商行政管理	4	64	64						4		
		14	电子商务	4	68	68							4	
		15	企业战略管理	4	68	68							4	
		小　计		69	1096	1096								

（续）

	模块类别	序号	课程名称	学分	总学时	理论	实验	实习	周学时数					
教学进程及学时分配	职业培训	1	人力资源管理师培训	3.75	60			60			[2]			
		2	营销师培训	3.75	60			60				[2]		
		小　计		7.5	120			120						
		1	毕业设计	5.5	90	90								[3]
		2	毕业顶岗实习	22.5	450			450						[15]
		小　计		60	1050	90		960						
	选修课		管理会计	2	36	36				2				
			管理应用文书写作	2	30	30					2			
			管理信息系统	3	48	48						3		
	周学时								26	24	26	24	8	
	合　计			145.5	2420	1750	100	570						

表 2-10　北京林业大学林学专业本科教学进程表

学历层次：林学本科　　学习形式：函授　　修业年限：3 年

序号	课程名称	总学时	面授教学	辅导学时	一学期	二学期	三学期	四学期	五学期	六学期	备注
1	毛泽东思想概论	40	25	15	40						
2	植物学	40	25	15	40						
3	植物生理学	50	30	20		50					
4	大学英语	240	200	40	60	60	60	60			
5	土壤学	30	25	5			30				
6	气象学	30	25	5		30					
7	森林生态学	40	25	15			40				
8	森林有害生物控制	60	35	25					60		
9	森林计测学	40	25	15			40				
10	林木育种学	40	25	15			40				
11	森林培育学	70	24	56				70			
12	林火生态管理	40	25	15				40			
13	森林经营管理	40	25	15					40		
14	森林资源评估	40	25	15						40	
15	保护生物学	40	25	15				40			
16	3S 技术与应用	60	35	25					60		
17	毕业实习及毕业论文	200	160	40						200	
合　计		1100	759	351	140	140	210	210	160	240	

表 2-11　北林旅游管理专业本科教学进程表

学历层次：专升本科　　学习形式：函授　　修业年限：3 年

序号	课程名称	总学时	面授教学	辅导学时	一学期	二学期	三学期	四学期	五学期	六学期	备注
1	大学英语	240	80	40	60	60	60	60			2 年学完 3 册，达到三级水平
2	毛泽东思想概论	40	10	10	40						
3	线性代数	60	25	10	60						
4	管理学原理	60	25	10	60						
5	会计学基础	60	25	10		60					
6	旅游资源评价与开发	60	25	10		60					
7	建筑艺术史	60	25	10		60					
8	企业经营管理	40	10	10			40				
9	世界遗产研究	60	25	10			60				
10	饭店管理	60	25	10			60				
11	旅行社管理	60	25	10				60			
12	旅游价格学	40	15	5				40			
13	旅游英语	120	60	30				60	60		
14	会展旅游	40	15	5					40		
15	旅游景区管理	60	25	10					60		
16	旅游规划	80	35	20					80		
17	森林公园规划	60	25	10						60	
18	毕业设计(论文)	200	80	40						200	
合　计		1160	475	220	160	180	160	160	240	260	

表 2-12 北林园林专业专科（函授）教学计划表

学历层次：大专　　修业年限：3 年

序号	课程名称	总学时	学时分配					考核方式		学年学期安排课程时数					
					学时分配					一学年		二学年		三学年	
			自学作业	集中面授	讲课	辅导答疑	实验实习	考试	考查	第一学期	第二学期	第三学期	第四学期	第五学期	第六学期
1	世界贸易组织基础知识教程	60	40	20	16	4		√		60					
2	法律基础与思想道德素质修养	60	40	20	16	4			√	60					
3	计算机基础	100	70	30	14		16	√		100					
4	高等数学	120	88	32	32			√		120					
5	外语	140	80	60	60			√			70	70			
6	基础化学	90	60	30	24		6	√			90				
7	植物学	80	50	30	24		6	√			80				
8	园林美术	60	36	24	18	6			√		60				
9	园林树木学（含养护栽培）	120	80	40	32		8	√				120			
10	土壤学	80	50	30	24		6	√				80			
11	园林测量学	90	58	32	20		12	√				90			
12	园林苗圃学	80	56	24	18	6		√					80		
13	花卉学	120	80	40	32		8	√					120		
14	计算机辅助设计	80	40	40	20		20	√					80		
15	园林病虫害防治	80	40	40	32		8	√						80	
16	园林植物遗传育种	100	68	32	24	8		√						100	
17	园林工程与预算	120	80	40	32		8	√						120	
18	园林绿地规划设计	120	80	40	28		12	√							120
19	草坪建植与管理	80	56	24	20		4	√							80
20	综合实习	160													160
合　计		1940	1152	628	486	28	114			340	300	360	280	300	360

表 2-13　东北林业大学本科函授教育教学计划表

专业：林学(专升本)　　学制：2.5 年

序号	课程名称	总学时	学时分配							时间安排					备注
			自学作业	集中面授	其中					一学期	二学期	三学期	四学期	五学期	
					讲课	辅导答疑	实验	实践教学	网络教学						
1	计算机基础	130	98	32	6	4	12		(16)	130					
2	概率论与数理统计	130	94	36	32	4	0			130					
3	外语	260	196	64	56	8	0			130	130				
4	邓小平理论概论	110	82	28	24	4	0		(12)		110				
5	树木学	130	94	36	24	4	8		(20)		130				
6	土壤与土壤资源学	100	72	28	24	4	(8)				100				
7	森林生态学	120	82	36	32	4	(4)		(20)			120			
8	林火管理	120	88	32	28	4	0					120			
9	林木育种学	120	88	32	28	4	(4)					120			
10	森林培育学(造林、营林)	120	88	32	28	4	(4)		(16)			120			
11	森林昆虫学	110	82	28	24	4	0						110		
12	林木病理学(改上植物生理学)	110	82	28	24	4	0						110		
13	森林资源经营与管理	120	86	34	32	2	(8)						120		
14	“3S”技术及应用	110	82	28	24	4	0						110		
15	林业生态工程学(改上测树学)	110	82	28	24	4	0							110	
16	植物资源利用(改上保护生物学)	100	76	24	8	16	0							100	
17	毕业设计(论文)	200	160	40	20	20	0							200	
合　计		2200	1632	566	448	98	0								

3. *教育教学活动*

辽宁林业职业技术学院继续教育活动始终坚持科学规范，按照教育规律办学，其教育活动如图 2-5 至图 2-7 所示。

图 2-5　函授生开学典礼

图 2-6　函授生毕业合影

图 2-7　发放毕业证书

二、国际教育

辽宁林业职业技术学院国际交流与合作活跃度越来越高，近几年，与境外高校交流频繁，对学院快速发展起到了促进作用。如图 2-8 至图 2-10 所示。

辽宁林业职业技术学院与韩国庆山1大学校
学术交流合作书

为了增进中韩两国人民之间的友谊和了解，促进双方的交流合作，中国辽宁林业职业技术学院与韩国庆山1大学校特签如下协议：

1. 在相互尊重，平等互利，友好合作的基础上，双方开展以学术研究和教学方法讨论为目的教授间的互访和交流。
2. 共同进行私立大学教育的比较研究。
3. 信息交流，包括但不局限图书资料，其它教育资料和研究出版物的交流。
4. 为了双方的教学目的，允许学生插班学习和学分认定。
5. 开展以学习和研究为目的学生间的长短期进修，互访和交流。
6. 为了存进中韩两国学生学术交流，双方共同举行讨论会和言谈会。
7. 双方就每一项制定活动实施细节，作为本《协议书》的附件。
8. 本协议有韩语和中文两种文本，并具有同等效力。本协议经双方代表签字后生效。

2013 年 5 月 29 日

辽宁林业职业技术学院　　　　庆山1大学校

图 2-8　与韩国庆山 1 大学校学术交流合作协议(中文版)

경산 1 대학교와 요녕임업직업기술학원의 교류협력협의서

한중 양국 국민의 우정과 이해를 증진하고 쌍방간의 교류와 협력을 촉진하기 위하여 경산 1 대학교와 요녕임업직업기술학원은 아래와 같이 협의서를 체결한다.

1. 상호평등과 호혜평등 및 우호협력의 기초위에 쌍방은 학술연구와 교육방법의 토론을 목적으로 하는 교수간의 상호 방문과 교류활동을 전개 한다.
2. 협력관계를 넓히되 특히 사립대학의 비교연구 분야를 확대한다.
3. 정보교류 즉, 도서 자료에 국한되지 아니하는 기타 교육 자료와 연구 출판물의 교류를 추진한다.
4. 쌍방의 교육을 목적으로 학생들의 편입 및 학점 인정을 허용한다.
5. 학습과 연구를 목적으로 학생들의 장·단기 연수 및 상호방문, 교류를 추진한다.
6. 한중 양국의 학술 교류를 촉진하기 위하여 토론회 및 세미나를 공동 개최한다.
7. 쌍방은 위 각 항의 활동을 추진하기 위한 시행 세칙을 제정하여 이 협의서의 부건으로 삼는다.
8. 이 협의서는 한국어와 중국어의 두 가지 언어로 작성하고 동등한 효력을 가진다.

2013년 5월 21일

요녕임업직업기술학원　　　　경산 1 대학교

图 2-9　与韩国庆山 1 大学校学术交流合作协议(韩文版)

朝陽科技大學與遼寧林業職業技術學院
建立長期學術合作關係協議書

朝陽科技大學與遼寧林業職業技術學院為促進雙方的學術與合作，經過友好協商，達成以下協議：

一、雙方可組團互訪，就拓展學術交流與合作的領域及具體項目等問題進行磋商。

二、經雙方商議，安排教師到對方學校進行學術訪問和短期講學等交流活動。

三、雙方將有計畫地研展各種合作研究，並共同承辦有關學術研討活動。

四、雙方互贈各自編輯出版的學術期刊及相關資料。

五、雙方在各自主(承)辦有關學術會議時，將有關資訊通知對方，如對方有意參加，則安排其出(列)席。

六、雙方互派教師至對方學校講學，有關課程、人數及時間根據實際需要另訂之。

七、積極創造條件，互派學生至對方學校交流研修。人數、專業及研修費用由雙方商定。

八、雙方合作期間自簽約日起三年止。其中一方若欲終止本合作協議關係時，應以書面告知對方，以對方收到終止合作協議通知書之一個月後，正式終止合作關係。

九、本協議書乙式二份，雙方各執乙份，自簽字之日起生效；協議書到期時，雙方仍有意願合作，可另行簽署延長本合作關係協議書三年。

朝陽科技大學	遼寧林業職業技術學院
校長　鍾任琴	校長　王忠彬
年　月　日	年　月　日

图 2-10　与台湾朝阳科技大学合作协议

三、自学考试

1. 自学考试协议、计划及相关活动

辽宁林业职业技术学院与本科高校在自学考试方面进行了多专业合作，为学生寻求了快速获得更高学历的机会。自学考试的有关协议、计划、招生和教学活动如图2-11、表2-14至表2-16，图2-12、表2-17，图2-13、表2-18，图2-14至图2-19所示。

协 议 书

甲方：（主考单位）渤海大学培训学院（以下简称“甲方”）
地址：锦州市凌河区洛阳路5段19号
电话：0416－2849641
传真：0416－2849922

乙方：（助学单位） 辽宁林业职业技术学院成人教育学院
地址： 沈阳市苏家屯区枫杨路186号
电话：024 － 29815636
传真：024 － 29816767

为适应经济发展的需要，进一步满足社会对人才的需求，双方共同担负起培养各类专门人才的重担，甲乙双方本着平等互利原则，就开办自学考试（应用本科）有关事宜，经充分协商达成如下协议：

一、甲方授权乙方在乙方本单位组织甲方开设的旅游管理、工商企业管理、计算机应用、电子商务专业自学考试（应用本科）的招生及助学。

乙方应具备的条件：

1、具有专职的教学及教务管理人员，有符合教学要求的教学场所及相应的教学设施；

2、能就地就近聘请合格的辅导教师；

3、能提供或筹集办学经费。

4、应具有合法的办学资质。

二、双方职责

（一）甲方职责

1、负责制定考试计划和教学考试大纲；

2、及时向乙方传达国家有关自学考试（应用本科）的方针政策；

议，并追究违约方的经济和法律责任。

五、其它

1、协议未尽事宜，双方协商解决。

2、本协议一式两份，双方各一份。签字盖章起生效，有效期八年。

甲方： 乙方：

负责人： 负责人：

2013年4月1日 2013年4月19日

图2-11 与渤海大学自考教育合作协议书

表 2-14　渤海大学旅游管理专业(应用本科)考试计划

<table>
<tr><td colspan="2">省内专业码</td><td colspan="4">514　　国家专业码　　B020248　　学历层次　　本科</td></tr>
<tr><td colspan="2">主考院校</td><td colspan="4">渤海大学</td></tr>
<tr><td>序号</td><td>课程代码</td><td>课程名称</td><td>学分</td><td colspan="2">备注</td></tr>
<tr><td>1</td><td>03708</td><td>中国近现代史纲要</td><td>2</td><td colspan="2"></td></tr>
<tr><td rowspan="2">2</td><td>04183</td><td>概率论与数理统计(经管类)</td><td>5</td><td rowspan="2">(1)</td><td rowspan="4">选一组</td></tr>
<tr><td>04184</td><td>线性代数(经管类)</td><td>4</td></tr>
<tr><td rowspan="2">3</td><td>04753</td><td>管理学概论</td><td>5</td><td rowspan="2">(2)</td></tr>
<tr><td>03965</td><td>餐饮管理</td><td>4</td></tr>
<tr><td rowspan="2">4</td><td>07351</td><td>管理系统中计算机技术应用(一)</td><td>2</td><td colspan="2" rowspan="2"></td></tr>
<tr><td>07352</td><td>管理系统中计算机技术应用(一)(实践)</td><td>2</td></tr>
<tr><td rowspan="3">5</td><td>00765</td><td>中国简史</td><td>4</td><td rowspan="2">选一</td><td rowspan="3">选一组</td></tr>
<tr><td>07365</td><td>旅游英语(一)</td><td>4</td></tr>
<tr><td>09084</td><td>旅游英语(一)(实践)</td><td>8</td><td></td></tr>
<tr><td>6</td><td>00193</td><td>饭店管理概论</td><td>5</td><td colspan="2"></td></tr>
<tr><td>7</td><td>10927</td><td>旅游心理学</td><td>4</td><td colspan="2"></td></tr>
<tr><td>8</td><td>06123</td><td>导游学概论</td><td>5</td><td colspan="2"></td></tr>
<tr><td>9</td><td>00200</td><td>客源国概论</td><td>4</td><td colspan="2"></td></tr>
<tr><td>10</td><td>00187</td><td>旅游经济学</td><td>11</td><td colspan="2"></td></tr>
<tr><td>11</td><td>06125</td><td>旅游美学</td><td>4</td><td colspan="2"></td></tr>
<tr><td rowspan="2">12</td><td>06153</td><td>旅游景区管理(一)</td><td>2</td><td colspan="2" rowspan="2"></td></tr>
<tr><td>11523</td><td>旅游景区管理(一)(实践)</td><td>3</td></tr>
<tr><td rowspan="2">13</td><td>07368</td><td>旅游文化学(一)</td><td>2</td><td colspan="2" rowspan="2"></td></tr>
<tr><td>07369</td><td>旅游文化学(一)(实践)</td><td>3</td></tr>
<tr><td>14</td><td>07370</td><td>旅游市场学△</td><td>3</td><td colspan="2"></td></tr>
<tr><td>15</td><td>07371</td><td>旅游人力资源管理△</td><td>5</td><td colspan="2"></td></tr>
<tr><td>16</td><td>07372</td><td>旅行社经营与管理△</td><td>3</td><td colspan="2"></td></tr>
<tr><td>17</td><td>10227</td><td>旅游管理(应用本科)毕业论文</td><td></td><td colspan="2"></td></tr>
<tr><td colspan="3">总学分</td><td colspan="3">77</td></tr>
</table>

表 2-15　渤海大学工商企业管理专业(应用本科)考试计划

省内专业码	5121	国家专业码	B020142	学历层次	本科
主考院办	渤海大学				

序号	课程代码	课程名称	学分	备注	
1	03708	中国近现代史纲要	2		
2	00015	英语(二)	14	(1)	选一组
	00765	中国简史	4	(2)	
	01457	应用文写作	5		
	03122	信息技术	5		
3	04183	概率论与数理统计(经管类)	5	(1)	选一组
	04184	线性代数(经管类)	4		
4	06956	经济应用数学	5	(2)	
	08801	生产运营管理	4		
5	07351	管理系统中计算机技术应用(一)	2		
	07352	管理系统中计算机技术应用(一)(实践)	2		
6	00009	政治经济学(财)	6		
7	07353	管理学原理(一)	2		
	07354	管理学原理(一)(实践)	3		
8	07355	财务管理学(一)	3		
	07356	财务管理学(一)(实践)	3		
9	00152	组织行为学	4		
10	07357	金融理论与实务(一)	3		
	07358	金融理论与实务(一)(实践)	4		
11	07359	企业经营战略(一)	3		
	07360	企业经营战略(一)(实践)	3		
12	07361	质量管理(二)	2		
	07362	质量管理(二)(实践)	2		
13	07363	企业管理咨询(一)	2		
	07364	企业管理咨询(一)(实践)	3		
14	10250	工商企业管理(应用本科)毕业论文			
总学分				72	

表 2-16　渤海大学电子商务专业(应用本科)考试计划

省内专业码		515	家专业码	B020247	学历层次	本科
主考院校		渤海大学				
序号	课程代码	课程名称			学分	备注
1	03708	中国近现代史纲要			2	
2	07342	商务英语(二)			14	
3	06956	经济应用数学			5	
4	00996	电子商务法概论			6	
5	07355	财务管理学(一)			3	
	07356	财务管理学(一)(实践)			3	
6	09434	电子商务网络技术			2	
	09435	电子商务网络技术(实践)			3	
7	07343	电子商务安全导论(一)			2	
	07344	电子商务安全导论(一)(实践)			3	
8	07345	互联网数据库(一)			2	
	07346	互联网数据库(一)(实践)			4	
9	11525	网站构建技术			2	
	11526	网站构建技术(实践)			3	
10	00908	网络营销与策划			3	
	00909	网络营销与策划(实践)			2	
11	07347	电子商务与金融(一)			2	
	07348	电子商务与金融(一)(实践)			4	
12	07349	电子商务与现代物流(一)			2	
	07350	电子商务与现代物流(一)(实践)			4	
13	11524	电子商务(应用本科)毕业论文				
总学分					71	

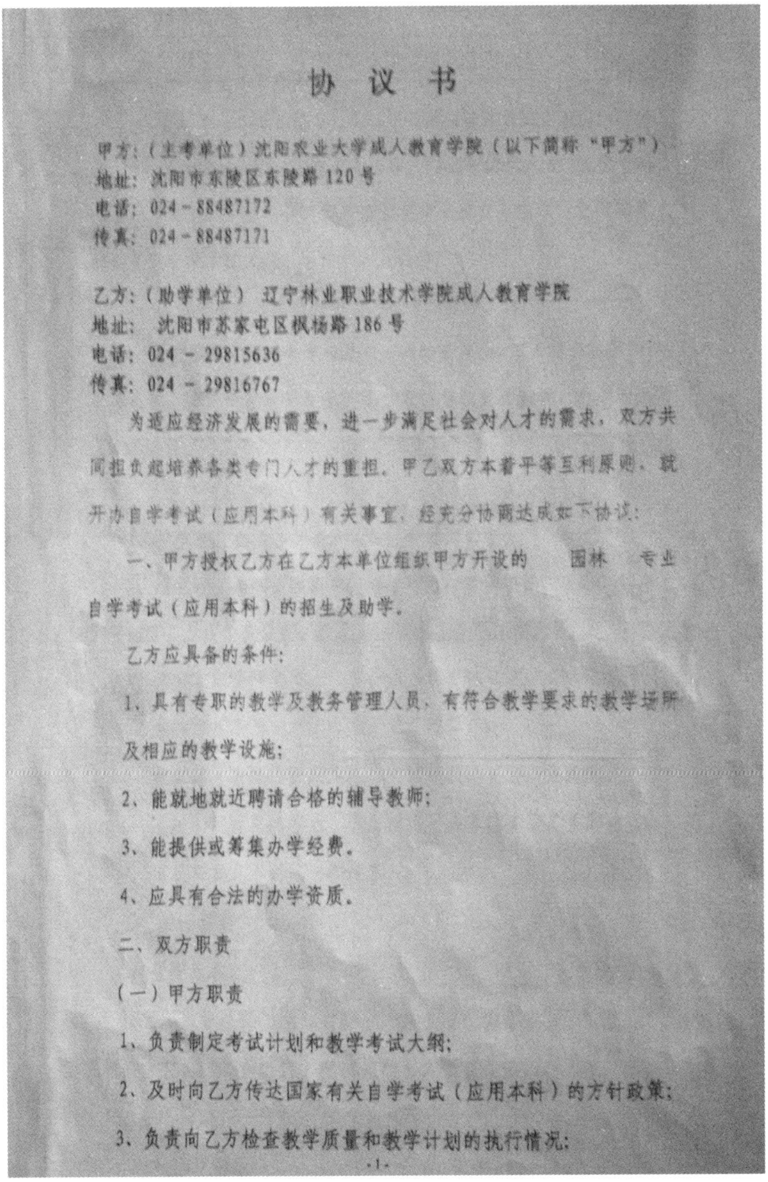

协议书

甲方：（主考单位）沈阳农业大学成人教育学院（以下简称“甲方”）
地址：沈阳市东陵区东陵路120号
电话：024-88487172
传真：024-88487171

乙方：（助学单位）辽宁林业职业技术学院成人教育学院
地址：沈阳市苏家屯区枫杨路186号
电话：024-29815636
传真：024-29816767

为适应经济发展的需要，进一步满足社会对人才的需求，双方共同担负起培养各类专门人才的重担，甲乙双方本着平等互利原则，就开办自学考试（应用本科）有关事宜，经充分协商达成如下协议：

一、甲方授权乙方在乙方本单位组织甲方开设的 园林 专业自学考试（应用本科）的招生及助学。

乙方应具备的条件：

1、具有专职的教学及教务管理人员，有符合教学要求的教学场所及相应的教学设施；

2、能就地就近聘请合格的辅导教师；

3、能提供或筹集办学经费。

4、应具有合法的办学资质。

二、双方职责

（一）甲方职责

1、负责制定考试计划和教学考试大纲；

2、及时向乙方传达国家有关自学考试（应用本科）的方针政策；

3、负责向乙方检查教学质量和教学计划的执行情况；

-1-

图 2-12 与沈阳农业大学自考教育合作协议书

表 2-17　沈阳农业大学自学考试园林专业(应用本科)考试计划

<table>
<tr><td colspan="2">省内专业码</td><td>527</td><td>国家专业码</td><td>B090120</td><td>学历层次</td><td colspan="2">本科</td></tr>
<tr><td colspan="2">主考院校</td><td colspan="6">沈阳农业大学</td></tr>
<tr><td>序号</td><td>课程代码</td><td colspan="3">课程名称</td><td>学分</td><td colspan="2">备注</td></tr>
<tr><td>1</td><td>03708</td><td colspan="3">中国近现代史纲要</td><td>2</td><td colspan="2"></td></tr>
<tr><td rowspan="4">2</td><td>00015</td><td colspan="3">英语(二)</td><td>14</td><td>(1)</td><td rowspan="4">选一组</td></tr>
<tr><td>00765</td><td colspan="3">中国简史</td><td>4</td><td rowspan="3">(2)</td></tr>
<tr><td>01457</td><td colspan="3">应用文写作</td><td>5</td></tr>
<tr><td>03122</td><td colspan="3">信息技术</td><td>5</td></tr>
<tr><td>3</td><td>07422</td><td colspan="3">园林美术△</td><td>3</td><td colspan="2"></td></tr>
<tr><td>4</td><td>07423</td><td colspan="3">植物形态及生理</td><td>3</td><td colspan="2"></td></tr>
<tr><td rowspan="2">5</td><td>07424</td><td colspan="3">园林植物分类学</td><td>3</td><td colspan="2" rowspan="2"></td></tr>
<tr><td>07425</td><td colspan="3">园林植物分类学(实践)</td><td>2</td></tr>
<tr><td>6</td><td>07426</td><td colspan="3">园林生产环境</td><td>4</td><td colspan="2"></td></tr>
<tr><td>7</td><td>07427</td><td colspan="3">园林生态学</td><td>4</td><td colspan="2"></td></tr>
<tr><td rowspan="2">8</td><td>07428</td><td colspan="3">园林植物栽培学</td><td>4</td><td colspan="2" rowspan="2"></td></tr>
<tr><td>07429</td><td colspan="3">园林植物栽培学(实践)</td><td>3</td></tr>
<tr><td rowspan="2">9</td><td>07430</td><td colspan="3">园林植物病虫害防治(一)</td><td>3</td><td colspan="2" rowspan="2"></td></tr>
<tr><td>07431</td><td colspan="3">园林植物病虫害防治(一)(实践)</td><td>3</td></tr>
<tr><td>10</td><td>07432</td><td colspan="3">园林艺术原理</td><td>3</td><td colspan="2"></td></tr>
<tr><td rowspan="2">11</td><td>07435</td><td colspan="3">园林工程学</td><td>4</td><td colspan="2" rowspan="2"></td></tr>
<tr><td>07436</td><td colspan="3">园林工程学(实践)</td><td>2</td></tr>
<tr><td>12</td><td>06226</td><td colspan="3">计算机辅助设计(二)△</td><td>4</td><td colspan="2"></td></tr>
<tr><td>13</td><td>07434</td><td colspan="3">园林规划设计(一)△</td><td>6</td><td colspan="2"></td></tr>
<tr><td>14</td><td>05610</td><td colspan="3">园林(应用本科)毕业设计</td><td></td><td colspan="2"></td></tr>
<tr><td colspan="5">总学分</td><td colspan="3">67</td></tr>
</table>

协　议　书

甲方：沈阳大学成人教育学院自考培训中心

乙方：辽宁林业职业技术学院继续教育学院

经甲、乙双方友好协商，联合举办高等教育自学考试人力资源管理本科专业助学活动，签订如下协议。

一、双方责任

（一）甲方职责：

1. 负责与省、市、区考办及委托开考单位沟通协调，及时传达自学考试的有关精神。

2. 协助乙方做好招生宣传及学员入学资格审定。

3. 为学生办理考试集体报名手续，并按规定标准向考办支付考务费（费用由乙方代收）。

4. 根据省考办的考试计划，制定各学期教学计划。

5. 协助乙方聘请授课教师（费用由乙方支付）。

6. 按委托开考单位规定的费用标准，在规定时间内，向其支付管理费（费用由乙方代收）。

7. 按照规定标准，为符合条件的学生办理学历认定、课程免考和毕业证书、学位证书（费用由乙方代收）。

（二）乙方职责

1. 按照我省自学考试的相关规定进行招生宣传及报考学生资格的初审。

2. 严格执行甲方制订的教学计划。

2. 收费

（1）助学费：由乙方按照甲方物价部门批准的收费标准负责收取（不超过[illegible]元/学时）。

（2）其他费用：考务费（[illegible]元/科）、委托单位管理费（[illegible]元/科）、管理系统中计算机技术应用实践考核费[illegible]元/生·科次（免考学生不交）、主考学校答辩费（[illegible]元/人）、学历认定（[illegible]元/人）、课程免考费（[illegible]元/人）、毕业证书费（[illegible]元/人），以上费用由乙方向学生收取后交付甲方，再由甲方分别上交考办、主考学校和委托开考单位。论文指导费交指导教师（[illegible]元/人）。

三、双方如有违约，违约方承担由此而产生的一切法律责任。

四、本协议未尽事宜，由双方协商解决。协商不成时，向沈阳市大东区人民法院起诉。

五、本协议自双方签字起生效，有效期三年。

六、本协议一式两份，双方各执一份，具有同等法律效力。

甲方（公章）：　　　　乙方（公章）：

签字：　　　　签字：

2011年4月10日

图 2-13　与沈阳大学自考教育合作协议书

表 2-18　沈阳大学自考专业人力资源管理专业(独立本科)考试计划

省内专业码	811	国家专业码	B020218	学历层次	本科
主考院校	沈阳大学				
序号	课程代码	课程名称	学分	备注	
1	03708	中国近现代史纲要	2		
2	00015	英语(二)	14		
3	06093	人力资源开发与管理	6		
4	00051	管理系统中计算机技术应用	3		
	00052	管理系统中计算机技术应用(实践)	1		
5	06092	工作分析	4		
6	06091	薪酬管理	6		

（续）

序号	课程代码	课程名称	学分	备注
7	06090	人员素质测评理论与方法	6	
8	06089	劳动关系与劳动法	6	
9	00800	经济学	5	
10	05969	人力资源招聘与配置	4	
11	19170	劳动保险概论	6	
12	01726	人力资源规划与职业设计	5	
13	06088	管理思想史	9	选一
	07700	人力资源管理职业资格证书	9	
14	18948	人力资源管理毕业论文		
总学分			77	

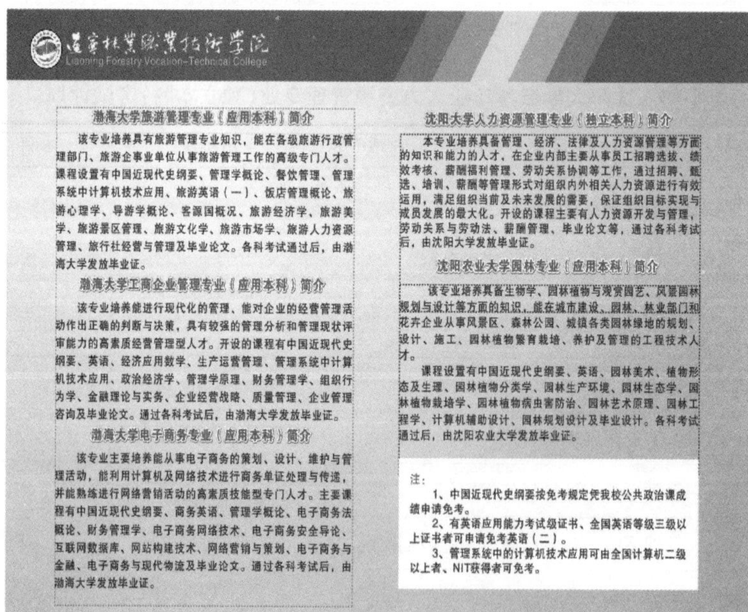

图 2-14　自学考试招生宣传材料

图 2-15　组织自考实践考试

图 2-16　组织自考毕业论文答辩现场

责 任 状

为了加强自学考试管理工作，抓好抓实考风考纪建设，进一步落实考试工作的各项措施，特此与各助学单位签订自学考试管理工作责任状：

一、认真学习并严格遵守国家、省、市、区关于民办教育的法律法规，以及自学考试的各项规定。

二、各助学单位必须进一步加强对自学考试工作的领导和管理。在思想上要高度重视考试工作，对考生严格要求，切实做到思想上重视、制度上保证、环节上落实。

三、主动配合主管部门的工作，严格按照苏家屯区招考办的日程规定办结各项工作。

四、严格报名政策，认真审查考生的报名条件，不符合报名条件的考生一律不允许报名。

五、各助学单位要积极参加教育行政招考部门组织的考风考纪宣传教育及考前培训活动，并在考前对考生进行诚信教育，严肃考风考纪，切实要求考生在考试过程中严格遵守考场规则诚信考试。助学单位在当次考试中的违纪考生数占该助学单位当次报名总人数的比率（以下简称违纪率）不得超过 3‰，如果助学单位违纪率超过 3‰，违纪考生禁止下次在本区招考办报名考试；助学单位违纪率超过 1%，本区招考办将拒绝接纳该助学单位的新生报名；助学单位违纪率超过 10%，将视为集体舞弊，取消该助学单位在本区招考办的报名考试资格，并清退转出。

六、本责任状自签字之日起生效。各助学单位应认真履行责任状，积极配合苏家屯区招考办做好考试工作，对于在考试过程中多次出现违纪现象的助学单位，将取消该助学单位在本区招考办的报名考试资格。对出现严重违纪现象的助学单位，除取消该助学单位在本区招考办的报名考试资格外，还将追究有关责任人的法律责任，情节严重者将移送司法部门处理。

请各助学单位诚信办学、依法办学、规范办学，自觉接受并遵守以上条款，若违反规定，本招考办将拒绝接纳新生报名，直到清退该助学单位在本区报名。

法人代表或负责人（签名）：

办学机构名称（公章）

二〇一三年十二月

图 2-17　遵守自学考试考风考纪责任状

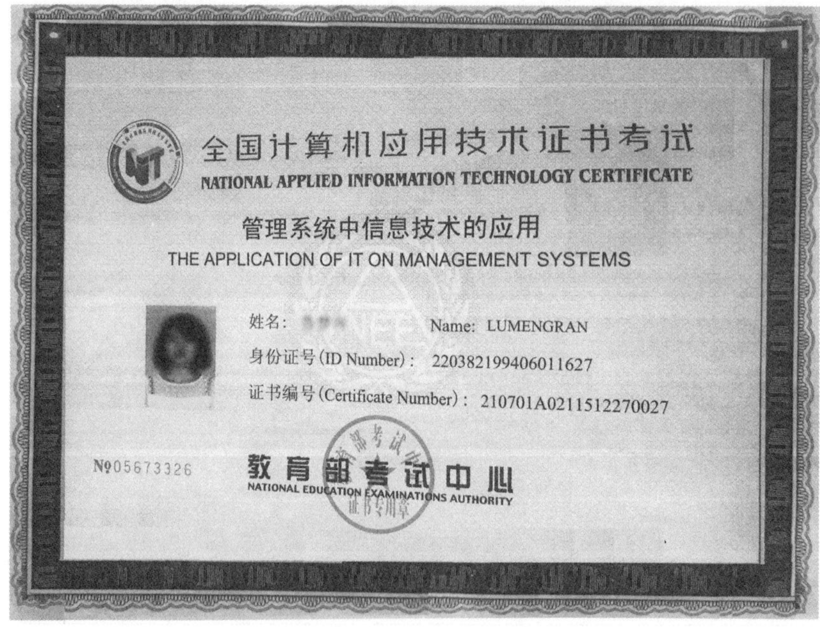

全国计算机应用技术证书考试
NATIONAL APPLIED INFORMATION TECHNOLOGY CERTIFICATE

管理系统中信息技术的应用
THE APPLICATION OF IT ON MANAGEMENT SYSTEMS

姓名：　Name: LUMENGRAN
身份证号(ID Number)： 220382199406011627
证书编号(Certificate Number)： 210701A0211512270027

№05673326

教育部考试中心
NATIONAL EDUCATION EXAMINATIONS AUTHORITY

图 2-18　自考生参加计算机技能考试证书

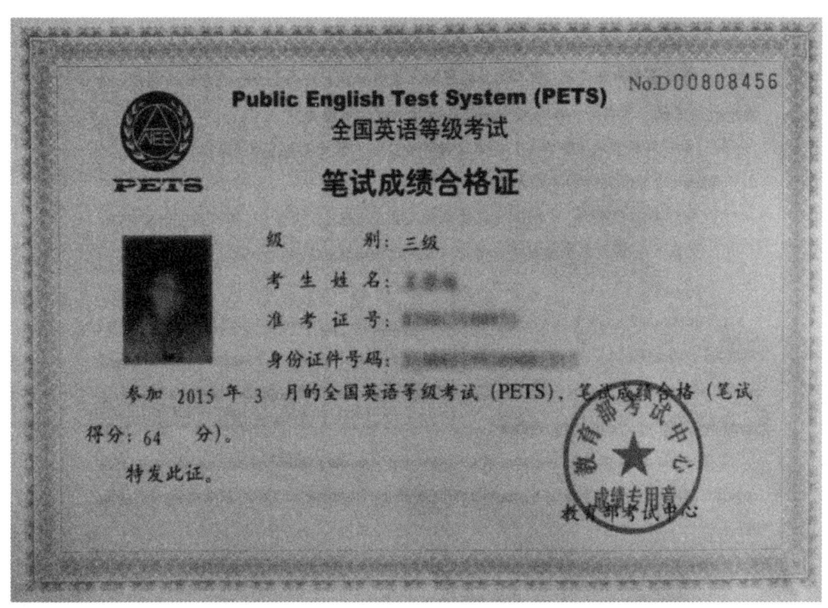

No.D00808456

Public English Test System (PETS)

全国英语等级考试

PETS

笔试成绩合格证

级　　别：三级

考生姓名：

准考证号：

身份证件号码：

参加 2015 年 3 月的全国英语等级考试（PETS），笔试成绩合格（笔试得分：64 分）。

特发此证。

教育部考试中心

教育部考试中心 成绩专用章

图 2-19　自考生参加英语等级考试证书

2. 自学考试各专业考试进程安排

(1)园林专业

①第一学期(当年 10 月)

理论考试：园林植物栽培学、园林植物病虫害防治(一)、中国近代史纲要、英语(二)。

实践考试：园林植物栽培学(实践)、园林植物病虫害防治(实践)。

②第二学期(次年 4 月)

理论考试：植物形态及生理、园林植物分类学、中国近代史纲要、英语(二)。

实践考试：园林植物分类学(实践)、计算机辅助设计(二)毕业设计。

③第三学期(次年 10 月)

理论考试：园林艺术原理、园林工程学、园林生态学、中国近代史纲要、英语(二)。

实践考试：园林工程学(实践)。

④第四学期(第三年 4 月)

理论考试：园林生产环境、中国近代史纲要、英语(二)。

实践考试：园林美术、园林规划设计(实践)、毕业设计。

(2)旅游管理专业

①第一学期(当年10月)

理论考试：管理学概论、旅游英语(一)、客源国概况、旅游景区管理(一)、中国近现代史纲要、管理系统中计算机技术应用(一)。

实践考试：旅游英语(一)、旅游景区管理(一)、管理系统中计算机技术应用(一)。

②第二学期(次年4月)

理论考试：餐饮管理、饭店管理概论、旅游经济学、旅游文化学(一)、中国近现代史纲要。

实践考试：旅游文化学(一)、旅游管理(应用本科)毕业论文。

③第三学期(次年10月)

理论考试：导游学概论、中国近现代史纲要、管理系统中计算机技术应用(一)。

实践考试：旅游人力资源管理△、管理系统中计算机技术应用(一)。

④第四学期(第三年4月)

理论考试：旅游心理学、旅游美学、中国近现代史纲要。

实践考试：旅游市场学△、旅行社经营与管理△、旅游管理(应用本科)毕业论文。

(3)工商企业管理专业

①第一学期(当年10月)

理论考试：生产运营管理、质量管理(二)、企业管理咨询(一)、中国近现代史纲要、英语(二)、管理系统中计算机技术应用(一)。

实践考试：质量管理(二)、企业管理咨询(一)、管理系统中计算机技术应用(一)。

②第二学期(次年4月)

理论考试：政治经济学(财)、管理学原理(一)、财务管理学(一)中国近现代史纲要、英语(二)。

实践考试：管理学原理(一)、财务管理学(一)、工商企业管理(应用本科)毕业论文。

③第三学期(次年10月)

理论考试：经济应用数学、中国近现代史纲要、英语(二)、管理系统中计算机技术应用(一)。

实践考试：管理系统中计算机技术应用(一)。

④第四学期(第三年4月)

理论考试：组织行为学、金融理论与实务(一)、企业经营战略(一)、中国近现代史纲要、英语(二)。

实践考试：金融理论与实务(一)、企业经营战略(一)、工商企业管理(应用本科)毕业论文。

(4)电子商务专业

①第一学期(当年4月)

理论考试：电子商务法概论、网络营销与策划、电子商务网络技术、网站构建技术。

实践考试：网站构建技术、网络营销与策划、电子商务网络技术。

②第二学期(当年10月)

理论考试：电子商务安全导论(一)、商务英语(二)、互联网数据库(一)、电子商务与金融(一)。

实践考试：电子商务安全导论(一)、互联网数据库(·)、电子商务与金融(一)。

③第三学期(次年4月)

理论考试：电子商务与现代物流(一)、财务管理学(一)。

实践考试：电子商务与现代物流(一)、财务管理学(一)。

④第四学期(次年10月)

理论考试：中国近现代史纲要、管理学概论。

(5)人力资源管理专业

①第一学期(当年4月)

理论考试：人力资源开发管理、经济学、劳动法、薪酬管理。

②第二学期(当年10月)

理论考试：职业设计、工作分析、招聘配置、劳动保险。

③第三学期(次年4月)

理论考试：人员素质测评理论、管理系统中计算机应用、英语。

实践考试：管理系统中计算机应用。

④第四学期(次年10月)

理论考试：思想史。

毕业设计：毕业论文。

第三章

非学历教育

第一节　非学历教育的内涵与外延

一、非学历教育的定义

非学历教育是指各种培训、进修、研修类教育，如培训班、驾校、研究生课程班、考研辅导班等，都属于非学历教育的范畴，参加非学历教育的学员完成学业，考核合格，由学校或培训单位发给培训结业证明，但非学历教育培训不得颁发毕业证书、结业证书、肄业证书等和学历教育相混淆的证书和文凭。课程未修满或成绩不合格者不能颁发学位证书，可发单科成绩证明。证书不被国家认可和承认，不可以参加国家级的统一考试，如公务员、司法、会计师、建筑师、建造师、医师等类的考试，也不可以参加专升本、研究生的学历层次继续深造学习。

二、非学历教育的结业证明

非学历教育结业证明应注明以下内容：

(1)学员的姓名、性别、年龄、学习起止年月；

(2)修学的性质(如培训班、辅导班、进修班等)、形式(如脱产、业余等)、修学课程的名称和考核成绩；

(3)学校主管非学历教育培训机构(成人教育学院)印章；

(4)发证时间及编号。

三、学历教育与非学历教育的区别

学历教育一般为国家教育主管部门批准的、参加全国统一入学考试录取入学的全日制脱产、函授、远程教育、电大开放式教育，毕业后可以获得毕业证书、结业可以获得结业证书、肄业可以获得肄业证书。

非学历教育不参加入学考试，实行在职不脱产教育，只有结业证明。

第二节　高校非学历教育

高校非学历教育是整个社会非学历教育中的重要组成部分，它是指已获得一定学历或专业技术职称的成人通过多种教育方式进行的以补充知识、提升技能、提高人的全面素质为目的的教育形式。其涵盖范围相对广泛，既包括在职技术人员和管理人员的专业技术培训、岗位能力提升培训、项目培训、研修提高、转岗培训，也包括非在职人员的职前培训、技能培训、素质训练等。

一、高校实施非学历教育的意义

1. 是构建体系完备的终身教育的需要

《国家中长期教育改革和发展规划纲要(2010—2020年)》明确指出：要通过学历教育与非学历教育的协调发展，构建体系完备的终身教育。我国目前的教育体系是由基础教育、职业教育、普通高等教育和继续教育等内容构成的。这些内容从大的方面来看，不外乎学历教育和非学历教育。学历教育是指受教育者经过国家教育考试或者国家规定的其他入学方式，进入国家有关部门批准的学校或者其他教育机构学习，获得国家承认的学历证书的教育形式。非学历教育则是指以终身教育理念为指导，针对不同领域各类行业的受教育者广泛开展的具有针对性、多样化、灵活性的准学历教育、大学后的继续教育及专业培训等教育形式。由于高校非学历教育是整个社会非学历教育中的重要组成部分，也是高校人才培养的重要方面之一，因此，高校实施非学历教育在构建体系完备的终身教育中具有十分重要的意义。

2. 是适应社会经济、科技、文化迅速发展的需要

社会经济、科技、文化的迅速发展，不仅影响着人们的生产方式、生活方式和行为习惯，而且影响着人们的学习内容和学习方式。从学习内容来讲，随着社会经济、科技、文化的迅速发展，当今世界已经进入知识经济时代。知识经济时代一个明显的特征就是知识以爆炸的方式展现在我们面前，这些知识和理念有很大一部分是我们以往小学、中学、大学等各学历教育阶段从未接触过的，需要通过非学历教育方式进行学习、理解和掌握。这也正是高校实施非学历教育的意义之所在。从学习方式上讲，随着信息技术的快速发展，人们的学习方式也发生了根本性变化，有些知识内容可以通过学历教育方式予以解决，有些知识内容则是一次性学历教育方式不能解决的，需要通过多类型、多层次、多规格的非学历教育方式予以解决。高校实施非学历教育，也正是为了适应知识经济时代人们不断学习的要求，为这个时代的快速发展注入新的推动力。

3. 是适应国家产业结构重新布局与调整的需要

人类社会劳动发展的历史，从某种意义上讲，是一部不断改造传统产业从而形成新兴产业的发展历史。国家要不断地重新布局与调整产业结构，人的知识结构也需要随着产业结构的调整而调整。如果说传统产业比较多的是依赖人的体力的话，新兴产业则更多地体现在对人的脑力和智力的需求上。呈现在我们面前的将是：传统的劳动密集型产业越来越少，新兴的知识密集型产业越来越多；从事物资生产的劳动者越来越少，从事服务业的劳动者越来越多。即少数人用少量时间生产出全社会所需要的物质产品，多数人将用大量时间从事知识产品的生产、传播以及知识产品的学习、掌握、使用。劳动者为了适应国家产业结构的重新布局与调整，必须不断地学习新知识、新技能，以提升自己的专业素质和职业能力。同时，国家职业资格准入制度的颁布与实施，也向劳动者提出了不断学习的要求。因此，高等学校发展非学历教育也是适应国家产业结构重新布局与调整的需要。

4. 是满足劳动者个人生存发展的需要

劳动者认识自然和社会，并在竞争激烈的社会环境下求得生存与发展，是以不断地学习为前提的，特别是面对科技高速发展的知识经济时代，新兴行业不断兴起，传统行业渐渐消失，更是给劳动者的生存与发展提出了新的挑战，过去的那种“终生一职业”将越来越少，人们经常面对的是行业的重新选择、岗位的不断调整。过去那种一次性学校“充电”，一辈子工作中“放电”的时代已成为历史。20 世纪 90 年代以来，我国经济结构调整和劳动者下岗再就业的现实已初步印证了这一趋势。一方面是因为国家产业结构的调整，产生了大量的岗位空缺，导致所谓“有事没人干”；另一方面是因为国家产业结构的调整，出现了大量的失业现象，形成“有人没事干”。究其原因，除择业观念尚未完全转变外，最重要的原因是求职者自身整体素质较低，缺乏相应的知识、技能，综合能力不能适应社会发展需要。所以人们要想在竞争激烈的社会环境下求得生存与发展，需要经常参与各种形式的学习、培训。高校非学历教育正是一种通过多种形式对劳动者个人进行的专业技术培训、岗位能力提升的教育，是满足劳动者的生存与发展所急需的教育。

5. 是创建学习型社会不可或缺的重要组成部分

这里讲的学习型社会，是指有相应的机制和手段促进和保障全民学习和终身学习的社会，其基本特征是形成全民学习、终身学习、积极向上的社会风气。

在社会经济高度发展的今天，我们要创建学习型社会，不仅需要加强个体的学习，以增强劳动者个体适应竞争激烈的社会环境的能力；也需要加强团体的学习，以增强组织的凝聚力和竞争力，确保组织在激烈的竞争中处于有利位置；更重要的是还需要加强全民的学习，以增强全民族的自信心和自豪感，提升整个民族的总体素质。

加强全民的学习固然是创建学习型社会的重要方面，但创建完备的学习型社会，还需加强全民的不断学习和终身学习。这就要求全社会每一个人都能够不断地、灵活地学习，做到"活到老、学到老"。学习型社会的全民性、持续性和终身性特征，在传统的学历教育背景下，无论是国家还是个人，在时间、空间、精力以及财力上都是无法完成的。而高校非学历教育正好打破了受教育者学习的时空界限，为受教育者提供了灵活、多样的学习机会，使受教育者能全面发展自我素质，更好地适应社会需求。可见，高校非学历教育对创建学习型社会发挥着不可或缺的作用。

6. 是高校自身发展的需要

高校非学历教育本身是高校办学的重要内容之一，高校非学历教育的发展依赖于学校本身的专业优势和教学资源优势，反过来，非学历教育的发展又会促进学校专业的发展。高校非学历教育以完全面对市场需要的方式出现，以市场需求为导向，以灵活多样的形式为基础，需要紧密联系国际、国内经济形势的发展和人们的需求，这种需求会促使高校加强适应社会发展方面的研究，调整专业方向和专业内容，促进理论与实践的结合，以适应社会的需要。

二、国内外高校非学历教育管理体制和运行机制现状分析

国外高校非学历教育发展时间较长，有相对完善的办学管理体制和运行机制；国内高校向来以学历教育为重点，非学历教育方面直到 20 世纪 90 年代才开始真正以较快的速度发展。

1. 国外高校非学历教育管理体制和运行机制

发达国家大学都非常重视非学历教育，其成熟的非学历教育管理体制和运行机制对我国高校有着积极的启示和借鉴意义。

自 20 世纪 50 年代开始，发达国家经历了从精英高等教育到大众化高等教育的转变，北欧许多国家提供非学历教育的高等技术学院数量已超过了现有普通大学。以芬兰、瑞典和丹麦等国为例，在政府有力的促进与引导下，

非学历教育面向所有国民广泛普及，不限年龄，无入学门槛，其教育经费以国家财政保障为主，企业赞助为辅，目的是帮助愿意学习者寻求到更适合自己的工作和更好的出路。在日本、英国一些著名的一流大学和国立大学，非学历教育是大学工作的一个重要方面。日本许多国立大学派遣教师参加社会培训，大学课程向社会开放，常年举办各类讲座，提供非学历教育服务，民众可充分自由地选择参与非学历教育活动。英国牛津大学利用丰富的教师资源开展非学历教育，在校内开设了大量技能学科课程和基础学科课程。大学为不同层次需求的学习者提供了相匹配的教育选择机会。在澳大利亚完善的教育体系中，政府十分重视非学历教育，遍及澳大利亚全国的继续教育学院(Technical and Further Education，TAFE)主要为政府、企业和行业组织提供针对性和目的性很强的职业技能化培训，其灵活的培训、测评形式深受学习者的喜爱。

(1)德国终身教育

德国的成人教育非常发达，各个阶层的人都利用各种机会进修学习，成年人进修学习成为一种社会风尚、一种公共意识。

从个人的角度看，继续学习来自两个方面的压力："其一，由于德国经济的迅速发展，企业之间的竞争十分激烈，社会对各类科技人才的需求量大增，对在职人员的技能要求提高，迫使人们通过各种途径参与学习，扩充知识，提高能力；其二，经济结构的变化使一些新兴行业不断发展壮大，而另外一些行业逐步萎缩，许多人在这个过程中要经历一次甚至多次职业的更换，拥有专业知识的求职者不仅更容易获得合适的职业，而且工资收入和职业地位相对较高，失业风险也较小。"

德国政府不仅积极倡导民众参加各种形式的学习，而且大力投资教育，降低进入成人教育机构学习的费用，为民众的学习提供方便。德国成人教育的场所不以营利为目的，收费合理。州及地方的公共预算中，都有相当数额的资金资助成人教育。此外，国家还通过经济手段，如奖学金发放的方式对参加成人教育的个人给予经济援助。据有关资料表明，德国每年共计有80余万人通过奖学金的形式获得经济资助。其中，在综合大学、艺术大学及专门大学的在学成人占将近一半，这大大调动了大众参与学习的积极性。

(2)美国高校非学历教育

美国作为高校非学历继续教育最为发达的国家之一，以开放、独立、多样、务实的管理模式呈现出的鲜明办学特色，已是当代美国高等教育服务社会的重要内容。高校非学历继续教育在美国继续教育系统中已占36%的比例，对促进美国终身教育快速发展起到重要作用。在美国，即使是研究型大学也将非学历继续教育提到与本科和研究生教育同等重要的地位。如密西根大学商业管理学院，参加非学历继续教育人数多达6000余人，而全日制攻读学位的学生仅有2000余人。

美国高校非学历教育虽各校各具特色，但具有共同点，即办学定位非常清晰准确。如麻省理工学院职业培训的定位就是“使之成为21世纪终身教育的重要环节”。但该校具体到职业培训学院的培训工作理念，则是要成为高端的、实用性培训，使教学科研者的同行们能够接触到麻省理工最新的成果，使企业的执行官、经理及其他实务工作者获得重要的前沿知识和能应用于工作的技能。

美国高校非学历教育大多数采用以院系为单位，根据自身学科、专业优势，分散自主管理的模式，学校不设立专门机构对其统一管理。非学历教育的发展完全依托院系教学资源组织培训项目。如哈佛大学的继续教育部、斯坦福大学的职业发展中心就分别隶属于这两所大学的文理学院和工学院，而麻省理工的职业培训办公室则挂靠在该校的工学院。来自于院系优秀、稳定的师资队伍，为非学历教育持续发展提供了坚实的学科基础和最前沿的科学理念。

各学科院系培训项目运行虽然很分散独立，但是如果项目涉及学校交叉学科领域，各学科院系又会整合校内资源紧密合作，突显了美国高校非学历教育虽结构松散但组织高度严密的特征。这种资源共享与互补非常有助于高校联合开发高端非学历教育培训市场，增强其可持续发展的核心竞争能力。

2. 国内高校非学历教育管理体制和运行机制

倡导全民学习，实现我国终身教育的发展战略是高等院校非学历教育的社会使命之一。21世纪以来，我国高校非学历教育得到迅速发展，其管理模式主要有以下3种：

（1）相对集中式管理模式

相对集中式管理模式是高校非学历教育实行学校层面相对独立地统一归口管理，由继续教育学院负责开展与管理全校非学历教育工作，通过优化、整合全校教育资源，建立从上到下的专门层级机构，形成系统化管理体系，一切非学历教育活动都在学校的指导和监控之下。在这一管理模式下，继续教育学院既是学校非学历教育的职能部门，又是非学历教育的办学主体，专业院系开展非学历教育项目需要经继续教育学院协调整合后方可实施。如武汉大学非学历教育就归属该校继续教育学院管理，采用相对集中式管理模式：由学校继续教育学院负责对全校非学历教育项目进行统一归口管理，如审核及审批培训项目、发布招生简章、签订相关协议、散发宣传资料；监督检查、评估非学历教育办学质量、制订非学历教育相关的各项规章制度；颁发非学历教育证明；处理培训中的违章、违法行为等。该管理模式沿袭了以前除全日制本科、研究生教育之外的成人学历教育管理模式，明晰了高校内部非学历教育的关系，可杜绝高校非学历教育不良竞争、管理分散、质量难以保障的问题。有利于提高工作效率，降低办学管理成本，使非学历教育在教学和管理上具有连贯性和统一性。但因我国大多数高校的继续教育学院仍属二级学院，处于学校直属机关和办学院系之间，定位模糊，没有独立的财务和与之相匹配的教学资源，缺乏敏感的反应机制，也缺乏调动全校资源的能力，不利于高校非学历教育的开拓创新。

(2)集中式管理模式

集中式管理模式是为提高教育资源利用率，调动专业学院非学历教育办学积极性，争取经济效益最大化，学校对非学历教育实行宏观管理，由代表学校层面的教育培训管理部门行使管理职能，制订战略发展规划和各项规章制度，界定管理机构与办学单位的职权，协调解决办学过程中出现的问题，不参与具体办学的事务管理。专业院系根据自身的学术优势、专业背景去争取与专业对口或接近的项目，并承担招生、教学、管理等具体教学管理工作，独自开展非学历教育。

如清华大学教育培训管理处作为学校机关管理处室，承担全校非学历教育工作的行政管理职能，各院系(包括继续教育学院)面对社会不同层次的人才需求，确定自身非学历教育的办学定位，宏观有序，微观交叉，做规模、树品牌、创特色。至今，清华大学非学历教育高端培训年收入已达几亿元，在获得巨大经济效益的同时，也为高校非学历教育管理体制探索了一条可借鉴的成功之路。

集中管理模式能有效地利用各院系的教师、图书资料、设备、物质条件等教学资源，大规模发展非学历教育。但因管理主体分散，人员、设备建设重复，成本增加，多层管理，又是限制非学历教育突破发展的瓶颈。

(3)分散式管理模式

分散式管理模式常见于地方高校，该种管理模式下的非学历教育办学主体是学校各专业学院，没有从校级层面统一管理，各办学单位拥有极大的自主权，自由发展、自主招生、自定培养方案、自行教学管理、自负盈亏。分散式管理模式虽可充分发挥各专业学院办学的主动性与积极性，但因没有学校对非学历教育的统筹协调，缺乏科学发展规划，办学质量不能得到保障，社会声誉不够高。这种模式在高校非学历教育发展的初期曾被较普遍地采用，其利弊在教育界尚存有较大争议。

三、高校非学历教育管理体制和运行机制的选择与确立

高校非学历教育选择什么样的管理体制和运行机制，一般来说是与该校的办学目的和办学传统密切相关的。高校作为学历教育的办学机构，过去一向以学历教育为主，而非学历教育，特别是非学历教育中的教育培训部分，则是针对社会的需要，依据学校的优势学科与优秀师资开展的面向社会从业人员进行的新知识、新理论、新方法的提高性教育。一所高校如果把教育的社会服务放在重要位置，办学目标指向为密切联系经济、社会的发展实际，那么它就应对非学历教育进行精心组织、细致规划、全面统筹，力争使非学历教育规范化、制度化，并使之可持续发展，否则非学历教育就会成为部分院系、部分教师的局部性行为，不可能得到大规模发展。

当前，随着我国经济、社会、科技、教育的快速发展，建设学习型社会、建设创新型国家的社会氛围正在形成。在这种形势下，绝大多数高校都开始把非学历教育作为学校发展的新的增长点予以规划和部署，教育培训的市场竞争也日趋激烈。高校要重视继续教育事业的改革与发展，建立非学历教育管理制度和运行机制就成为必然选择。

1. 非学历教育管理体制的选择

所谓非学历教育管理体制，实际上是指非学历教育由谁管、怎么管的问题，它包括教育管理部门对非学历教育活动进行管理的机构设置，职能、责任和权限的划分，同时也包括相应的组织形式、方法和管理制度。目前我国非学历教育管理体制大致包含两个层次：一是宏观层次，指的是非学历教育行政体制，即政府对高校、企业、科研院所、社会团体等单位举办非学历教育的管理；二是微观层次，指的是办学机构内部的管理体制。这里我们主要研究一般高校内部非学历教育的管理体制问题。

如前所述，我国高校的非学历教育目前流行着 3 种主要的管理模式，即相对集中式管理模式、集中式管理模式、分散式管理模式。应该说，这 3 种

管理模式都是我国高校在非学历教育发展到现阶段的必然产物，都是符合我国非学历教育现阶段发展需要的。

例如，相对集中式管理模式的形成，是因为我国高校继续教育学院原本就是从事成人教育工作的管理部门，随着教育形势的发展变化，非学历教育逐步成为发展方向，校外的委托培训一般也是首先找到继续教育主管部门要求给予教育服务。对这种规模不大、频次不高、经济效益并不显著的教育类型，并没有引起一般高校的教学院系的足够重视，也不可能派专人进行组织和研发，因此，继续教育学院也就由管理者变成了直接的办学者。当非学历教育的办学效益开始显现，教学院系接收的委托培训多起来后，学校又委托继续教育学院(原本的管理部门)将其纳入管理范畴，于是继续教育学院形成了兼有管理和办学的双重职能。这种管理模式是教育发展自然形成的结果。

而集中式管理管理模式的形成，则得益于国内少数几所顶级名牌高校对我国教育发展趋势进行深入研究后做出的制度安排和选择。这种制度安排之所以合理，是因为它首先顺应了我国社会发展和教育发展的趋势——终身教育思想深入人心，教育和学习将伴随人的一生，教育培训将大范围展开；其次，看准了它所在高校所处的教育地位——他们是中国高校的宝塔尖，具有崇高的社会声誉，在专业学科和人才上也有足够的优势教育资源面向社会输出；第三，它适应了社会对于优质教育资源渴望的心理需求——顶级名牌高校的光环对于国有大中型企事业单位和中高层国家机关具有强大的吸引力，即使是中短期培训，也必然会在短期内形成巨大规模。因此，以清华大学为首的少数几所高校看准了这一发展趋势，断然决定停办校内各类成人学历教育，而集中精力专门从事针对社会的非学历教育服务。而继续教育学院则成为研发、组织、举办非学历教育的办学实体。学校希望以这一办学实体作为示范，带动全校各专业院系开展对外教育服务。而非学历教育的管理职能则由继续教育学院剥离出来，由专门组建的“继续教育管理处”代表学校行使管理职权。事实证明，学校的这一决定是正确的，它带来的社会效益、经济效益以及管理的先进性有目共睹。

至于分散式管理模式在现阶段的存在也是合理的，因为这是一种非学历教育初始阶段的自然形态，这种形态也是由非学历教育的性质决定的。一般来说，非学历的短期培训具有短平快的特点，特别是针对专业技术人员的新技术、新设备、新工艺的培训，基本上是“专业的人做专业的事”，除了专业院系来研发承办，其他的单位和人员很难插足。正因为这一点，一般的专业院校所属的专业院系举办的非学历教育往往规模不大、影响较小，学校也很难进行统筹规划。如果统一管理，甚至收取管理费，往往会扼杀了院系对外办学的积极性，适得其反。

针对上述3种管理模式应该做何种选择？笔者认为，最佳的选择取决于学校当前以至今后发展的需要。这要考虑多种因素，一要看学校的地位，二要看学校历来的办学传统，三要看教育所面对的受众范围，四要明确学校的办学目的。对于一般高校，虽然它不是全国顶级的名牌大学，但它仍有较强的科研、教学实力，社会影响也足够强大，教育的对象相对较广，学校也有服务社会的强烈愿望，同时学校也有丰富的继续教育办学经验，在这种情况下，在现阶段选择相对集中的管理体制是比较适宜的。理由如下：

(1)避免学校机构的大拆大建

原有的继续教育学院(处)，原本就是管理单位，总管全校的非学历教育培训工作，顺理成章、简单易行。

(2)避免管理机构重叠

原有的继续教育学院(处)仍管理着学校的成人学历教育，对于多数高校来说，成人学历教育仍然是服务社会的一个重要方面，因为非学历教育而另建管理机构，会使学校的继续教育管理机构叠床架屋、相互掣肘。

(3)起到引领示范作用

原有的继续教育学院(处)一般都有举办非学历培训的经验，多数高校还有相当丰富的理论储备，以继续教育学院作为基地开展非学历教育培训，可以作为示范，并以此号召并组织各专业院系大力开展教育培训项目的研发、组织和举办工作，进而可以总结经验，发现规律，完善管理。

(4)利益边界分明

与学历教育不同，非学历教育培训一般以单个项目形式出现，项目的研发、组织、举办往往具有不可分割性，多数项目不宜大量重复举办，项目的收益也具有一次性。因此，谁研发、谁组织、谁举办、谁得益，利益边界分明，避免出现与院系争利的情况。

(5)管办兼容，在短期内可以发挥更大的效益

管理出效益，管理也是生产力，这是管理学的一般原理。非学历教育要发展，光靠自发的行为是难以成规模、出效益的，因此，要有管理机构进行宣传、鼓动、组织、推动，还要有目的、有计划、有规范、有评价，这样才能保证其健康发展，甚至创品牌、提声誉。这是着眼于“管”。当然继续教育

学院举办非学历教育，其着眼点不在于“办”，而是示范、引领、协助。但要起到这些作用，又必须自己亲自认认真真地“办”，只有办出新意，办出水平，办出规模，办出效益，才可能起到示范、引领的作用，才可能用自己丰富的办学经验“协助”其他专业院系开创非学历教育的新事业。因此，管办兼容，着眼于“管”，“办”是“管”的一种辅助形式或手段。

当前，非学历教育培训虽然如火如荼地开展起来，但相对于一般高校的学历教育来说，它还处于开创阶段，而且它的困难更多，变数更大。一般高校以教学和科研为主，而办学类型主要是学历教育，要把科研成果和教学成果转为从业人员所需的新知识，还需要通过二次开发和转化，使之成为培训项目和培训课程；即便形成了培训项目或培训课程，还需要一个宣传、推广、组织的过程。如此多的环节和困难，如果没有一个相对集中的管理机构进行组织、管理、推动，高校中的非学历教育是难以形成规模、形成气候的。

2. 非学历教育机构的设置

机构设置一般遵循着因事设岗的原则。这个“事”，包括了职责、范围、权利。如果继续教育学院代表学校行使相对集中管理的职能，那么在非学历教育管理方面，至少应该设置非学历教育综合管理部、项目研发和对外联络部、项目执行部、后勤保障部等几个部门。

(1)综合管理部

综合管理部是针对全校各专业院系(包括继续教育学院自身的非学历教育)的非学历教育管理部门，它的职责是负责制订相应政策和规范、对各专业院系的培训项目进行备案和统计，对外发布信息等一系列管理与服务工作。它的核心工作目标是统一规范、评价考核、促进发展。

(2)项目研发和对外联络部

项目研发和对外联络工作在过去多数高校的非学历教育中没有得到足够的重视，原因是大多数高校的非学历培训项目来自于企事业单位或政府部门的委托。这种委托培训大多带有明确的“订单”，即有明确的培训目标和培训方案。这种情况导致高校的项目研发、课程研发、对外联络变得可有可无。这种“来料加工”式的培训仍然处于教育培训的初级阶段。要改变这种状况，就必须重视项目研发，以学校学科和教学资源优势，创建非学历教育“精品项目”，提供菜单式培训项目供社会选择，同时主动开拓市场，通过创新产品来引导培训消费潮流。从这一点上看，项目研发和对外联络就成为非学历教育可持续发展的根本保证。

成立专门的项目研发部门的目的，就是吸纳一部分高级专门人才，通过相互启发、相互借鉴、相互切磋、相互竞争，形成人才聚集效应，这样更加有利于出成果、出效益。

(3)项目执行部

项目执行部是专门从事教学组织和管理的部门，这个部门由班主任、教学管理人员组成。如果项目很多，可以依据项目组对应分成若干个项目执行组。

其实，研发与执行是相互联系不可分割的整体，是一个流程的先后两个阶段。一旦研发形成传统、形成规范，项目研发主持人也可以归并到项目执行部，使研发与教学组织形成一体。项目执行部可根据培训对象的类别分为若干个，如党政管理干部培训部、基础教育师资培训部、工程技术人员培训部等。

(4)后勤保障部

后勤保障是培训不可缺少的部门，其职责主要是负责住宿、餐饮、教室、车辆交通、物质采办等各类工作。

后勤保障对于非学历教育是极其重要的，特别以面授为主要形式的培训工作，如果没有专门的住宿、餐饮、教学场地，其培训的效果和效益会大打折扣，在很大程度上会影响学校的培训声誉。学校应该加大对培训教育的投入，辟出专门场地，建设专门的培训基地，使餐饮、住宿、教学形成一个整体，供全校各类培训工作租用。

3. 非学历教育的运行机制

所谓运行机制，是在管理体制和机构职责确定以后，能够保障机构间相互协调、灵活运转的管理办法和措施。针对非学历教育的特殊性和现实状况，应该建立起如下运行机制：

(1)统一协调、大开大放的管理机制

所谓统一，是指学校无论有多少院系举办非学历教育，都应统一备案、统一宣传口径、统一发放证书、统一评价标准、统一对外发布信息等。所谓协调，是指在备案的基础上，对内容相同(近)、对象相同(近)的培训班进行协调，尽量避免校内不同单位同时举办两个或两个以上的相同或相近培训班，以免造成混乱和校内的恶性竞争。所谓大开大放，是指在备案的基础上，只要不违背国家的政策法令，应该尽可能减少禁止性规定，大力鼓励各个院系尽可能多地开发和举办培训项目。只有全校各专业院系都行动起来，非学历教育才能更加专业化，更有针对性和实用性，才能形成规模效应和学校品牌。在这一点上，统一协调的目的是维护学校声誉，也是为了更好地大开大放，因此，在制度建设上要以促进事业发展为准绳。

(2)市场运作机制

如果说高校学历教育按计划招生、按固定的培养方案教学、接受国家的固定拨款属于一种“计划经济”行为的话，那么非学历教育则完全需要独立研制培训项目、独立制订培训方案、独立开展教学工作并从中获得经济收益，它完全属于一种“市场经济”行为。事实上，目前我国的教育培训已经形成了一个庞大的市场，各种培训机构竞争激烈，基本上都是按市场机制的方式运作。高校要进入培训市场，只有建立起市场运作机制，按市场规律办事，才可能增强竞争力。

高校建立非学历教育的市场运作机制，其核心在于财务管理制度的变更。由于培训工作没有固定拨款，且需要大量的项目开发和对外联络，因此，在财务管理上应实行独立核算制，建立合理的收入分配方案，授予相对灵活的经费使用权。

独立核算制可以分两级进行，一级是非学历教育部门的独立核算，二级是培训项目独立核算。独立核算制有利于全体工作人员节约成本，减少开支，增加效益，同时也便于激励与约束机制建立。

合理的收入分配方案要有利于调动校、院两级的办学积极性，并最大限度地调动院系的积极性。收入分配方案也可分成两级进行，一是院系与学校的分成比例，二是院系与项目组的分配比例。因为非学历教育一般投入较大，如果学校分成比例过高，可能会导致办学院系入不敷出，极大挫伤办学院系的积极性，不利于事业发展。至于院系与项目组的分配比例，则要考虑收益状况和综合平衡状况。一般应以多劳多得、高效多得为原则，最大限度地调动研发人员与项目组成员的积极性。

相对灵活的经费使用权是指在独立核算和两级分成的基础上，非学历教育主办部门对收入经费具有相对灵活的支配权。这种支配权包括成本支出、事业发展留成、人员奖励基金。学校对于非学历教育的收入经费，除提取必要的分成比例外，一般不应给予过多干预。

(3)灵活机动的用人机制

传统高校的用人机制比较僵化，能进不能出，能上不能下，这对事业的发展造成了一定影响。但非学历教育培训项目更具有挑战性，每一个培训项目的确立与举办，都需要创新和开拓，对人员的素质要求比较高。如果延用高校传统的用人机制，势必会影响非学历教育的发展。为此，非学历教育部门应该按市场规律办事，实行灵活机动的用人机制，特别是项目研发部和项目执行部应享有用人自主权，让人才能进能出、能上能下，在流动中集聚优秀人才，淘汰不适合培训工作的人员，使人员精干高效。

(4)激励约束机制

人的需求是多方面的，除了生存保障的需要外，还有被人理解尊重、事业成功、追求荣誉地位等需要。要调动全体人员的积极性，必须建立激励机制。

激励机制首先体现在收入分配上，其次应该体现在荣誉地位上。对于全校来说，学校在建立非学历教育独立核算、收入分成方面要体现激励机制。此外，非学历教育主管部门应该每年召开有全校各非学历教育主办单位参加的经验交流和评比会议，表彰业绩突出、工作富有创造性部门和单位。

对于工作人员来说，特别是非在编的聘用人员，首先，应按《中华人民共和国劳动法》的规定，保障其基本生活权；其次，应在收入分配上体现激励机制；第三，要在提职、评先、入党等方面与其他职工一视同仁。只有当全体工作人员把非学历教育当做自己的事业，在政治上、收入上有干劲、有奔头，才可能全身心地投入到工作中去，才能充分发挥自己的聪明才智去开创非学历教育事业。

至于约束机制，主要是规范办学行为，保证培训质量。建立约束机制应分两个层面，一是针对院系一级的培训机构和培训项目，二是针对全体培训工作人员。对院系一级的约束主要在于保证培训项目遵守国家法令规章，不违背社会公序良俗，确保培训规范优质。对工作人员的约束主要在师德与工作作风方面，确保工作人员为人师表，工作优质高效。对于违反有关规章的人员，应该通过谈话、训诫、惩处、辞退等方式予以约束。

第三节　民办非学历高校

民办非学历高校，指经教育行政部门批准，按照《中华人民共和国民办教育促进法》《中华人民共和国民办教育促进法实施条例》建设，已换发民办学校办学许可证的民办高校。

民办非学历高校不得冠以“中国”“中华”和“国际”等字样，也一律禁称“大学”，由除国家机构之外的社会组织或个人利用非国家财政性经费创办，不具备颁发学历文凭资格，不得举办军事、警察、宗教、政治等类培训。

一、民办非学历高校的定义

民办非学历高校，即民办非学历高等学校、民办非学历高等教育机构，是指国家机构以外的社会组织或者个人，利用非国家财政性经费，面向社会举办的教学内容属于高等教育层次，但不具备颁发国家高等教育学历证书资格的各类培训、进修、辅导、补习等非学历高等学校。主要由企事业组织、社会团体及其他社会组织和公民个人利用非国家财政性教育经费，面向社会举办，实施学制在两年以上(含两年)、开展高等自学考试助学辅导和高等职业技术培训的全日制高等教育。

二、民办非学历高校与民办普通高校的区别

民办普通高等学校(民办高校)指经教育部或北京市人民政府批准、具有颁发普通高等教育本科或专科学历证书资格，并已颁发民办学校办学许可证的民办学校。

民办非学历高等教育机构的招生不在国家计划招生范围内，因此，学生只有通过国家高等教育自学考试规定的全部课程，方可取得加盖主考普通高校及自学考试办公室印章的国家承认的学历文凭。民办非学历就是指在民办非学历高等教育机构接受教育，获得学校的毕业证书。而学校自行颁发的证书不具有国家承认的学历证书性质，故称为非学历证书。

三、民办非学历高校的办学内容

根据国务院《高等教育自学考试暂行条例》和《中华人民共和国民办教育促进法实施条例》等有关规定，民办非学历高等教育机构以面向学校所在地区开展高等教育自学考试助学活动为教学内容，也可开展文化教育培训、职业培训。

四、民办非学历高校的证书性质

民办非学历高等教育机构招收的学生，只有通过国家高等教育自学考试相关专业规定的全部课程，方可取得加盖主考普通高校及自学考试办公室印章的国家承认的学历文凭，学校自行颁发的证书不具有学历证书性质。

五、民办非学历高校的收费标准

学校制定的收退费办法不应与教育行政部门或物价管理部门的相关规定相抵触。招收自考助学学生和其他形式的非学历学生时，在入学前必须向学

生或家长公示收费项目、标准和退费办法，并与学生签署退费协议。各民办非学历高等教育机构不得委托、承包给中介机构或个人进行招生。

六、民办非学历高校的起名规范

《北京市民办非学历教育培训机构设置管理规定》规定，民办非学历教育培训机构的名称应符合国家行政法规的有关规定，不得损害社会公共利益，名称一般应为“××培训(专修、研修、自修、补习、辅导)学校或中心”，不得称作“××学院”，名称前须冠以“××区(县)”的字样。

例如，山东民办非学历高校命名规定为：学校的名称应当体现学校所在行政区域、办学层次、办学类别，并冠以学校字号。学校一律称“专修学院”，不称“培训学院”“进修学院”“大学”。未经教育部批准，学校名称不得冠以“中国”“中华”“国际”“国家”等字样；未经省教育厅批准，不得冠以“山东”“齐鲁”和“省”等字样。

七、民办非学历高校申办流程

民办非学历高校的申办流程如图 3-1 所示。

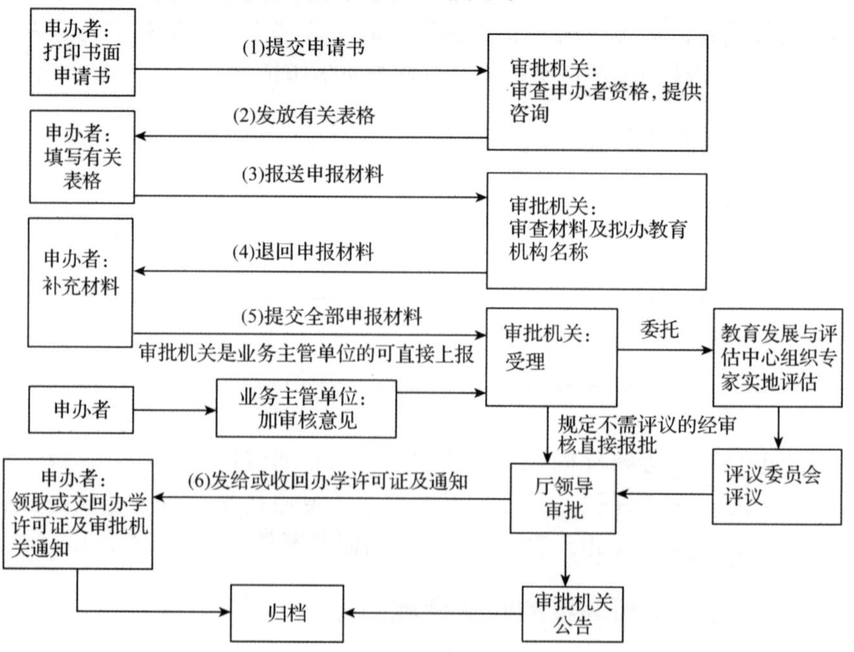

图 3-1　民办非学历高校申办流程

八、培训范围

民办非学历教育培训机构不得举办军事、警察、宗教、政治等类培训。非学历教育培训机构举办专业性较强，对公民身心健康、安全影响较大的培训须经政府有关行政管理部门审核。

九、办学硬件标准

举办民办非学历教育培训机构应具备下列条件：

(1)具有稳定的办学经费来源，注册资金不少于50万元(其中20万元为风险资金)。

(2)具有能够满足教学需要的相对稳定的办学场地和教学用房，校舍面积不低于500平方米，其中教学面积不少于80%。不得使用居民住宅、地下室作为办学场所。教室和办公室应设在一处。

(3)举办计算机专业培训应具有不少于40台的较新型号计算机。

(4)举办其他专业性较强的培训应具有与办学规模相适应的教学设备和场所；有一定数量的图书资料。

(5)举办非全日制高等教育自学考试助学辅导机构的，其校舍建筑总面积应不少于1000平方米。

(6)举办全日制高等教育自学考试助学辅导机构的，校舍建筑总面积应不少于3000平方米，并按照办学规模保持生均不低于10平方米的建筑面积。

(7)设备总值应不少于100万元，图书资料不少于10 000册。按照不低于20:1的生师比配备专任教师，参照有关规定配备班主任等学生教育管理人员。

例如，山东省举办民办非学历高等教育机构，须具备以下条件：

(1)校舍须为一校一处的独立院落，占地面积不少于20 000平方米，建筑面积不少于5000平方米，校舍不得使用危房或不适宜学生学习的建筑。

(2)租赁校舍办学者，必须签订具有法律效力的租赁合同，其租期不得少于5年。

(3)学校应当根据在校生规模配备专兼职教师，应当配备相应的专业图书和期刊，办学注册资金不得少于50万元，开设专业不少于两个。

(4)不得设立分支机构(含分校、分校区、教学点)，不允许在两个以上校区办学，不得将承担的教育教学任务委托或承包给其他组织和个人。

十、注意事项(以山东为例)

(1)学校经教育行政部门批准并领取《办学许可证》及有关证件后方可招生。

(2)学校招生必须独立完成，不得将招生工作委托其他非教育组织、经营性中介公司和个人实施。对招生性质、发放何种毕业文凭等内容必须准确无误，不得含糊其辞。

(3)招生时，不得省略"职业技术""专修"等字样，不得使用缩写、简称。

(4)不得将自考助学、远程网络教育等与普通全日制学历教育混同，进行误导性宣传。学校自行招收的非学历教育学生，学校应对其发放《学习通知书》。不得以任何形式发放容易误导为学历教育学校的《录取通知书》。

(5)学生入学必须坚持自愿原则。严禁以误导、欺骗、强制等不正当手段抢拉生源。学校必须按照物价部门核定或者备案的收费项目和标准收取费用并开具国家规定的统一票据。在校内长期公示收费项目明细表。

(6)学校在两年内未达到《山东省民办非学历高等教育机构管理规程》要求的办学条件，应改办其他教育培训机构或终止办学。

第四节　高校非学历教育实践

在非学历教育方面，辽宁林业职业技术学院进行了很多行之有效的尝试，做了大量的前期调研(图3-2、图3-3)，并形成了调研报告。2012年(表3-1)，学院批准了《构建终身教育体系研究》战略项目，由主管成人教育工作的院领导牵头做负责人，培训中心、成人教育学院、各教学系(部)等负责人为成员的项目组，项目组先后召开会议(图3-4)，就项目的研究内容、研究路线、研究成果等反复研讨，确保了项目的顺利推进和实施。学院先后结合学校的实际，开设了省级林业行业培训班、省级农民技术员培训班等，为提高林业相关行业从业人员的素质作出了应有的贡献。

辽宁林业职业技术学院

关于进一步做好林农培训工作调研的函

辽中县农经局:

2013 年我院开始承办省科技厅组织的农民技术员培养工程，这项工作受到了各地农民的欢迎和积极响应，目前我院已培训学员 452 人。2015 年，学院申报的双服务重点项目“实施科技富民工程，培育新兴职业农民”获得了批准。为进一步做好省农民技术员培养工程，充分发挥我院在高职办学、服务社会的作用，真正培养合格的致富带头人，为我省的新农村建设做出应有的贡献，更好地为林业生态建设以及经济社会发展服务，我院拟派员赴贵局进调研考察，届时望贵单位在百忙之中给予大力协助支持，现将有关事宜函告如下:

一、调研学习内容

1.了解贵单位已经结业农民技术员的示范作用发挥情况;

2.了解贵单位开展林农培训方面典型经验做法;

3.目前林农急需解决的技术难题;

4.进一步做好林农培训方面的意见和建议。

二、调研人员

王艳霞:女　　辽宁林职院培训中心党总支书记

联系电话:13940030029

蔡　革:女　　辽宁林职院培训中心教师

辽宁林业职业技术学院

二〇一五年九月十三日

图 3-2　关于进一步做好林农培训工作调研的函

图 3-3　调查问卷

表 3-1 终身教育统计表

年度	终身教育项目名称	服务地区	服务人数	培训时间
2012 年	1. 辽宁省护林员培训班	鞍山·岫岩	650	11. 27
	2. 沈阳市林果实用技术培训班	沈阳市	100	12. 7
2013 年	3. 沈阳市森林经营作业设计软件培训班	沈阳地区	43	3. 29
	4. 锦州市青山保护局新招聘人员业务培训	锦州市	7	5. 31
	5. 第一期省农民技术员培训班	全省各地	56	6. 8
	6. 全国林业行业职业技能鉴定考评员培训班	全国各地	90	8. 14
	7. 第二期省农民技术员培训班	全省各地	150	11. 7
2014 年	8. 学院承办沈阳市林果实用技术培训班	沈阳	154	12. 7
	9. 派专家到去新宾技术服务	抚顺地区	30	11. 11
	10. 第三期省农民技术员培训班	全省各地	166	5. 20
2015 年	11. 沈阳市公益林软件培训工作会	沈阳地区	160	3. 30
	12. 开展“三区”人才服务工作	桓仁地区	200	全年
	13. 第四期农民技术员培训班	全省各地	230	5 ~ 12 月
	其他培训	全国	4597	
小计			6633	

图 3-4 组织召开课题项目推进研讨会

附 1：探索终身学习体系构建调研报告

终身学习的基本内容是指社会每个成员为适应社会发展和实现个体发展的需要，贯穿于人的一生的一个持续的学习过程。即我们所常说的“活到老学到老”或者“学无止境”。在这样的理念下，终身学习体系就是要充分利用各种学习资源、学习方法和学习手段，形成人人学习、处处学习、时时学习的社会氛围。

一、调研目的

(一)终身学习的重要性

学习是人类认识自然和社会、不断完善和发展自我的必由之路。无论是一个人、一个团体，还是一个民族、一个社会，只有不断学习，才能获得新知，增长才干，跟上时代。十六大报告强调：“形成全民学习、终身学习的学习型社会，促进人的全面发展。”这就从深度和广度上对学习提出了新的和更高的要求。

终生学习的观念的确立打破了以往将学习活动局限在学校教育阶段的理念，使学习活动能够贯穿人生全程的各个阶段，帮助个人适应快速变迁的社会。它对员工乃至整个人类的现实生活有着重要的意义。

从人类生存需要的角度看，随着科学技术的迅速发展及其在社会生产和社会生活方面的广泛应用，以及由此而带来的巨大变革，使得一个人在学校学习的知识和开发的能力已远远不能满足这种需要。主要特点表现为：一是服务业对劳动力的需求越来越高于物质生产部门；二是脑力劳动者人数越来越多于体力劳动者。也就是说，社会中多数人将从事知识的生产、传播和使用以及其他服务业。因此，在知识社会时代，劳动者的知识化将成为必然趋势，知识劳动者将成为社会劳动力的主体，知识劳动将是绝大多数人谋生与发展的基本途径。从人的主体需要出发，人们必须不断地学习，才能有效地从事知识劳动。此外，知识社会还是人们的职业和岗位变动得更加频繁的时代。研究表明，在工业发达国家，在过去 15 年的时间里，由于自动化技术的发展，8000 多个原有的技术工种消失了，与此同时出现了 6000 多个新的技术工种。这一情况使得以往那种人们习以为常的行业终身化的倾向已不能适应时代需要，对于劳动者来说，不断更新知识，及时掌握最新知识极为重要。

人们需要更新就业观念、教育观念、学习观念，自觉接受终身教育，时刻准备为适应新的就业岗位而努力学习，生命不息、学习不止。

从人类发展需要的角度来看，终身学习能满足人们自身发展的需求。社会经济的不断发展，将为人的全面发展创造有利的条件；社会将利用教育来促进其成员的全面发展，人们也将把持续不断的学习过程作为自我发展的一种重要手段。当今社会知识更新率加快，从科学发现、发明到应用的周期越来越短。由于知识老化周期加速，职业更替频繁，一个人无论其所学的专业知识多么“现代化”，若干年后都会遇到相对应用领域而言的专业知识过时的问题。据研究，一个人在学校受教育阶段只能获得所需知识的10%左右，而其余90%的知识都要在工作中不断学习才能取得。在开放的社会，每个人都面临大量的竞争者和不断变化的新情况，若要实现自我追求，提高自我价值，就要不断自我开发，自我提高。学习使人们不断自我完善的同时也提供职业发展和改善生活的机会。人需要生存的智慧，学习为生存之道。学习的能力就是将来生存的能力，对所有人来说，终身学习将成为一种回报无限的投资。

（二）终身学习体系构建的重要性

终身学习体系的构建是新时代赋予我们的责任和义务，是我国和谐社会与小康社会建设的重要目标和内容，是贯彻和落实以人为本理念的重要决策。为了实现我国人民在知识经济时代下适应社会的需要，为了满足人们追求个体生命完善的需要，必须建立起完善的终身学习体系。而在终身学习体系的构建中，终身学习机制和发展模式的建设是所有问题的关键，是一切工作的重中之重。只有完善健全的机制建设，才能从各个方面保障人们的终身学习权益、满足人们的终身学习需要；只有科学合理的发展模式建设，才能满足不同社会群体对终身学习的特殊需要，从而建立起结构合理的终身学习体系。因此，在我国终身学习体系的构建中，必须重视对终身学习机制与发展模式建设的研究。

若想制定出合理的终身学习机制就必须从了解学习对象的基本情况入手，本项目对北方林业职教集团内企业员工和学员等对象基本情况做一详细的调查，了解他们的基本情况，主要内容包括年龄、学历、从事的行业、是否参与到终身学习中来？以何种形式参与的？其性质是什么？参与天数是多少？单位的重视程度如何？是否制定了相应的制度？以及对终身学习的认知程度如何等方面进行详细的调查，进而为制定出合理的终身学习机制提供理论依据。

若想制定出适用的终身学习发展模式，就必须从学习对象想学习的内容入手，本项目即对北方林业职教集团内企业员工和学员等对象迫切想掌握的知识做一详细的调查，主要内容包括对终身学习的形式、内容、时间安排等方面进行详细的调查，进而为制订出适用的终身学习发展模式提供理论依据。

二、终身学习体系构建的现状

(一)终身学习的由来

终身学习最早由法国保罗·郎格朗(Paul Lengrand)提出，1965 年 12 月，在教科文组织"第三次促进成人教育国际委员会"上，保罗·郎格朗以"终身学习"为题作了学术报告，这是在国际会议上讨论终身学习的开端。

此后，在联合国教科文组织及其他有关国际机构的大力提倡、推广和普及下，"终身学习"已经作为一个极其重要的学习概念在全世界广泛传播。

(二)终身学习体系的国际实践

1. 制定终身学习的法规

随着国际竞争加剧，为了在全球竞争中争得先机和保持优势，各国都在重新确定其人力资源开发战略，倡导终身学习理念，建设终身学习体系，并将其列入基本国策。如美国在 1976 年就通过了《终身学习法》；日本文部省 1982 年设立了终身学习局，并于 1990 年制定了《终身学习振兴法》；欧盟将 1996 年定为欧洲终身学习年；韩国在 1999 年颁布了《终身教育法》；德国的基本法也把终身教育确定为国家的责任。这些方针、政策框架的制定均以终身学习的理念为依据，以终身学习提出的各项基本原则为基点，并以实现这些原则为目标。

2. 把成人学习纳入终身学习的大体系中

1976 年，内罗毕会议通过了《关于发展成人教育的建议》，建议提出：成人学习是终身学习总体中的一部分；学习决不仅限于学校阶段，而应扩大到人生的各个方面，扩大到各种技能和知识的各个领域。在这种终身学习思想的影响下，各国政府把成人学习看作推动终身学习进程的先导，高度重视成人学习，通过制定法律来保障成人学习的发展。如 1976 年，挪威在世界上第一个通过成人学习法，把成人学习视为终身学习体制的基础，促进了成人学习各领域间的协调合作；1982 年韩国制定了社会(成人)学习法，提出了社会(成人)学习制度化；联邦德国 1973 年通过的学习计划把成人学习列为与普通教育的初、中、高等3种教育并列的第四种教育。

许多国家为了保障成人教育的实施，采取了许多有效措施，如在入学条件上采取灵活的政策；带薪教育休假制度；经济援助；开设成人学分累计课程等。

3. 改变学校的封闭结构，向社会开放

改变学校的封闭结构，形成开放的弹性的教育结构，是各国推行终身学习中的一个重大实践。例如，日本在1995年召开了由社会各界知名人士组成的“终身学习审议会”，会中要求高等教育机构必须向社会敞开大门，广泛吸收在职成人进入高等教育机构学习。日本的成人大学已经被纳入大学计划，一些高级中学还举办开放讲座，使高中向社区开放，发挥学校的文化中心作用；在美国，特别是20世纪60年代以后，以社区发展为目标的社区学院被大力发展起来，其对成人的开放性达到了几乎没有什么限制的地步。很多大学都成立了大学开放部，开展对“非传统型学生”的教育活动；英国也有开放大学和大学的成人教育部，提供成人教育；在欧洲的许多国家，大学通过公开讲座、成人教育中心、函授等形式为人们提供继续教育和回归教育的机会。

4. 开发各种社会学习渠道

许多国家有意识地把文化组织、社区组织、职业协会和企事业单位部门纳入终身学习系统，充分利用社会各种具有学习力量和学习价值的资源和设施，使学习、社会一体化。例如，日本在1988年提出了“向终身学习体系过渡”的建议，发展社会教育团体，建立学习信息网，建立家庭、社会、学校教育一体化的终身教育体系，将文化会馆、图书馆、博物馆、活动中心等各种科学文化设施都纳入教育的范畴；美国的监狱、工会、军队、医院等许多非教育性的机构也积极从事成人学习。许多公司也定期向员工提供培训。

总而言之，终身学习已经不是一种理论研究层面的东西，而是各国付诸行动的原则和基础。

（三）终身学习体系的国内发展

1. 中央层面

中国终身学习体系构建已经纳入《国家中长期教育改革和发展规划纲要(2010—2020年)》。

2010年国务院颁发的《国家中长期教育改革和发展规划纲要(2010—2020年)》中将终身学习体系构建作为国家教育改革与发展的重要举措。

继续教育是面向学校教育之后所有社会成员的教育活动，特别是成人教育活动，是终身学习体系的重要组成部分。更新继续教育观念，加大投入力度，以加强人力资源能力建设为核心，大力发展非学历继续教育，稳步发展学历继续教育。重视老年教育。倡导全民阅读。广泛开展城乡社区教育，加快各类学习型组织建设，基本形成全民学习、终身学习的学习型社会。

建立健全继续教育体制机制。政府成立跨部门继续教育协调机构，统筹指导继续教育发展。将继续教育纳入区域、行业总体发展规划。行业主管部门或协会负责制定行业继续教育规划和组织实施办法。加快继续教育法制建设。健全继续教育激励机制，推进继续教育与工作考核、岗位聘任(聘用)、职务(职称)评聘、职业注册等人事管理制度的衔接。鼓励个人多种形式接受继续教育，支持用人单位为从业人员接受继续教育提供条件。加强继续教育监管和评估。

构建灵活开放的终身教育体系。发展和规范教育培训服务，统筹扩大继续教育资源。鼓励学校、科研院所、企业等相关组织开展继续教育。加强城乡社区教育机构和网络建设，开发社区教育资源。大力发展现代远程教育，建设以卫星、电视和互联网等为载体的远程开放继续教育及公共服务平台，为学习者提供方便、灵活、个性化的学习条件。

搭建终身学习“立交桥”。促进各级各类教育纵向衔接、横向沟通，提供多次选择机会，满足个人多样化的学习和发展需要。健全宽进严出的学习制度，办好开放大学，改革和完善高等教育自学考试制度。建立继续教育学分积累与转换制度，实现不同类型学习成果的互认和衔接。

终身教育体制机制建设试点。建立区域内普通教育、职业教育、继续教育之间的沟通机制；建立终身学习网络和服务平台；统筹开发社会教育资源，积极发展社区教育；建立学习成果认证体系，建立“学分银行”制度等。

2. 地方层面

早在1999年，上海率先在全国提出了建设学习型城市的构想。这一构想的提出得益于国际终身学习思潮的影响，但它更是对上海急剧的经济社会改革与发展需要以及市民学习需求的回应。21世纪以来，上海在调整产业结构、吸引外商投资、加速发展城市基础设施和信息化产业等诸多方面取得了跨越式的发展，同时，上海经济的快速发展与急剧转型对人力资源供给类型、劳动力职业素质与能力等也提出了新要求。为此，2006年，中共上海市委、上海市人民政府出台的《关于推进学习型社会建设的指导意见》(简称“二号文件”)明确：到2010年，初步建成“人人皆学、时时能学、处处可学”的学习型社会框架。基本形成终身学习的社会共识，多数市民树立终身学习的理念，把学习作为一种生活方式。2011 年 1 月 5 日，上海市第十三届人民代表大会常务委员会第二十四次会议通过了《上海终身教育促进条例》。目标是到 2020 年，上海现代化终身教育体系基本建成，其主要标志是：全社会重视与实践终身教育，大多数市民树立终身学习的理念，学习成为人的一种生活方式；构建开放式成人继续教育体系，教育培训网络全面覆盖，绝大多数市民享有教育培训的机会和便利；发展老年教育，构建上海老年大学教学体系；探索养教结合的新机制；努力为外来务工人员提供更多的培训机会；所有人群享有公平均衡的终身教育；积极提供经费和物质支持，丰富终身教育资源。

2012 年 8 月 22 日，太原市第十三届人民代表大会常务委员会第四次会议通过，2012 年 9 月 28 日，山西省第十一届人民代表大会常务委员会第三十一次会议批准《太原市终身教育促进条例》(以下简称《条例》)，共六章 35 条。终身教育不仅与行政事业单位工作人员、企业职工有关，而且与农民以及所有社会上的公民都有关。《条例》对社区教育、农民教育、在职人员教育、老年教育、特殊人群教育五大教育内容进行了重点规定；为了提高农民的劳动技能和文化素质，政府将资助农民参与职业技能培训、农业技术推广培训、劳动力转移培训等；为了提高和保障残疾人等特殊人群的生存能力和生活质量，人力资源和社会保障、教育等部门和残联等单位应当根据残疾人身心特点和需要，组织开展残疾人职业技能等方面的教育培训；为了突出社区教育的重要功能，市和县(市)区人民政府、乡(镇)人民政府、街道办事处应当加强社区教育基础设施建设，完善社区教育网络，建立社区教育服务圈，方便市民随时随地参与社区活动。因此，《条例》第十二条规定：农业、教育和科技部门负责农业实用技术培训、农民职业技能培训、新型职业农民培育、农业技术推广培训和农村预备劳动力培训等的组织和实施，提高农民劳动技能和文化素质。人力资源和社会保障主管部门负责农村劳动力向工业、服务业转移就业技能培训的组织和实施。

三、调研的基本情况

为了贯彻、落实《国务院关于加快发展现代职业教育的决定》，由辽宁林业职业技术学院牵头组建中国(北方)现代林业职教集团；与此同时，按照学院省级示范院建设部署，积极开展北方林业职教集团内企业员工和学员终身学习的机制与模式的创新调研工作。全面了解中国(北方)现代林业职教集团内企业员工和学员的基本情况，以及对终身学习的需求，进而积极探索出一套适用于集团内的企业员工和学员终身学习的机制与模式。为推进现代林业职教体系构建奠定坚实的基础。

（一）筛选调查对象

为了使本次调查能够更好地达到调查目的，并且有利于推进现代林业职教体系构建。本次调查对象经过专家的建议和课题组的商讨后确定，在北方林业职教集团的企业员工和在辽宁林业职业技术学院参加农民技术员培训班中毕业的优秀学员中随机选取。

（二）制定调查内容

为了更好地反映出中国（北方）现代林业职教集团内企业员工和学员的个体差异，以及对终身学习的需求。课题组经过多次商讨后，确定15项调查内容，可分为两大部分：

第一部分为调查对象的基本信息，共计9项，分别为：①性别；②年龄；③学历；④从事行业；⑤参加过单位组织的培训；⑥何种形式；⑦每次参加培训的天数；⑧单位高层领导对培训的支持力度；⑨单位有没有正式的培训制度或规定。

第二部分是调查对象对终身学习的需求，共计6项，分别为：①对终身学习的认知程度；②认为每次培训多长时间较为合适；③对于培训时间安排方面；④希望接受的培训内容；⑤对培训参与的积极性程度；⑥希望参加以哪种方式为主的培训。

最终形成调查问卷。

（三）应用调查形式

本次调查针对不同的调查对象采用了不同的调查形式，其目的是更高效、更有序地开展调查工作；与此同时，多种形式的调查会吸引更多的人参与到调查中来，能够更全面地反映出调查对象对终身学习的需求。

本次调查主要利用了4种形式：

第一种是以问卷的形式利用微信平台进行调查，该形式的调查主要针对北方林业职教集团内的企业员工；

第二种是通过QQ群征求意见；

第三种是通过电话访问；

第四种是以座谈会的形式，后面3种主要针对在我院参加农民技术员培训班中毕业的优秀学员。

(四)调查结果的统计

1. 性别统计

本次调查对象中男性占31.73%，女性占68.27%(图3-5)。

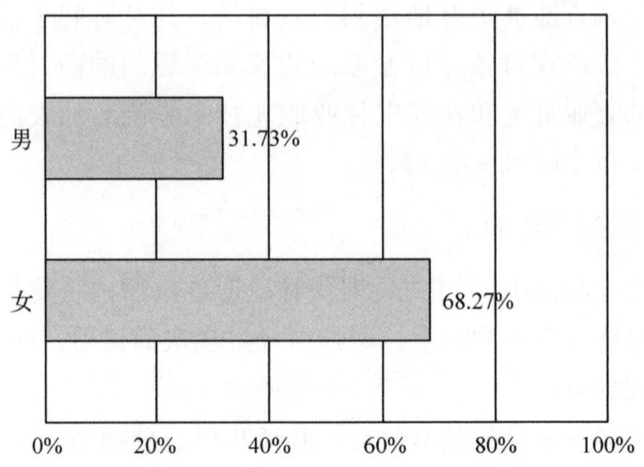

图3-5　调查对象的性别比例图

由图3-5可知，此次参与调查的女性居多，比男性高出36.54%。

2. 年龄统计

为了便于统计，将年龄划分为4个阶段，分别为20～29岁、30～39岁、40～49岁、50～60岁，并分别进行统计，其调查结果分别占58.65%、14.42%、24.04%、2.88%(图3-6)。

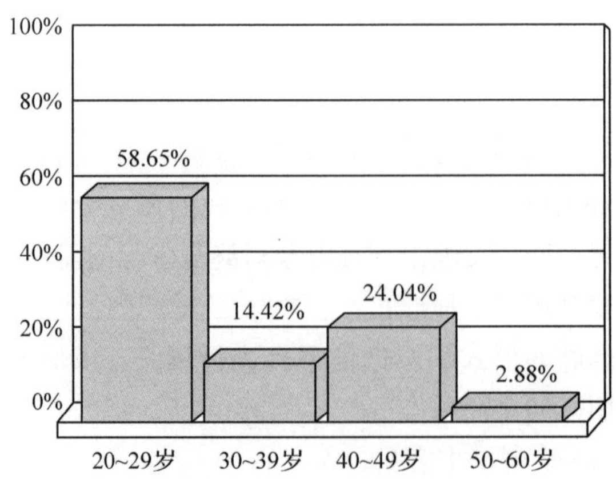

图3-6　调查对象的年龄分布图

由图 3-6 可知，调查对象中 20～29 岁的人群最多，50～60 岁人群最少，相差 55.77%。

3. 学历统计

为了便于统计，将学历划分为 4 个层次，分别为大学本科及以上学历（硕士、博士）、大学专科、高中学历、高中以下，并分别进行统计，其调查结果分别占 38.46%、55.77%、3.85%、1.92%（图 3-7）。

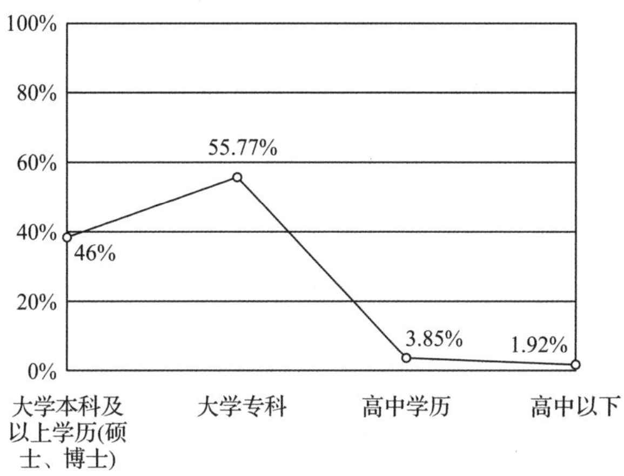

图 3-7 调查对象学历比例图

由图 3-7 可知，调查对象中大学专科学历的人数最多，高中以下学历的人数最少，相差 53.85%。

4. 从事行业统计

本次调查对象涉及的行业有林业、园林、木材加工、旅游管理、信息管理、建筑工程和其他，其调查结果分别占 15.38%、9.62%、2.88%、16.35%、1.92%、27.88%、25.96%（图 3-8）。

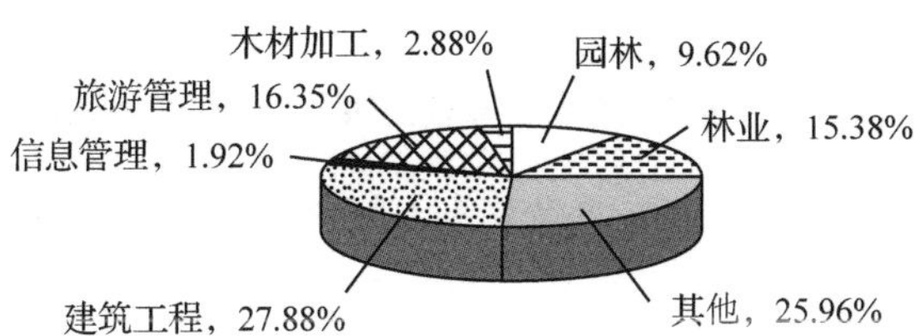

图 3-8 调查对象从事的行业比例图

由图 3-8 可知，调查对象中从事建筑工程行业的人数最多，从事信息管理行业的人数最少，相差 25.96%。

5. 参加培训统计

调查对象曾参加过单位组织的培训占 85. 58%；没参加过单位组织的培训占 14. 42%（图 3-9）。

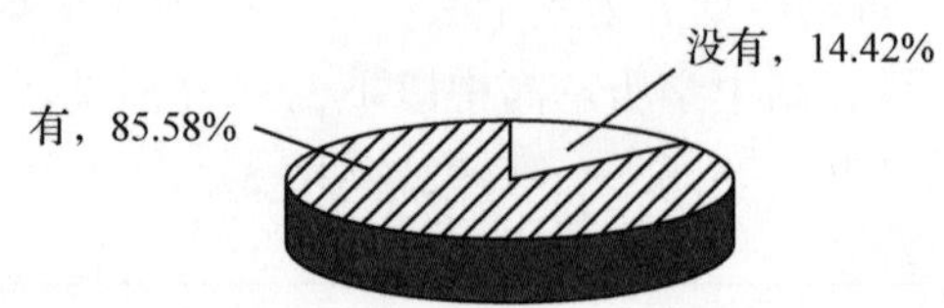

图 3-9　调查对象是否参加单位组织的培训比例图

由图 3-9 可知，调查对象中以参加过单位组织的培训的人数居多，比没有参加过单位组织的培训的人数高出 71. 16%。

6. 培训性质统计

对于参加过单位组织的培训的调查对象，其培训的性质分别为晋职称需要的培训占 16. 35%；提高个人技能的培训占 60. 58%；备考公务员事业单位的培训，占 2. 88%；其他占 20. 19%（图 3-10）。

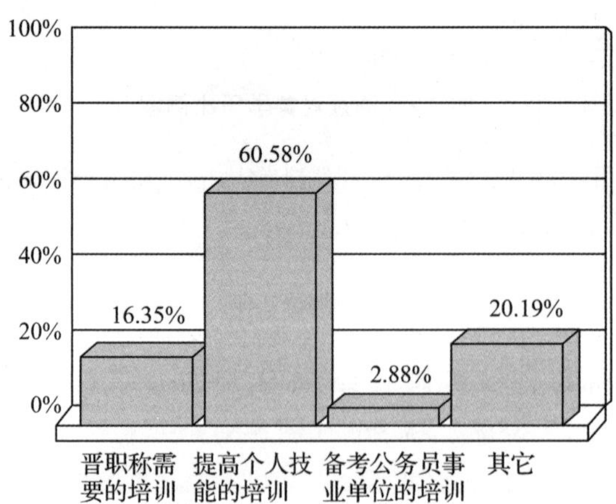

图 3-10　调查对象参加单位组织的培训性质比例图

由图 3-10 可知，培训性质中提高个人技能的培训人数最多，备考公务员事业单位的培训人数最少，相差 57. 70%。

7. 培训时间统计

为了便于统计，对于参加过单位组织的培训的调查对象，其培训的时间分为 3 个时间段，依次为 6 天以上、3 ~ 6 天、3 天以下，其调查结果分别占 25. 96%、29. 81%、44. 23%（图 3-11）。

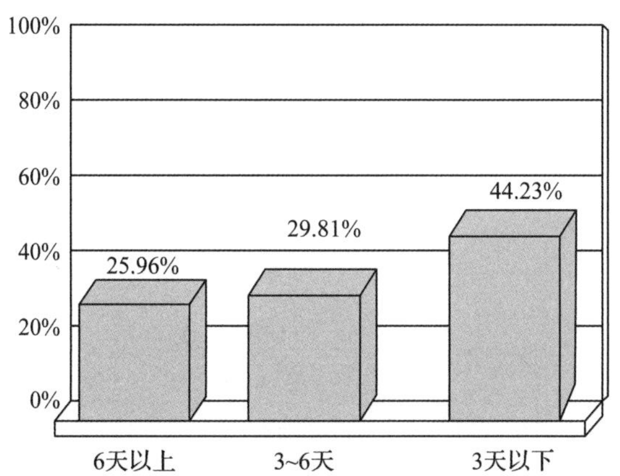

图 3-11　调查对象参加培训时间比例图

由图 3-11 可知，参加培训天数在 3 天以下的人数最多，6 天以上的人数最少，相差 18. 27% 。

8. 领导支持统计

调查对象所在单位高层领导对培训大力支持的占 53. 85% ；一般支持的占 44. 23% ；不支持的占 1. 92% (图 3-12)。

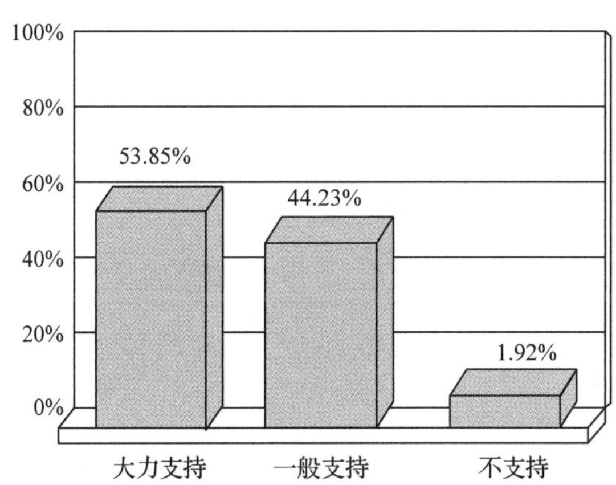

图 3-12　调查对象所在单位领导对培训支持程度比例图

由图 3-12 可知，调查对象所在单位高层领导对培训支持态度的占绝大多数。

9. 单位有无正式的培训制度或规定统计

调查对象所在单位有正式的培训制度或规定，且很严格的占 38. 46% ；有正式的培训制度或规定，但不严格的占35.58%；没有正式的培训制度或规定的占25.96%（图3-13）。

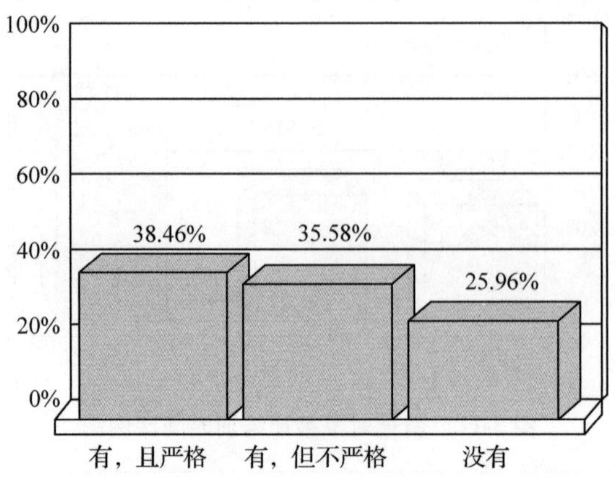

图3-13　单位有无正式的培训制度或规定比例图

由图3-13可知，调查对象所在单位有正式的培训制度或规定的居多。

10. 终身学习的认识程度统计

对调查对象进行开展终身学习的认识进行统计，认为十分必要的占69.23%；重要，但非必要的占29.81%；不重要的占0.96%（图3-14）。

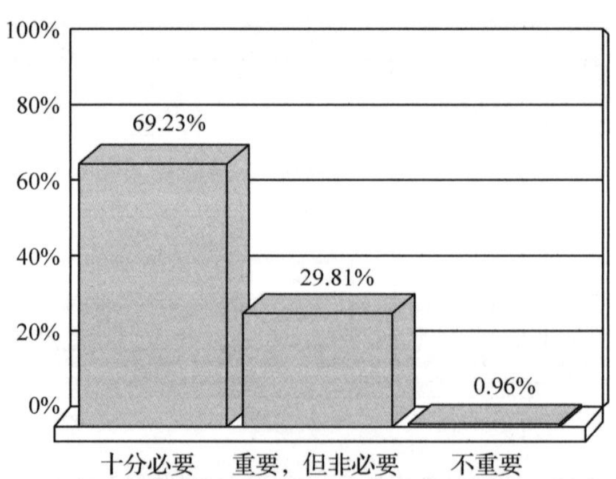

图3-14　调查对象对开展终身学习的认识比例图

由图3-14可知，调查对象认为开展终身学习是重要的人数居多，比不重要的高出近70%。

11. 建议培训时间安排的统计

本次调查对象认为把培训的时间安排在1～3月的占25%；安排在4～6

月的占25.96%；安排在7～9月的占31.73%；安排在10～12月的占17.31%（图3-15）。

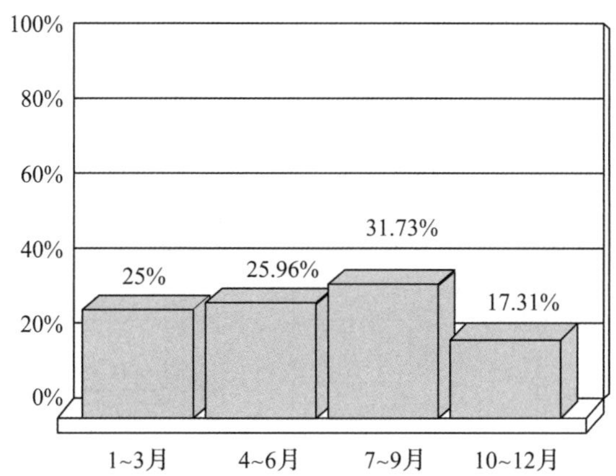

图3-15 调查对象对培训时间安排比例图

由图3-15可知，调查对象认为培训时间安排在7～9月进行的人数最多，安排在10～12月的人数最少，相差14.42%。

12. 建议培训时长的统计

本次调查对象认为每次培训的时间应安排3天以下的占24.04%；安排3～6天的占61.54%；安排在6天以上的占14.42%（图3-16）。

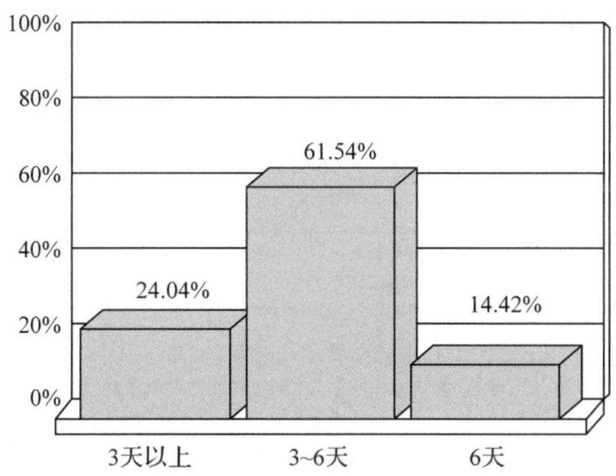

图3-16 调查对象认为每次培训时长比例图

由图3-16可知，调查对象认为每次培训时间安排在3～6天的人数最多，每次培训时间安排在6天以上的人数最少，相差47.12%。

13. 建议主要的培训形式统计(多选)

本次调查对象希望参加以授课方式为主的培训约占 62. 5%；希望参加以播放影音资料方式为主的培训约占 43. 27%；希望参加以现场示范方式为主的培训约占 78. 85%；希望参加以小组讨论及其他方式为主的培训约占 41. 35%(图 3-17)。

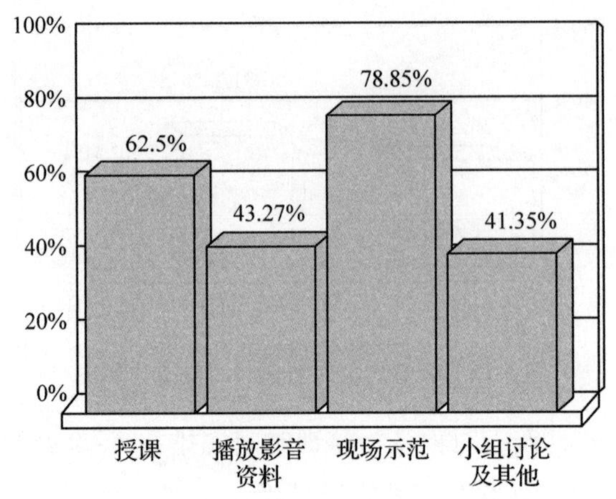

图 3-17　调查对象希望的培训方式比例图

由图 3-17 可知，调查对象希望培训方式以现场示范为主的人数最多，希望培训方式以小组讨论及其他为主的人数最少，相差 37. 5%。

14. 希望接受的培训内容统计(多选)

本次调查对象希望接受的培训内容是知识培训的占 69. 23%；技能培训的占 88. 46%；观念培训的占 47. 12%；心理培训的占 48. 08%；其他的占 13. 46%(图 3-18)。

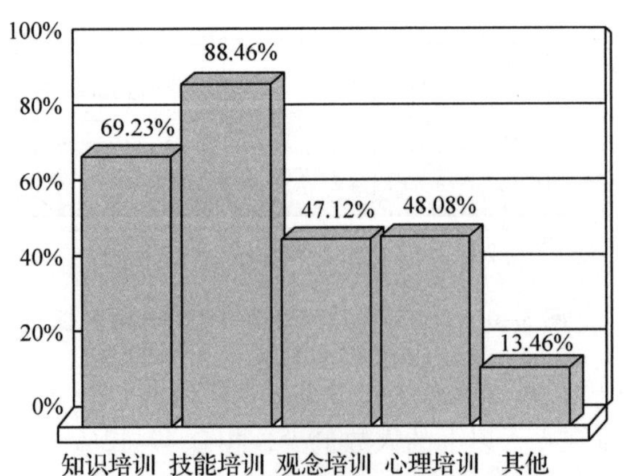

图 3-18　调查对象希望的培训内容比例图

由图 3-18 可知，调查对象希望接受的培训内容是技能培训的人数最多，其次为知识培训。

15. 参与培训的积极性统计

本次调查对象对参与培训的积极性高的占 59.62%；对参与培训的积极性一般的占 38.46%；对参与培训的积极性低的占 1.92%（图 3-19）。

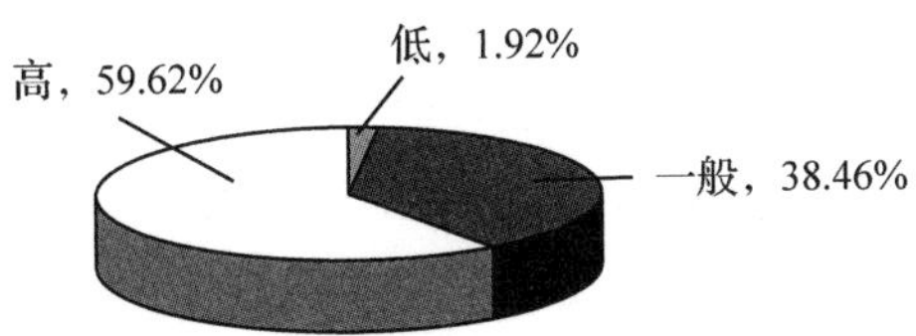

图 3-19 调查对象对参与培训的积极性比例图

由图 3-19 可知，调查对象对参与培训持有积极态度，占 98.08%。

四、调查结果分析

（一）优势分析

（1）由图 3-14 可知，本次调查对象普遍认为终身学习是非常重要的。

（2）由图 3-6、图 3-7 可知，本次调查对象基础条件优越，20～29 岁的人数居多，而且学历以大学专科及以上学历的人数居多，接收新知识、新理念相对较快，容易开展培训工作。

（3）由图 3-9、图 3-10、图 3-11 可知，本次调查对象基本上均接受一定时间的培训学习，对培训学习的形式具有丰富的经验，知道如何消化培训学习的知识。

（4）由图 3-12、图 3-13 可知，本次调查的对象所在单位的高层领导对培训学习是支持的，与此同时，单位也出台了一些培训学习的等方面的规章制度。

（二）劣势分析

1. 单位和高层领导的重视程度不够

由图 3-12 可知，仍然有一部分企业的高层领导对员工终身学习的重视程度不够，可能导致员工的培训教育经费得不到有效的保障，严重地影响了员工和学员终身学习的积极性。

2. 调查对象终身学习的意识不够强烈

由图 3-14 可知，在调查对象中仍有一小部分人认为终身学习不重要。说明北方林业职教集团内一部分企业员工和学员对于终身学习还没有完全认可，思想认识未到位。

3. 培训制度不够完善

由图3-13可知，部分企业仍没有把终身学习列为制度，部分企业虽列为制度了，但没有按照制度执行，以至于个别员工或学员参加各类培训是被动的而不是主动的。

4. 培训模式单一、周期长、内容单调

在调查过程中，调查对象普遍反映培训模式单一，培训时间灵活性差，且周期长，使得多数员工和学员由于繁重的工作任务而无暇抽身参加培训，培训内容以老师讲授为主，过于呆板，吸引力不够。

五、思考与建议

事实证明，21世纪，人类将步入知识经济时代。人才是企业的第一资源，有了一流的人才，才可以开发一流的产品，创造一流的业绩，企业才可以在市场竞争中立于不败之地。培训不仅可以提高企业的生产效率，同时对个人的职业生涯发展也有影响。所以企业要更加重视对员工的培训，要求每一个员工都应具备终身学习与发展的能力。终身学习是21世纪的生存概念，是各行各业自身发展和适应职业的必由之路。要做到与时俱进，新的观念、新的知识都有助于提高员工专业素质以及业务能力。因此每一个员工都应该在不断的学习中来提高自己，终身学习才是唯一的途径。

终生学习指个体的学习活动是一生中连续不断的过程。这就意味着每个人都有接受教育、参加学习的权利，每个人都应该获得均等的教育机会。事实上，这是一种理想状态。在员工培训中，终生学习是指组织为员工提供持续的培训机会，其形式多种多样，既包括业务和技能培训，也包括思路拓展和学位培训等。在终身雇佣不复存在的今天，人们越来越认识到，虽然企业无法提供终身雇佣的承诺，但有竞争力，希望充分调动员工积极性的企业，可以提供终生学习的承诺，使员工具有不断更新的知识和技能结构，终身具有工作竞争力。

（一）加快终身学习的法制化进程

1976年美国正式颁布了《终身学习法》(*Lifelong Learning Act*)，亦称《蒙代尔法》(*Mondale Act*)，该法案详细阐述了终身学习产生的原因及特点，并规定了终身学习的范围和终身学习的活动内容。《终身学习法》是目前世界范围内公认的第一部较为完备的关于终身教育的成文立法，它使美国终身教育从理论走向实践，以法律的形式确立了终身学习在美国的地位。1994 年克林顿政府向国会提出了《美国 2000 年教育目标法》并获得而通过，该法成为美国教育与改革发展的法律依据。2001 年 1 月 23 日，美国总统布什提出了法案《不容一个孩子掉队》(*NCLB Act*)，该法案经过十余年的运行，新一届总统奥巴马对此做了进一步的完善，采取了更加积极和赋权的态度，而且还加大了对教育的投入，在资金方面保证了终身教育在美国的发展。

近年来，随着终身教育思想在我国的传播，终身交立法的社会基础已经初步形成，但由于我国终身教育起步晚、起点低，法律法规目前还不健全，国家层面终身教育的独立立法还没有，相关的终身教育法律法规散见于教育法、职业教育法等法律法规中。目前，部分省市已经颁布的终身教育立法，也较少涉及经费保障的规定，对于社会组织、个人投资终身教育等活动，也没有明确的规定。因此，我国未来在制定《终身教育法》和地方法规时，应广泛征求国务院有关部委、省市教育行政主管部门以及高等院校、科研机构的意见，充分考虑不同阶层人员的实际需要，切实体现终身教育价值取向的多元性。

(二)加大终身教育的宣传力度

终身学习无论是对个人、团体，还是一个民族、一个社会的发展而言都起到举足轻重的作用。所以，对终身学习的重要性应该利用不同的宣传手段，多种形式地广泛宣传，如网络、手机短信、报纸、电视、传单等大力宣传终身学习的重要性，使得北方林业职教集团的领导、员工等对终身学习有一个全面的了解和更高层次的认识，并积极地投身于终身学习中来。

(三)建设和完善终身学习、职业培训的制度与政策

在职业培训的提供、资助、质量保障以及职业技能鉴定和证书颁发等方面，政府各部门需要加强政策协调和统筹规划，整合并充分发挥各种教育资源在加强培训和继续教育中的作用；优化企业劳动组织，建立健全现代企业教育培训制度；重视高中后、初中后不能升入高一级学校毕业生职业技能的培训工作；加强农村实用技术培训和劳动力转移培训；严格执行就业准入机制。

(四)建立和完善适应终身学习需要的评价与认证支持体系

我们可以从我国的国情出发，学习借鉴国外终身学习一些好的经验，建

立适应终身学习的培训质量评估指标体系和学习状况的考核、认证与学分互认制度，进行有关建立“学分银行”和“终身学习卡”的制度及相关措施的实验，为中国(北方)林业职教集团的员工和学员等对象日益增长的学习需求提供更多的机会和更好的服务。

(五)建立终身学习咨询与信息服务系统

不同年龄段、不同社会背景群体在工作中遇到的问题各不相同，导致其对学习的需求不同。所以，为了满足不同群体的学习需求，应充分发挥网络的交互功能，形成远程教育培训项目，建立终身学习咨询与信息服务系统，及时解答不同学习者在实际工作中遇到的困难，更好地满足学习者终身学习的需求。

(六)整合和开放各种教育资源

要打破教育资源的封闭性，使公共教育资源真正成为所有学习者都可以利用的公共资源，提高有限教育资源的利用率，增加全社会学习资源的供给。如对不同行业涉及的不同领域可以通过各大院校开展的国家级精品课、国家级网络资源共享课、慕课、微课等学习资源进行广泛收集、集中整理后通过不同的形式展现给广大的学习者；对于一些关键技术等内容，可以通过中国知网、万方数据库、维普网等进行广泛收集、集中整理后通过不同的形式展现给广大学习者；对于行业涉及的标准可以通过国家标准网、标准分享网、标准下载网等进行广泛收集、集中整理后通过不同的形式展现给广大学习者。

(七)开展灵活多样的终身学习形式

不同的学习者进行学习时会遇到这样或那样的问题，如底子薄的学习内容不能理解和吸收而放弃学习，工作太忙没时间进行学习，费用太高使其无法承担等，这都有可能降低学习者终生学习的积极性。针对这些问题，我们可以通过开展灵活多样的终身学习形式进行解决，如将学习的内容以声音、视频、动画、文本等形式通过手机短信、彩信、E-mail、聊天工具、定期简报等手段展现给广大的学习者，提高专业知识的普及率，调动广大学习者终身学习的积极性，使其积极地投身到终身学习中来，为企业、民族、国家的发展添砖加瓦。

六、组织行业内培训

辽宁林业职业技术学院开展了多种类型的培训，效果明显(图 3-20 至图 3-27)。

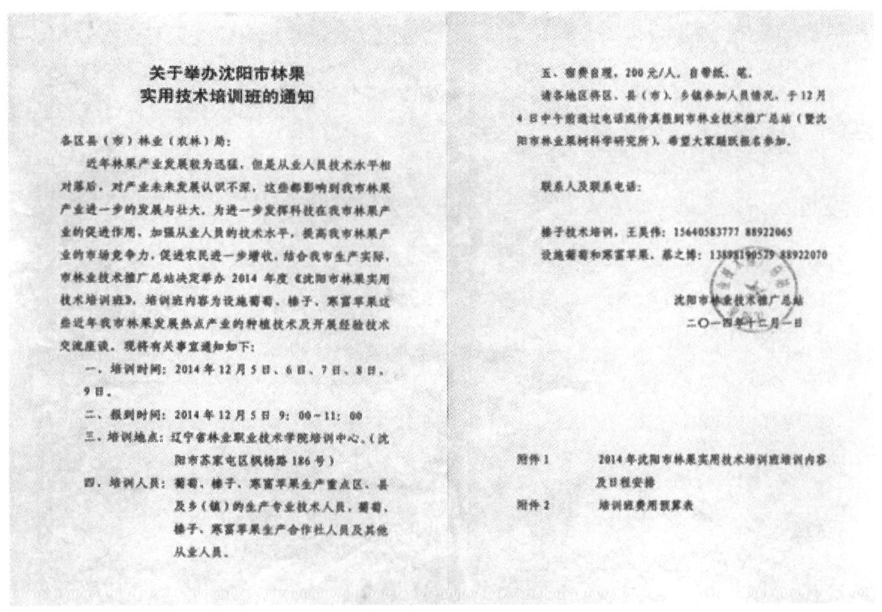

关于举办沈阳市林果
实用技术培训班的通知

各区县（市）林业（农林）局：

近年林果产业发展较为迅猛，但是从业人员技术水平相对落后，对产业未来发展认识不深，这些都影响到我市林果产业进一步的发展与壮大。为进一步发挥科技在我市林果产业的促进作用，加强从业人员的技术水平，提高我市林果产业的市场竞争力，促进农民进一步增收，结合我市生产实际，市林业技术推广总站决定举办 2014 年度《沈阳市林果实用技术培训班》，培训班内容为设施葡萄、榛子、寒富苹果这些近年我市林果发展热点产业的种植技术及开展经验技术交流座谈。现将有关事宜通知如下：

一、培训时间：2014 年 12 月 5 日、6 日、7 日、8 日、9 日。

二、报到时间：2014 年 12 月 5 日 9：00～11：00

三、培训地点：辽宁省林业职业技术学院培训中心。（沈阳市苏家屯区枫杨路 186 号）

四、培训人员：葡萄、榛子、寒富苹果生产重点区、县及乡（镇）的生产专业技术人员，葡萄、榛子、寒富苹果生产合作社人员及其他从业人员。

五、宿费自理，200 元/人。自带纸、笔。

请各地区将区、县（市）、乡镇参加人员情况，于 12 月 4 日中午前通过电话或传真报到市林业技术推广总站（暨沈阳市林业果树科学研究所），希望大家踊跃报名参加。

联系人及联系电话：

榛子技术培训，王真伟：15640583777 88922065

设施葡萄和寒富苹果，郝之博：13898190579 88922070

沈阳市林业技术推广总站

二〇一四年十二月一日

附件 1　　2014 年沈阳市林果实用技术培训班培训内容及日程安排

附件 2　　培训班费用预算表

图 3-20　关于举办沈阳市林果实用技术培训班的通知扫描件

图 3-21　辽宁省护林员培训班(鞍山、岫岩)培训照片

图 3-22　培训阜新青山局学员照片

图 3-23　培训班组建班委会合影

辽宁省科学技术厅文件

辽科发〔2013〕8号

关于同意辽宁林业职业技术学院开展农民技术员培训工作的批复

辽宁林业职业技术学院：

你学校《关于开展辽宁省农民技术员培养工作的请示》（辽林职院请字[2012]20号）收悉。经省科技特派行动协调指导小组研究，认为你校在园林花木栽培、林木种苗生产技术、林下经济开发研究方面具有人才、资源、基地等方面的优势，符合我省培训需要，具备培训条件，同意你校承担辽宁省农民技术员培训任务。

希望你校结合办学优势和农民培训需求，把培训工作办出特色，切实解决实际问题，为我省农民技术员培训工作做出贡献。

辽宁省科学技术厅

2013年3月12日

图3-24　关于同意辽宁林业职业技术学院开展农民技术员培训工作的批复

辽宁省科学技术厅文件

辽科办发〔2014〕28号

省科技厅关于开展2014年度农民技术员培训的通知

各市及绥中、昌图县科技局，各培训学校：

按照辽宁省农村科技特派行动协调指导小组统一部署，2014年度农民技术员培训工作将于近期启动，为做好本年度培训工作，科技厅在认真总结近年培训工作基础上，进一步完善培训模式，创新培训机制，在压缩培训规模、精炼培训内容、提高培训质量同时，进一步优化和调整培训专业和招生范围，根据我省农村经济和产业发展需求，在全省10所涉农院校开设14个培训专业。相关事宜通知如下：

一、专业设置

今年个别学校的普通班培训在招生范围上给予了界定，各学校招生专业、范围和开学时间详见附件1。

第三届农民企业家高级研修班学员只限招收涉农企业、合作组织负责人，具体名额分配情况详见附件2。

二、培训要求

各培训学校要认真做好学员在校期间的培训和管理工作，精选培训师资，加强理论与实践结合，切实提高培训质量，严格学员在校期间管理，保障两个月的培训效果。在招生期间，要积极主动与各市及绥中、昌图县科技局做好沟通。

请各市及绥中、昌图县科技局根据通知要求，积极做好招生宣传工作，配合培训学校做好学员选送工作，将真正想学习的农民推荐到学校。

三、报名方式

普通班采用网上报名方式，报名网址：jsybm.lastb.cn。

学员到当地县（市、区）科技局或培训学校报名，由各县（市、区）科技局及培训学校统一在报名系统录入学员信息，各市、县（区）账号不变，各培训学校启用新账号。

企业家班推荐学员名单由各市及绥中、昌图县科技局汇总后，于8月1日前发至邮箱：41436970@qq.com。

四、报名系统技术支持

联 系 人：闫元元

联系电话：024-23983610　15998168277

附件：1. 2014年度农民技术员培训计划一览表

2. 辽宁省农民企业家高级研修班推荐学员名单汇总表

辽宁省科学技术厅

2014年5月5日

辽宁省科技厅办公室　　2014年5月5日印发

图3-25　省科技厅关于开展2014年度农民技术员培训的通知

辽宁林业职业技术学院
兴科中小企业服务中心文件

辽林兴科〔2013〕3号

关于成立辽宁林业职业技术学院第一期农民技术员培训班党支部、班委会的通知

农民技术员培训班全体学员：

为加强农民技术员培训班的管理，确保培训期间教学、活动顺利有序进行，培训中心党总支，兴科中小企业服务中心决定成立培训班党支部、班委会（实行两块牌子、一支队伍的建制），具体成员名单如下：

党支部书记、班长：张典（抚顺市顺城区前甸镇靠山村）

党支部副书记，副班长：袁浩洋（盘锦市大洼县王家镇旅游公司）

学习委员：张文奇（葫芦岛市建昌县汤神庙镇酒局杖子村）

宣传委员：夏玲莉（抚顺市顺城区前甸镇靠山村）

生活委员：刘孝杰（本溪平山区桥头街道办事处尚家村二组）

文体委员：张永新（抚顺市顺城区河北乡黄旗村）

其工作职责是：

一、组织学习，在班主任的指导下，引导学员做好听课、自学、

— 1 —

图3-26　关于成立辽宁林职院第一期农民技术员培训班党支部、班委会的通知

15:29

文件预览　5/5

第6题：您参加过单位组织的培训吗？

选项	小计	比例
有	88	85.44%
没有	15	14.56%
本题有效填写人次	103	

第7题：如果您参加过培训，是何种性质的？

选项	小计	比例
晋职称需要的培训	16	15.53%
提高个人技能的培训	63	61.17%
备考公务员事业单位的培训	3	2.91%
其它	21	20.39%
本题有效填写人次	103	

第8题：您每次参加培训的天数

选项	小计	比例
6天以上	27	26.21%
3-6天	31	30.1%

用其他应用打开　转发　收藏　更多

图3-27　培训性质意愿调查表

附 2："农民上大学、免费学技术"培训项目成果报告

建设山川秀美的新辽宁、建设社会主义新农村，是为广大人民群众谋求福祉的一项伟大工程。伴随着林业产业发展，农村经济实力得以壮大。为做好农村经济发展、农民收入增加这篇文章，辽宁林业职业技术学院认真做好社会服务这个大文章，结合学院的资源优势和人才优势，实施"百千万科技富民工程"，取得了显著的成绩。学校先后被评为"沈阳市高校十大社会服务贡献奖"，被沈阳市政府认定为"沈阳市 2010—2012 年度中小企业示范服务机构"，还入选了辽宁省教育厅开展的辽宁教育民生与创新发展"双百项目"。

在此基础上，学校加大了社会服务工作的力度。按照省科技厅的安排，结合我省开展的"千万亩经济林工程"，开展了"园林花木""林下经济"2 个专业 3 期"农民上大学、免费学技术"培训班，每期组织学员进行 2 个月的脱产学习，共计培养学员 363 人。通过这些"有文化、懂技术、会经营"的新型职业农民技术员的带动和示范作用，切实提高了农民整体素质，为农民增收致富提供了技术保障和人才支持。这种教育模式是终身教育体系中的一个重要组成部分，是全日制教育的一个很好的补充，也是对农村人才培养工作的一项创新。其承载的意义重大、影响深远、效果良好：一是密切了党群关系，政府执政为民的理念得以很好地贯彻实施，想农民之所想、急农民之所急，注重发挥致富带头人的作用，省里在财力上投入一部分，有的市县科技局也给与学员一定的补助，乡镇则给予学员提供各种方便；二是农民组团进校园培训，和专家教授们面对面交流学习，真正使专业大户的生产经营水平和经营理念有了飞跃提升，促进了农业生产产业化龙头企业的成长和科技示范基地的建设；三是学员之间建立起了深厚的而感情，通过 2 个月的朝夕相处，学员之间建立了深厚的友谊，不是兄弟胜似兄弟，他们之间通过 qq 群、微信群发布各种购销信息，各个合作社之间互相走访，促进了强强联合、以强带弱作用的发挥，有力地推进各地农民的科教兴农、科技致富和小康建设的步伐。

一、项目的由来

长期以来，农民承接新技术、发展现代农业的动力严重不足，仅靠输血远远不能满足农村发展的需求。通过把农民请来培训，再由这些农民把科技

资源带到农村一线，充分发挥新型农民建设社会主义新农村的主体作用，实现变输血为换血，使技术常下乡变为技术常在乡。为此，省科技厅、省财政厅等多家单位于2007年9月联合启动了“辽宁省农民技术员培养工程”，旨在针对当前农民科技文化素质偏低，制约农村经济发展的实际问题，选拔有一定实践经验的农民进入省内农业高等院校，接受非学历技术培训。至今累计培养农民技术员近2万人，推动了辽宁现代农业发展和新农村建设。

我院于2013年参加了该项目，开设了“园林花木”和“林下经济”两个专业学生的招生。

二、项目的实施过程

（一）教学安排注重实效

(1)选派较强的师资队伍。学院选派了实践经验丰富、教学效果好、认真负责的老师担任培训班的教学，同时还在校外聘请了辽东地区知名病虫害防治专家、葡萄专家、果树专家等为培训班授课。

(2)课程设置突出科学性、实用性和针对性。实行理论和实践相结合、课堂教学和现场教学相结合、专题讲座和职业技能培训相结合、教学安排与农事活动相结合、教学内容与农村实际需要相结合的教学方式，突出实用技术培养，实践教学占总课时的30%以上。选派具有多年教学、科研和实践经验的教师授课。

(3)授课地点尽量安排在实训室里进行。让学员多动手。将植物识别、花卉生产与经营、园林苗圃技术、林木种实生产、植物工厂化育苗、园林苗圃造型技术、病虫害防治等课程安排在学院的林盛基地、组培中心、森林培育实验室上，让学员亲自动手、亲自管理，收到了良好效果。每一位授课的教师将自己所知道的毫无保留地传授给学生，对于学生的问题耐心解答，老师的敬业、博学也给学生留下了深刻的印象。

(4)到实习实践基地实习。结合教学还组织学员到清原县王家堡百合基地、沈阳南湖花卉市场、富莱美花卉市场、东北花卉大世界、开原靠山苗圃、学院实验林场、上深沟花卉基地、开原山北苗木专业合作社、国营柴河林场、开原名优葡萄生产基地、苏家屯区永乐葡萄基地、抚顺县汤图中草药山野菜合作社、科发大果榛子种植合作社等教学基地进行实践教学、现场操作。在良好的学习氛围中，学员们出勤率较高，都带着学成之后回乡发展产业、立志创业、带动乡亲发家致富的美好愿景，专心致志、勤奋学习、敏而好学、勤于思考。课堂上珍惜时间，表现积极活跃，课下能及时和专业老师交流、沟通，真正把老师传授的知识转化为自己能够理解和操作的技能。来自丹东凤城红旗镇黄旗堡村的卢云海同学通过学习，进一步掌握了扦插技术。如红豆杉扦插温度不能超过30℃，前期50天以内每天喷3～4次雾来保湿，做好防晒。对种子的沙藏技术了解的更加透彻，如山楂、京桃、稠李、山水桃等种子沙藏层积处理，还有热水处理种子的问题，用80～90℃热水处理，先放水后放种子，边放种子边搅拌等。来自清原县敖家堡乡夹皮沟村的管佩华同学，听完程龙春老师讲的嫁接课，掌握了提高嫁接成活率与嫁接时间、形成层的对齐及绑缚方式、材料等有关，扦插成活率主要受扦插时间、材料质量、温度、光照强度控制等知识。林峰老师不仅教会了他很多切花方面的知识，他种植的唐菖蒲发现了烂种和叶斑的病害，经过向林老师请教，回家后按照老师所教买了药灌根和喷雾，真的控制住了病害。他的花丰产后还找林峰老师了解行情和销售。来自抚顺市新宾县上夹河镇吕家村的徐秋梅同学，没来学习之前，不知道皂角种子在播种前需要用100℃开水处理，还有扦插种苗要注意扦插种穗的消毒和选穗的质量，过去的成活率为50%，通过学习，掌握了科学的扦插技术，回家实习时芽接了榆叶梅，按照老师指导的操作，成活率能达到85%。她最受益的还是家里的苗木以往的黄叶病，过去一直按叶斑病治疗效果不明显，通过学习后才知道从表面看是这种病，其实没有对症，按照老师讲的对症下药、合理治疗，效果特别明显。她爱人都夸她这两个月没有白学，正如她自己在电视采访时说的："出来学习这段时间正是农活忙的时候，家里的活还要花钱雇人干，感觉有点赔了。但是来林职院学习后，学到了实用的农业技术，知道了我家的榆树长不好的原因，我给我丈夫打电话，来农民技术员培训班学习一点没赔，我赚大了！"

（二）课余活动亮点纷呈

由于每期农民技术员培训时间是2个月，学员的学历、经历、能力等参差不齐，尽管实践经验丰富、求知欲强，但仍然面临着生产建设任务重、家庭牵挂大等实际情况，因此，学院在完成教学计划的同时，如何开展内容丰富的活动吸引学员安下心来学习、静下心来实践，也是学院面临的一项新内容、新课题。

一是坚持学习、生产兼顾的原则。为解决学员农忙问题，学员在校期间周六、周日不休息，集中2次放农忙假，并安排了集中的返乡实习。

二是结合课堂教学，学院还安排了植物识别比赛、计算机应用技能竞赛、农民技术员上讲台等活动，并为获奖的学员颁发了获奖证书和奖品。

三是坚持合作、共赢的原则。结合市场营销课，学院组织了关于公司经营的飞镖训练，将参加活动的所有人员随机分成4个组，每组定出自己的公司名称并选出公司的CEO和会计，进行难度不同的3轮比赛。各个组成员跃跃欲试、互相鼓劲、彼此加油，输了主动上交罚金，赢了给自己掌声加油。增加了感情交流、强化了团队意识。

四是坚持主题鲜明、切合实际的原则。通过组织学员参观校园、主题班会、拔河、我比划你猜、棋类比赛、出早操等丰富多彩的文体活动，为学员之间、学员与老师之间建立了交流与沟通渠道，搭建起了师生及学员的互动平台。

结合“七·一”党的生日，学校还组织培训班党员和在职党员一起开展了“重温入党誓词 、永葆先进本色”活动，党员同志们在庄严的党旗下回顾自己申请入党时的思想激情和奋斗追求，回顾入党宣誓时的庄严承诺和坚定决心，回顾入党以来的成长历程和锐意进取。

所有活动均受到学员的好评和积极参与。学校还邀请专家、教授做社会主义核心价值观、企业管理以及林业发展等方面的讲座。学员们纷纷表示，过去在农村没有机会参加这样的培训。通过收听讲座，使大家在理论层面上更好地理解了国家的方针政策，便于在今后的工作中加以实践。

(三)学生管理服务当头

学院充分考虑到学员的特殊性，在管理上突出服务当头，生活上处处为学员着想。为学员解决了行李问题；统一印制了学习笔记、手提袋；学员一律安排在下铺；为学员购置了篮球、乒乓球、象棋、跳棋等体育用品；为学员发放了图书阅览证，在规定时间可以到学校图书馆阅览室看书；计算机室、体育馆定期对学员开放。

要求学员像大学生看齐、严格管理。学校将“农民大学生”学员与全日制大学生一样对待，从班主任的选聘、学员的思想政治工作等都提出了较高的要求，努力做到学校教育与自我教育紧密结合。

(1)建立一支较强的管理队伍，并返聘了责任心强、有管理经验的具有副高级以上技术职称的老师做专职班主任，班主任与学员住在一起，负责学员的思想教育和日常管理工作。

(2)在学员中建立健全了党支部、班委会等各级组织。充分发挥优秀学员的带头作用，切实做到自我教育、自我管理、自我服务。

(3)做好评优工作，调动学员的积极性。通过评选优秀学员、优秀学生干部、学习标兵等，切实加强学风建设，提高学员行为管理的实效性。

(4)积极为学员办理各种技能证。在培训期间，组织了农民科技经纪人培训，通过的学员获得省工商行政管理局颁发的科技经纪人证书；组织了职业技能鉴定，通过的学员获得了国家人力资源和社会保障部颁发的职业技能资格证书。

(5)组织了评优活动。评选出了56名优秀学员，21名学院干部，23名乡土专家，24名村业精英，21名学习标兵，5名最具创业潜力青年。

三、项目取得的成果

“农民上大学、免费学技术”实施1年多来，经过较为系统的培训学习，广大农民普遍认为收获是巨大的。一是学到了园林和林下经济方面的新知识、新技能，提高了解决实际问题的本领，其中已经有不少人把所学知识和技能运用到自己的家庭产业中并收到了很好的效果。新宾学员庞龙的食用菌产业发展上了一个新台阶，申报了抚顺市科技项目示范基地。本溪的谢英刚，林下参经营得有声有色，创出了品牌，辽宁电视台播出了他们合作社的节目。二是开阔了视野、增长了才干，坚定了自主创业的信心和决心。抚顺县的赵旭伟、新宾县的徐秋梅等学员，回乡后申办了自己的合作社，吸纳社员20多人，带领乡亲们致富奔小康。三是提高了管理水平。通过经纪人课程的学习，进一步学会了如何去运作经营合作社，增强经济效益。四是积累了人脉。结识了事业上的朋友、结交了生意上的伙伴，为各自在今后事业发展的道路上开展更大规模的合作奠定了坚实的基础。五是做到了感恩回报。通过大学的学习、熏陶，学员们自觉做到了知恩回报。在结业前夕，班委会还积极倡议培训班学员自发组织了“情系寒门学子、爱驻绿色林园”——为园林学院、林学院的4名贫困生捐助800元的返乡路费活动。学员们的捐赠义举，体现了对林业高职教育的爱心、关心，对党和政府的感恩。

“农民免费上大学”教育培训工作开展两年来，共培养农民技术员411人，学员在获得结业证书的同时还有287人获得了经纪人证书，119人获得绿化工、141人获得花卉园艺师、80人获得林木种苗工职业技能证书。其中有4名同学又参加了沈阳农业大学组织的农民企业家高级研修班。

四、项目的创新点

经过农民免费上大学的培训，农民学员的素质有了普遍提升，专业知识和职业技能实践有了大幅度提高，开扩了眼界，增长了见识，基本实现了从乡村农民向技术农民、职业农民和新型农民的转变；教师的授课水平也有了新变化。

(1)实现了终身教育模式的创新。探索了政府和学校联合培养新型农民的“大学培训、政府出资、农民受益”的培训模式，培养了一大批“有文化、懂技术、会经营、善管理”的新型职业农民。

(2)实现了教学方式与方法的创新。把农民培训作为一项工程来做。从专业设置、课程体系、教学内容、教材编写、师资选聘、学生教育与管理入手，做到了理论与实践相结合、基础知识与专业技术教育相结合、校内与校外相结合、教学安排与农事活动相结合、教学内容与农村实际相结合、教师主导作用与调动学员积极性相结合、学员课堂学习与相互交流相结合，形成了体系，针对性强，全方位提升培养人才质量，保证了教学效果(图3-28)。

图3-28　学院组织培训学员去抚顺县进行实践教学

(3)实现了服务社会的创新。加强了学校与社会的联系，拓宽了服务渠道。增强了教师服务社会主义新农村的意识和能力，拓展了教育与科研基地，农民直接走进大学校园，走进课堂，听专家教授讲课，到基地实习，学到了理论、学到了技术，用科技的支撑，发展现代林业，促进农民增收；校园课堂是农民学习知识的基地，农民的苗圃地、药材园、果园也同样是学院的教学基地，实现专家、教授与农村、农民的互动，是产学研结合的一个很好渠道，增强了办学活力，扩大了学校的社会影响力。

(4)实现了教师业务水平的创新。教师通过为学员授课，和学员之间的交流、互动，也提升了实践教学水平，同时教师深入到学员的基地锻炼，也是教学相长的很好诠释。林学院的胡振全老师到清原县的山源中草药合作社实践一年，教学水平和教学效果都有了明显的提高。

(5)实现了农民思想观念的创新。农民培养不仅仅是对他们进行专业知识的传授，重要的是对农民思想观念的更新，科技推广、市场营销、政策法规等多方面理念的“灌输”，切实提高农民的整体素质。

(6)实现了组织育人的创新。培训班上邀请了学院领导为学员授课，学员又捐资为贫困学生顺利返乡。培训过程中，辽宁林业职业技术学院党委书记、国家二级教授、博士生导师邹教授为农民技术员培训班学员做了一场《现代林业理论与可持续发展》的报告(图 3-29、图 3-30)。

图 3-29 《现代林业理论与可持续发展》的报告现场

图 3-30 “情系寒门学子、爱驻绿色林园”捐赠活动

五、应用成果

1. 关于2015年“双服务”立项项目评审结果的通报(图3-31)

中共沈阳市委教科工作委员会

沈教科〔2016〕28号

★

关于2016年沈阳市教科系统
“双服务”重点项目立项评审结果的通报

各高等学校、科研院所党委：

按照《关于开展沈阳市教科系统2016年“双服务”重点项目立项工作的通知》(沈教科[2016]12号)要求，截至2016年5月18日，沈阳教科系统有27所高校、6家科研院所遴选了109个项目申报“双服务”重点项目立项。从数量上看，与去年相比，参与单位增加了18%，申报项目增加了55.7%；从项目的选题和实施内容上看，与沈阳经济社会文化发展的需求对应度高，与我们正在实施的“双服务”工作契合度高。

附件

“双服务”立项项目名单

一、特殊资助项目(1个)

以“双服务”为引领，深化沈阳高校服务地方动态监测智库建设

项目单位：沈阳师范大学　　项目负责人：卢伟

二、重点资助项目(13个)

1.构建信息化条件下以大学为依托的现代农业科技服务模式

项目单位：沈阳农业大学　　项目负责人：李澎

2.发挥中医药特色优势，推进服务地方工作全面开展

项目单位：辽宁中医药大学　　项目负责人：刘继东

3.“新常态”后沈阳市支柱产业和战略性新兴产业的确立与培育

项目单位：沈阳建筑大学　　项目负责人：李学锋

4.以减振降噪新技术服务沈阳城市环境建设

项目单位：沈阳化工大学　　项目负责人：刘欢

5.以先进控制技术科技成果助力沈阳能源设备制造企业发展

项目单位：沈阳理工大学　　项目负责人：石征锦

6.沈阳通用航空运营机制研究

项目单位：沈阳航空航天大学　　项目负责人：范振伟

7.科技创新助推大学科技园服务沈北新区

项目单位：沈阳工程学院　　项目负责人：王启民

8.关于我市工业文化创意产业集群发展研究

项目单位：沈阳大学　　项目负责人：何序哲

9.培养养老护理人才，提升沈阳市养老服务质量

项目单位：沈阳医学院　　项目负责人：郭宏

10.创建“沈阳终身学习平台”，服务市民百姓学习需求

项目单位：沈阳广播电视大学　　项目负责人：游洪

11.依托艺术欣赏课程资源平台为提升沈阳全民艺术素养服务

项目单位：沈阳职业技术学院　　项目负责人：王海峰

12.高职院校服务地方经济社会发展的途径研究

项目单位：辽宁水利职业学院　　项目负责人：闫玉民

13.沈阳地区工程地质信息系统

项目单位：中冶沈阳勘察研究总院有限公司

项目负责人：孙建德

三、专项资助项目(20个)

1.肉牛高效养殖技术的推广与应用

项目单位：沈阳农业大学　　项目负责人：李鹏

2.扶持沈阳基层医院内镜筛查消化道早癌

项目单位：中国医科大学　　项目负责人：孙思予

3.沈阳市大气污染的时空变化特征分析

项目单位：沈阳理工大学　　项目负责人：姜承志

12.“千企万商微助学”——促沈阳经济发展

项目所属单位：辽宁林业职业技术学院

项目负责人：段婷婷

13.立足服务社区　共享绿色文化

项目所属单位：辽宁林业职业技术学院

项目负责人：魏岩

14.新常态下沈阳市新型城镇化内涵式发展的策略研究

项目所属单位：沈阳城市建设学院　　项目负责人：张丽

15.科技创新管理提升

项目所属单位：中国电子科技集团公司第四十七研究所

项目负责人：杨大为

16.非金属材料检验检测综合服务

项目所属单位：沈阳橡胶研究设计院有限公司

项目负责人：马英

中共沈阳市委教科工作委员会办公室　　2016年6月12日印发

图3-31　关于2015年“双服务”立项项目评审结果的通报

2. 终身教育课题实践应用证明(图 3-32 至图 3-34 所示)

终身教育课题实践应用证明

项目名称	辽宁省农民技术员培养工程
应用单位	法库县科技局
通讯地址	法库县法库镇正阳社区
联系电话	024—31102289
经济效益（万元）	
应用起止日期	2013 年 5 月—2015 年 12 月
新增产值	
新增利润	
增收（节支）总额	

应用情况及社会效益:

自 2013 年以来，法库县科技局选送 8 名学员到辽宁林职院学习。学员返乡后充分利用自身所学，在原有的合作社基础上，大胆实践、锐意改革、不断探索，活跃在法库农林生产的第一线，有的还成为科技致富带头人。这期间，科技局还选派了部分村干部到学院学习，提高了村干部的素质。他们返乡后带领村民在致富的康庄大道上一展身手，先后组织村民到其他学员的基地学习先进的种植技术，不满足已有的技术，积极学习新技术、新知识及新技能，利用网络平台传递新科普，引进新技术，技术成果辐射达 4 万多亩。

还有的学员返乡后积极申办合作社、家庭农场、农资商店等，并招工、安置了一批乡里乡亲就业，解决了乡里部分人员外出打工面临的实际问题，安心务农，减少了劳动力流失问题。

学员在创业致富的同时，还积极宣传农民技术员培训以及终身教育的好处，不仅自己学习，还将自己身边的亲朋好友、合作社员等带来一道学习，通过传、帮、带等有效途径，将党的惠民政策传递到千家万户，使广大农民了解了党的惠农政策，产生了农林新科技的需求与渴望，自觉走上依靠科技发展生产、依靠知识发家致富的道路，对当地传统农业向现代农业以及农业产业化、集约化发展起到了很好的促进作用。特别是这些学员在林业学院学习后，更加重视生态建设，从绿色、环保、永续利用等多方面考虑产业的发展，为促进当地经济的可持续发展，保护生态环境自出了应有的贡献，在取得显著经济效益的同时，社会效益也非常明显，作为基层农民，尤其难能可贵。

应用单位负责人：李林

应用单位（盖章）

2015年 9月15日

图 3-32 终身教育课题实践应用证明(法库县)

应用证明

项目名称	实施科技富民工程　培育新型职业农民
应用单位	新宾县科技局
通讯地址	新宾县新宾镇启运路 18 号
联系电话	55022932
经济效益（万元）	
应用起止日期	2013 年 5 月-2015.12 月
新增产值	
新增利润	
增收（节支）总额	

应用情况及社会效益：

自 2013 年以来，新宾县科技局选送 60 名学员到辽宁林职院学习，其中有 5 名学员被科技局确定为科技示范户。学员返乡后充分利用自身所学，在原有的合作社基础上，大胆实践、锐意改革、不断探索，活跃在新宾农林生产的第一线，有的还成为科技致富带头人。这期间，科技局还选派了王忠成、高岩等村干部到学院学习，提高了村干部的素质。他们返乡后带领村民在致富的康庄大道上一展身手，先后组织村民到其他学员的基地学习先进的种植技术，不满足已有的技术，积极学习新技术、新知识及新技能，利用网络平台传递新科普，引进新技术，技术成果辐射近 10 万亩。

还有的学员返乡后积极申办合作社，先后有徐秋梅、庞龙等 9 名学员牵头组建了合作社、家庭农场、农资商店等，并招工、安置了一批乡里乡亲就业，解决了乡里部分人员外出打工面临的实际问题，安心务农，减少了劳动力流失问题。

学员在创业致富的同时，还积极宣传农民技术员培训以及终身教育的好处，不仅自己学习，还将自己身边的亲朋好友、合作社员等带来一道学习，通过传、帮、带等有效途径，将党的惠民政策传递到千家万户，使广大农民了解了党的惠农政策，产生了农林新科技的需求与渴望，自觉走上依靠科技发展生产、依靠知识发家致富的道路，对当地传统农业向现代农业以及农业产业化、集约化发展起到了很好的促进作用。特别是这些学员在林业学院学习后，更加重视生态建设，从绿色、环保、永续利用等多方面考虑产业的发展，为促进当地经济的可持续发展，保护生态环境自出了应有的贡献，在取得显著经济效益的同时，社会效益也非常明显，作为基层农民，尤其难能可贵。

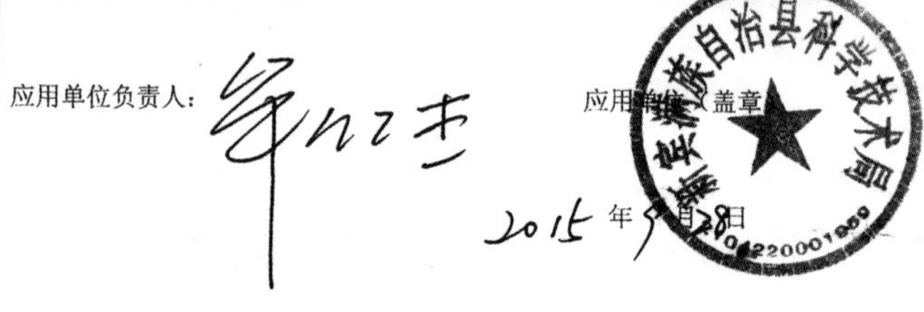

图 3-33　终身教育课题实践应用证明(新宾县)

应用证明	
项目名称	实施科技富民工程　培育新型职业农民
应用单位	清原县科技局
通讯地址	清原镇清河路 36 号
联系电话	53036615
经济效益（万元）	
应用起止日期	2013 年 5 月-2015.12 月
新增产值	
新增利润	
增收（节支）总额	

应用情况及社会效益：

自 2013 年以来，清原县科技局选送 92 名学员到辽宁林职院学习，是所有县区中选派人员最多的县区，其中梁君同学的家庭农场 2014 年被辽宁省评为省级示范家庭农场，他作为法人的“清原山源中药材种植专业合作社”，主要成员以本村村民为主，有中药材面积 4600 亩；敖家堡乡小莱河村村民郑泽亮，2014 年学成后，将自家的山蕨菜种植规模扩大到了 100 亩，还新发展了 30 亩的刺嫩芽产业。带动全乡发展中药材、山野菜等有机农业 6000 多亩，完成在册耕地还林 1000 亩，荒山造林 800 亩。

学员们返乡后充分利用自身所学，在原有的合作社基础上，大胆实践、锐意改革、不断探索，活跃在清原县农林生产的第一线，有的还成为科技致富带头人。这期间，科技局还选派了部分村干部到学院学习，提高了村干部的素质。他们返乡后带领村民在致富的康庄大道上一展身手，先后组织村民到其他学员的基地学习先进的种植技术，不满足已有的技术，积极学习新技术、新知识及新技能，利用网络平台传递新科普，引进新技术，技术成果辐射达 10 万亩。

还有的学员返乡后积极申办合作社，先后有 10 名学员牵头组建了合作社、家庭农场、农资商店等，并招工、安置了一批乡里乡亲就业，解决了乡里部分人员外出打工面临的实际问题，安心务农，减少了劳动力流失问题。

学员在创业致富的同时，还积极宣传农民技术员培训以及终身教育的好处，不仅自己学习，还将自己身边的亲朋好友、合作社员等带来一道学习，通过传、帮、带等有效途径，将党的惠民政策传递到千家万户，使广大农民了解了党的惠农政策，产生了农林新科技的需求与渴望，自觉走上依靠科技发展生产、依靠知识发家致富的道路，对当地传统农业向现代农业以及农业产业化、集约化发展起到了很好的促进作用。特别是这些学员在林职学院学习后，更加重视生态建设，从绿色、环保、永续利用等多方面考虑产业的发展，为促进当地经济的可持续发展，实现“生态立县、科教兴县、工业强县、旅游活县”做出了应有的贡献。

应用单位负责人：

应用单位（盖章）

2015 年 9 月 30 日

图 3-34　终身教育课题实践应用证明（清原县）

3. 培训教材及论文(图 3-35 至图 3-38)

图 3-35　园林花木专业教材

图 3-36　林下经济专业教材

图 3-37　园林工程识图与预算讲义

中文核心期刊
中国科技核心期刊
ISSN 1001-1714

辽宁林业科技
LIAONING FORESTRY SCIENCE AND TECHNOLOGY

2014 增刊1
•辽宁省林科院 •辽宁省林学会

2014年 增刊1
辽宁林业科技
Journal of Liaoning Forestry Science & Technology
2014 Sup.1

构建与林业建设紧密结合的培训体系

王艳霞，王巨斌，王福玉
（辽宁林业职业技术学院，辽宁 沈阳 110101）

摘　要：继续教育是提高国民科技文化素质的重要途径。高职院校应本着“主动适应、服务区域、行业经济建设与社会发展”的宗旨，全面履行教学、科研和社会服务的职责，充分利用和发挥教育、技术、科研等资源，围绕服务县域经济、新农村建设、相关企业、林业主战场新入职人员开展培训。要加强对继续教育工作的统筹规划和组织领导，打造高素质的教育队伍，精心设计培训项目，实施和学员交朋友的管理，主动为社会培训实用、适用人才。

关键词：继续教育；主动适应；围绕需求；培训体系

继续教育是面向学校教育之后所有社会成员特别是成人的教育活动，是终身教育体系的重要组成部分，是提高国民科技文化素质和就业、创业、创新能力的重要途径。高职院校“以服务为宗旨，以就业为导向”办学指导思想中的“服务”，指的就是主动适应、服务区域、行业经济建设与社会发展，全面履行教学、科研和社会服务的职责。作为高等职业院校，充分利用和发挥教育、技术、科研等资源，积极开展继续教育，主动为社会培训实用、适用人才，即是发挥教育功能，提升自身办学水平的需要，也是应该承担的责任和义务。辽宁林业职业技术学院（以下简称学院）是2003年经辽宁省政府批准在原辽宁省林业学校基础上独立升格的高职学院，也是我省唯一的一所林业高职院，高职办学以来，学院紧紧围绕辽宁省委、省政府提出的“实施生态立省，建设绿色辽宁”的战略构想，以生态文明建设为中心，服务“三林”（林业、林区、林农），以培训中心为主体，7个专业系部为互动，努力构建起“一轴七翼”大培训格局，不断完善终身教育体系建设，面向全省林业、园林及涉林企事业、林农等开展技术开发、技术咨询、技术转让、技术服务业务，积极培育农村致富带头人，传送科技知识信息，为社会主义新农村建设做出了应有的贡献，同时也显现出了高职院校开展继续教育的优势。

1　服务中心，大力开展林业教育培训的重要性

“林业的振兴离不开高素质人才”。目前，我国已初步形成了一支规模宏大、能力素质较高的林业人才大军，人才建设焕发出生机活力。“十一·五”末，全国林业涌现出各类人才80.5万人，比“十·五”末增长了5万余人。行业培训也取得了显著的成绩，各级林业部门大规模开展行业培训，“十一·五”期间，共培训各类从业人员近4 000万人次。

国家林业局《全国林业教育培训“十二·五”规划》中提出了林业教育培训的具体目标：林业行业培训中，林业领导干部、专业技术人员和经营管理人员培训达到500万人次，林业工人培训达到500万人次，林农培训达到1 000万人次。因此，大力开展林业教育培训是继续教育工作中的重中之重。

1.1　开展林业教育培训，是落实科教兴国、人才强国战略的必然要求

大规模开展农村实用人才培训，是改变“三农”面貌的重要途径，是林业高职院校人才培训教育工作的发展方向，也是开展林业成人培训工作的迫切要求。要充分发挥农村现代远程教育网络、全国文化信息资源共享工程网络、各类农民教育培训项目、农业技术推广体系和各类职业学校、培训机构的主渠道作用。

1.2　开展林业教育培训，是推动全民终身学习、建设学习型社会的迫切需要

当前，我国林业发展已经进入建设现代林业的新时期。全面提升林业的生态、经济、社会三大功能和效益，满足社会对林业的多样化要求，缩小我国与发达国家在林业建设上的差距等工作任务，迫切要求林业人才队伍素质和领导干部能力有进一步的提高。

1.3　开展林业教育培训，是丰富学院内涵发展、全

图 3-38　发表的论文

4. 辽宁省“三区”科技人才选派工作（图 3-39 至图 3-41）

辽宁省“三区”科技人才选派三方协议书

根据国家科技部等部门下发的《边远贫困地区、边疆民族地区和革命老区人才支持计划科技人员专项计划实施方案》和《辽宁“三区”人才支持计划科技人员专项计划实施方案》相关规定，派出单位、受援单位和派出科技人员达成如下协议：

科技人员	姓名	林 锋	身份证号	210225197304290254
	工作单位	辽宁林业职业技术学院		
	从事专业	花卉园艺	职称/职务	教授研究员级高级农艺师
派出单位	单位名称	辽宁林业职业技术学院	所在区县	沈阳市
	联系人	王艳霞	移动电话	89815263
受援单位	单位名称	五里甸子镇人民政府	所在区县	桓仁县
	联系人	王孝文	移动电话	13322150277
	主营业务			
服务期	2015年1月－2017年1月			
服务方式及内容	（包括提供科技需求、公益专业技术服务，与农民结成利益共同体、创办领办农民合作社、企业等，推进农村科技创新创业，培养本土科技人才。） 1、为农民提供专业技术支持，包括技术指导、技术创新、技术应用示范等。 2、为农民合作社、企业提供新信息，包括技术信息、营销信息、供求信息等。 3、举办培训班，定期为农民、企业技术人员开展业务、技术培训。 4、与农民、农业合作社和企业结成“对子”，长期提供各方面的支持与服务。			
预期目标	（包括服务成效、经济效益、创业成果、技术指标等） 1、大力提高农民、农民合作社和企业技术人员专业技术水平。 2、更新企业经营理念，提高农民的创新意识。 3、减少相关企业和农民的生产成本，提高一定的经济效益。 4、革新技术，提高劳动生产效率。			

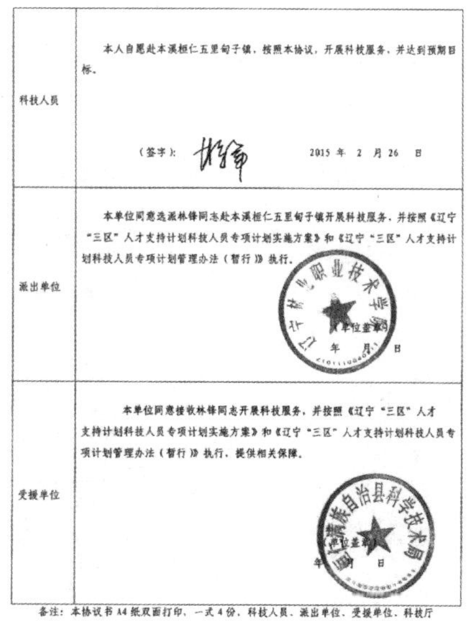

科技人员	本人自愿赴本溪桓仁五里甸子镇，按照本协议，开展科技服务，并达到预期目标。 （签字）：林锋　　2015 年 2 月 26 日
派出单位	本单位同意选派林锋同志赴本溪桓仁五里甸子镇开展科技服务，并按照《辽宁“三区”人才支持计划科技人员专项计划实施方案》和《辽宁“三区”人才支持计划科技人员专项计划管理办法（暂行）》执行。 （单位盖章） 年 月 日
受援单位	本单位同意接收林锋同志开展科技服务，并按照《辽宁“三区”人才支持计划科技人员专项计划实施方案》和《辽宁“三区”人才支持计划科技人员专项计划管理办法（暂行）》执行，提供相关保障。 （单位盖章） 年 月 日

备注：本协议书A4纸双面打印，一式4份，科技人员、派出单位、受援单位、科技厅各存一份。

图 3-39　辽宁省“三区”科技人才选派三方协议书

图 3-40 “三区”科技人才选派教师程龙春老师“三区”服务

图 3-41 “三区”科技人才选派教师林峰老师“三区”服务

5. 网站宣传(图 3-42、图 3-43)

辽宁林职院积极开展“三区”人才服务工作

时间：2015/4/14

根据国家科技部、辽宁省科技厅《边远贫困地区、边疆民族地区和革命老区人才支持计划科技人员专项计划实施方案》精神，日前，辽宁林职院选派了3名副高级以上专业技术人员，赴本省林业重点地区—本溪市桓仁县的三个乡（村），为当地林农进行园林花木和林下经济等方面的技术咨询和技术服务。

学院将以此次“三区”人才服务活动为契机，结合我省的“千万亩经济林建设”工程，继续做好科学研究、技术推广和社会服务工作，发挥人才优势，切实服务于林业主战场，为加快辽宁省“三区”人才和农村科技创业人才队伍建设做出应有的贡献。

来源：辽宁林业职业技术学院

辽宁林职院社会服务工作做到林间地头

日前，辽宁林职院学院组织校内专家曹丽茹、张梅春两位教授，赴抚顺市新宾永陵镇青松岭合作社，为曾在学院培训过的学员庞龙经营的的食用菌经营项目现场把脉。

庞龙社长在学院曾参加了两期农民技术员培训，不仅他自己来学校学习，还将合作社的其他成员一起带来共同学习新知识、新技术，重点和曹丽茹老师学习了食用菌栽培技术。今年7月份结业后，他在原有青松岭林下合作社的基础上于8月份又申办了抚顺本色农业生物科技有限公司，重点在无公害、有机、绿色农产品深加工方面做文章。

庞龙社长带领几位老师来到了他的食用菌栽培基地，现场向老师介绍了他进行的“林菌套种”一层架香菇、猴菇、榆黄蘑栽培项目，该项目没有破坏林下生态资源，还充分利用了林下光照适合食用菌生长的条件，而且食用菌栽培后的废料（菌糠）还有效改善林地土壤结构和肥力。该项目实施后，还要发挥其旅游观光、生态林业的作用，在其它空地建立木质凉亭，就地取景，让树根、枝条、树叶、果实都充分发挥各自的作用，让游人来林下小憩的同时采摘菌种、品尝农家风味，切实让人们流连忘返。曹老师等一行在听取庞龙的介绍后，对他利用柞蚕做二级菌种的创新给予很高的评价，也建议他充分利用柞树条来做二级菌种效果会更好。

庞龙社长对学校老师能亲临现场指导表示感谢，并希望下一步能与学校开展更多领域的合作。科研处长张梅春老师也表示校企合作、产学研结合是高职办学的方向，为地方经济建设发展提供智力支持是高校的责任，送科技到农户也是高校教师应尽的责任。

来源：辽宁林职院社会服务工作做到林间地头

辽宁林职院第三批农民技术员培训班开班

时间：2014/6/16

2014年辽宁省科技厅继续组织全省农民技术员培训，辽宁林业职业技术学院承担了培养园林花木专业80人、林下经济70人的培训任务。

5月20日上午，学院举行了第三期农民技术员培训班开班典礼，副院长王巨斌出席并讲话，来自省内各地的100余名学员参加了开班仪式。开班仪式由培训中心党总支书记王艳霞主持。

副院长王巨斌在讲话中简要介绍了学院的办学情况，并从建设生态文明和新农村的角度谈到了加强农民技术员培训的重要性，他希望学员能倍加珍惜、沉下心来、集中精力、认真听课、努力实践；尊重老师、虚心求教、刻苦专研，服从管理，自觉遵守培训班的有关规定；学员之间互相关心、互相帮助，争取学有收获、学有所成，不辜负当地政府和家人的期望。他还要求学院相关部门和任课教师，要全力以赴、密切配合，既要关心爱护学员，又要加强管理，严格考勤，确保培训班办得既生动活泼，又富有成效；授课教师既要重视理论指导、更要有实践操作，精讲多练，真正让学员听得懂、学得会、用得上。

辽宁林职院承办沈阳市林果实用技术培训班

图 3-42　媒体报道画面

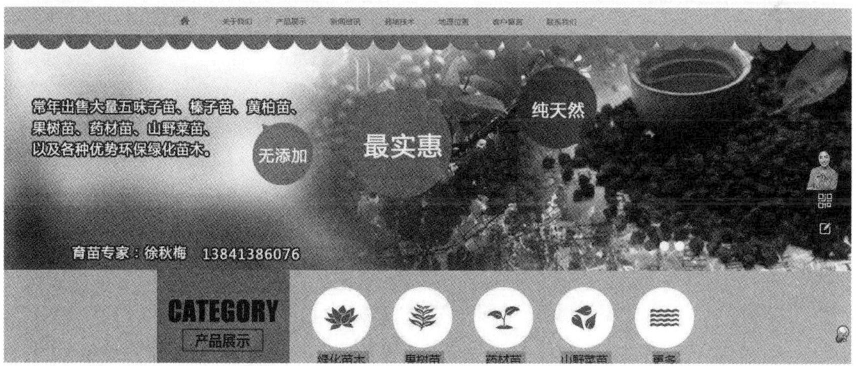

图 3-43　学员徐秋梅创办的合作社

6. 学员获得的荣誉(图 3-44 至图 3-50)

图 3-44　学员获得的职业资格证书

图 3-45　学员获得的农民经纪人资格证书

图 3-46　学员获得的结业证书

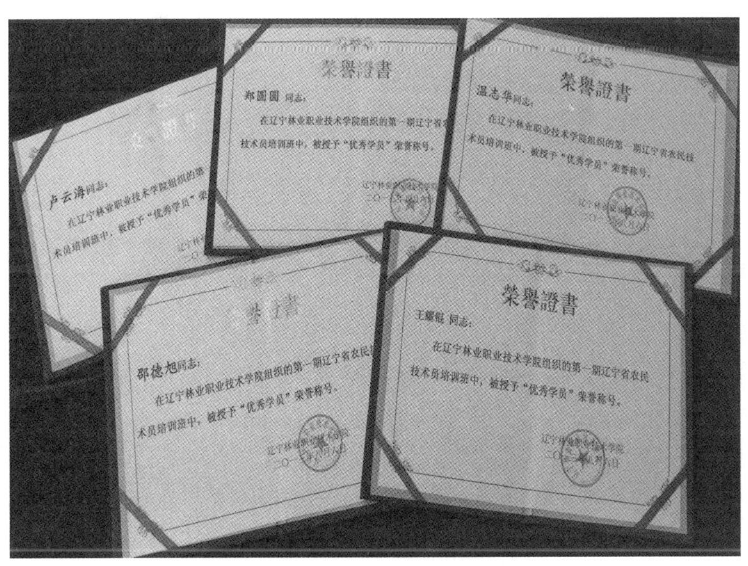

图 3-47　学员获得的荣誉证书

图 3-48　辽宁电视台报道学员梁君的创业事迹

图 3-49　学员梁君获奖牌匾

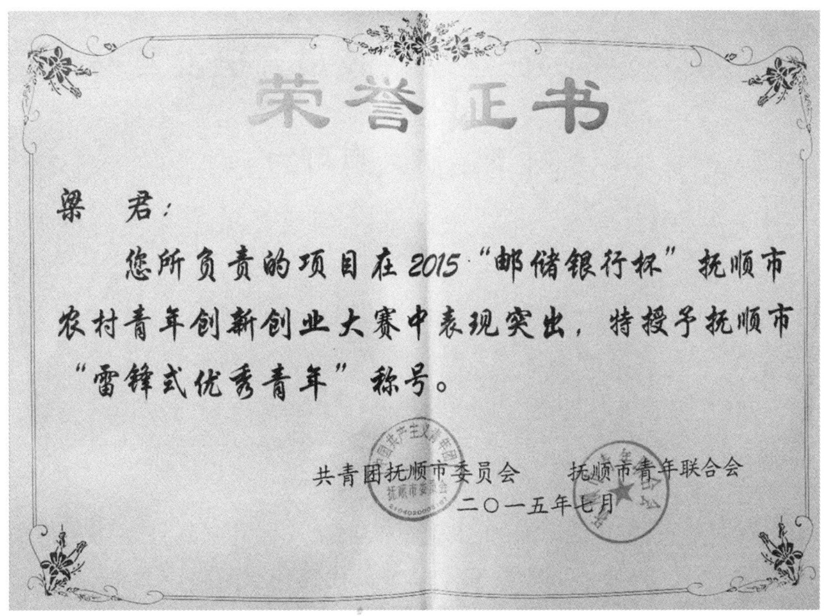

荣誉证书

梁 君：

您所负责的项目在2015"邮储银行杯"抚顺市农村青年创新创业大赛中表现突出，特授予抚顺市"雷锋式优秀青年"称号。

共青团抚顺市委员会　　抚顺市青年联合会

二〇一五年七月

图 3-50　学员梁君获奖证书

附3：梁君在学院农技员开班发言稿

林下经济大有可为

——在2015年5月农民技术员培训班开班典礼上的报告

第一期辽宁省农民技术员培训班学员
清原山源中药材种植专业合作社社长
梁　君

尊敬的领导、老师，亲爱的同学们，大家上午好：

又一次回到了给予我知识和力量的林学院，心里感到很亲切，特别是能坐在这里和领导、老师、同学们交流思想，我感到很高兴。

先自我介绍一下，我叫梁君，家住清原县南山城镇朝鲜族村，在村里担任村支部书记、村主任，抚顺市人大代表，我个人主要从事中药材种植，栽培的主要品种有龙胆草、黄精、玉竹、威灵仙、藁本，2009年10月我牵头成立了“清原山源中药材种植专业合作社”，我们这个合作社主要成员以本村村民为主，现有中药材面积4600亩，年创造产值600多万元，纯利润320万元，被上级农业部门评为省级示范合作社，我们也是中国最大的中药材网站《药通网》的产地战略合作伙伴，我们有自己的中药材交易网站，并且和百度合作，进行了百度推广，我们村多年来在清原县188个行政村中，人均收入排名第一，人均收入是23 310元，现在我们村的水田1200亩全部流转给外村的种粮大户，也就是说我们村没有一户种粮食的村民，在家种地的人种的都是药材，这是集体的一些基本情况。我们家庭也在2013年4月联合了我们家族成员——父亲、哥哥、嫂子和侄女，以我的名字命名，成立了“梁君家庭农场”，2014年，被辽宁省评为省级示范家庭农场，并给予了一定的经济奖励。我自家在我们镇现有在地中药材317亩，今年又在岫岩县承包了330亩土地，也都种植上了中药材，也就是说我们自己家现有在地药材总共是647亩，年净收入在30万~70万元，今年春天，我卖了30亩玉竹，就卖了51万元。

可以说我们在中药材这个特色产业上受益匪浅，也取得了一定的成就，我觉得这个成就的取得是与知识密不可分的。小时候因为家庭困难，母亲去世得又早，所以没办法读完小学我就辍学回家帮父亲放牛种地，到19岁的时候，因为不甘贫困，经人介绍来到沈阳东陵电信局打工，在那干了3年之后，因为学到了一些电信安装的技术，所以就不用干活了，会看图纸每天领着30来个人出去施工，记得当时是在东陵区的浑河堡，前进乡那一带施工，那地方当时特色产业搞得比较好，什么葡萄、温室黄瓜、西红柿等，以前在家里接触的都是玉米黄豆，从来没见过这些稀奇东西，特别是黄瓜还要嫁接，真是不可思议！从那时候开始我就对特色农业产生了极大的兴趣，因为当时电信安装都在野外架杆、拉线，所以每天把工人安排好活后，我就到葡萄园、温室里和那些农民聊天，那时候人们对技术还比较保守，葡萄容易得什么病，打什么杀菌剂也不轻易告诉外人。没办法我每天都收集他们用过扔掉的农药袋，回到宿舍以后把喷药的时间、药的名字还有治疗什么病、用法用量，以及和农民聊天的内容都记录在笔记本上，这样坚持记录、总结了大约4年吧，我就辞去了工作，带着这几个笔记本和12 000元钱回乡创业去了，回到家乡种植葡萄、嫁接葡萄苗出售，后来又种植了温室黄瓜，都获得了成功。经营了一段时间，慢慢发现因为我们清原县位于辽东山区，地理位置应该算全省比较高的，加上还是林区，所以温度相对较低，温室黄瓜、陆地葡萄上市时间都比较晚，没有竞争力，后来我就转行做了中药材，因为时间关系，转行的过程，我就不细说了。总的来说，我向特色农业迈出第一步的基本成功，可以说，没有自己储备的知识是不可能实现的。

改行种植药材后，因为缺乏技术，药材产量很低，品质也很差，我就到处学技术，可以说，积极推动我药材种植快速发展的2个学知识的地方，一个是辽宁省委党校函授的专科班——《农业经济与管理》，一个是辽宁省科技厅、省委组织部等部门在辽宁林业职业技术学院开办的《辽宁省农业技术员培训班》。前者函授期3年，自2008年起到2010年毕业。培训的对象大多数都是村干部，有一些人为了混一个大专文凭，但我不是，在这3年里，我认真学习发下来的每一本教材，在每年几次的集中学习里，老师给大家划重点，只有我提出很多不懂的问题，老师刚开始不理解，后来课后听了我对知识的认识和我学习知识的必要性，也就慢慢理解我了，而且准许我随时有不懂的可以去找他，在这3年里我不断地找到老师和他沟通、学习，3年下来我们成了最好的朋友，毕业那天老师在毕业典礼上说，别人是来读书的，换句话讲是来镀金的，他是真正来学知识的！这3年我学到了很多知识，基本的农业知识和一些全新的农业经营理念，种植的药材面积从以前的15亩扩大到了120亩，并且牵头成立了全镇第一中药材种植合作社，我的家庭年收入也从以前的一两万元提高到了十几万元。2010 年的正月十六，我荣幸地被广西药用植物博览园聘请去组织建设博览园里的“东北药用植物博览园”，广西药用植物博览园始建于 1959 年，占地面积 202 公顷，是亚洲最大的药用植物博览园，因为东北药用植物有冬季休眠的特性，而南宁是四季常青的城市，所以东北药材在那里生长不良，我去了以后运用了我的知识，采用冰块降温、遮阴、控水等一系列措施，大大提高了东北药材在南方的观赏性，也得到了博览园领导和市领导的认可，到现在我每年冬季还要到那里去。这是在省委农业函授班学习知识的受益情况。

2013 年夏季，我参加了省里在咱们学院举办的农技班，学习时间不长，2 个月，当时想参加的是林下经济班，但先开的是林木种苗班，因为家里事情多等不了，所以就参加了林木种苗班的学习，在这 2 个月里对我影响最深刻的是咱们林学院老师的敬业和无私奉献的精神，虽然我们的学员来自不同县市，年龄也参差不齐，大的有 60 来岁了，小的 20 来岁，但老师们对我们就像对待在校学生一样，从住宿起居到课堂学习再到出去实习，照顾得无微不至，对我们提出的问题都不厌其烦地给予解答，讲道理，使我们学到了很多专业的农业知识。我们的学员也都是各县市的致富带头人，大家在一起交流知识，分享经验，互相沟通信息，这样使大家的视野开阔了，人脉提高了，又学到了很多专业的农业知识，真是一箭三雕，毕业后老师又帮助大家成立了同学群，使这种生意上的沟通、知识上的沟通、感情上的沟通一直延续了下来，很多老师和同学都到我家来，我感到倍加亲切，特别是咱们学院派林下经济班的胡老师到我这里来实地指导，实际操作，在我这呆了大半年，对我的促进也很大，老师同学们在一起交流知识，分享机遇，畅谈人生，亲密无间。

说起在在咱们林学院学习知识对我的影响，最主要的就是物种的分类，通过学习，我才知道，植物是怎么分类的，通过学到的这个知识，对我有以下几个帮助：首先，我把我种的药材也分类了，比如防风、柴胡是伞形科植物，玉竹、黄精是百合科植物，黄芪、甘草则是豆科植物，明白了这个分类我就想：蔬菜大多都用除草剂，而药材没有除草剂，全靠人工拔除，耗费人力物力巨大，能不能把蔬菜的除草剂用在同科的药材上，比如胡萝卜是伞形科的，而药材里的藁本、防风、柴胡也是伞形科的，经过小面积试验，一举获得成功，后来又把黄豆的除草剂用在豆科的黄芪、甘草上，把大葱的除草剂用在黄精玉竹上，效果显著，大大节省了人力物力，现在我把这个技术推广到东北的很多药材种植基地，使大家的药材产值得到了大幅提高。

其次，知道了这个分类，也能更好的安排茬口，避免同科药材重茬带来的产量低的影响。

第三，因为熟悉了药材的分类，使一直对野生药材痴迷的我，对错综繁杂的野生药材品种有了更好的认识和更快的记忆方法，毕业当年的秋天，吉林省梅河口市政府兴建长白山植物博览园，其中的“长白山药用植物博览园”是园区的主题园，投资也最大，吉林农业大学特产所给市政府介绍了包括我在内的几位能够胜任此项工程的人，这里不乏有在吉林农业大学毕业的现在在吉林通化师范学院任教的教授等一些人才。我们进行了实地考核，我们从吉林省长白山天池的北麓一直走到天池，辨认野生药材品种，结果我认出了163 种野生药材品种，而剩下的几个人最多的才辨认出 76 个品种，这个药材博览园就理所当然地承包给了我，这个药用植物园收录了东北野生药材 210 种，品种旁边立上石碑，上面刻着药材的基本信息，同时我个人也获得了比较高的收益，该市的各级领导和建设局各级领导很重视这个药材博览园，多次实地指导、观摩，也请我吃了好多次饭，有一次在饭桌上市建设局领导问我：你是哪个学校毕业的？我开玩笑说我在夹皮沟小学毕业，毕业后直接到辽宁林职院就读。局长笑着说，看见跳级的，没看过你这么神跳级的！后来我把实际情况说给他听，他说，你们辽宁省政府这个举措很好，用知识武装了农民，让他们在农村有更大的作为，还问了旁边的同志吉林有没有这个政策。

第四，在辽宁林职院的学习中我还了解了中药材黄精的特性，也了解到了黄精有极高的药用价值和保健价值，属于药食两用品种，市场年需求量很大，人工栽培还没有起步，由于连年价格上涨刺激产区百姓无序滥采滥挖，导致野生资源几近枯竭。了解了这些后我开始了野生黄精驯化的尝试，通过实践，总结了一套合理的黄精标准化栽培技术，今年我把我的黄精面积扩大到了 200 亩，是东北第一大黄精驯化栽培基地，以后准备陆续推广。在驯化过程中我遇到了黄精用种茎繁殖，扩繁速度慢的问题，没办法我回到林职院求助，学院领导和老师们热情地接待了我，积极帮助我解决问题，后来大家一致认为通过组织培养的方式能够快速解决种源的问题，并立即动手帮我做了这个试验，目前效果很好，已经到了最后炼苗的阶段。2015 年 7 月，我以黄精驯化推广的项目参加了抚顺市团市委和市科技局主办的抚顺市青年创新创业大赛，获得了全市第三名的良好成绩。黄精栽培 3 年，亩收益在 2 万元以上，经济效益可观，它的驯化推广能大幅增加山区人民的收入，经济效益明显；并且黄精可以在林下仿野生种植，解决了我省实行天然林禁伐后，农民养林无收入的矛盾，又解决了部分农村闲散劳动力的就业问题，最重要的是能够让野生黄精得到养息，大大保护了生态环境，社会效益明显。这些，都是与我在林职院学到的技术分不开的。

总之，不管是省委党校开办的农经班也好，还是省科技局等部门组织开办的农技班也好，是知识武装了我的头脑，给我带来了以前想都不敢想的财富与机遇。

同学们，学习农业知识非常必要和重要，我先和大家说一个咱们当前面临的机遇，应该说一个农村前所未有的创业机遇期已经来临，那就是农村土地的整合，开办家庭农场，这也是今年中央一号文件反复提出的关于农村的一件大事，咱们不了解国家政策是不行的。过去几年国家偏重于城镇化建设，城市里大规模建设楼房，鼓励农民到城里去创业，使得楼市暴涨，国家振兴了经济，很多人也富起来了，转过头一看，现在农村几乎掏空了，在家务农的几乎没有年轻人了，在我们那儿，一个村子里 30 岁的年轻人务农的几乎没有，四十岁的也没几个人，在田里劳动的主力军以 50～65 岁的为主，这些人再老了干不动了也怎么办？以前想承包点儿土地搞特色产业，协调土地是一件很难的事，现在在农村承包几百亩地，也不再是难事了，今年我在岫岩承包了 300 多亩地，那块地旁边还有近 1000 亩想往出承包，村民一家几条垄，没有种的价值，都出去打工了。如果你那里还没有人想往出承包土地，那你也放心，这种现象离你也不会很远了，我们要做好迎接机遇的准备，一定要整合土地，将来一旦错过了这个机会，土地被几个大户整合了，我们再想从他们手里把地转包过来，那就要花大价钱了。如果说头几年你没买楼，没炒楼，错过了赚钱的机会，那么眼前的农村土地整合再错过去，你就 out 了。土地整合后成立家庭农场，国家是有政策鼓励的，我们县农发局免费为家庭农场的大面积土地进行平整，使之适合机械化作业，对经营好的家庭农场，还有奖励政策。这是我的家庭农场的申报材料，学校的文凭很重要。以经营 300 亩土地种植玉米为例，土地面积大了，实现了机械化，人力投入低了，收益增加了，一亩净利润约 600 元，300 亩玉米一年纯利润 18 万，这是很固定、很牢靠的收入，是不是比上班强，一年还歇大半年，而且都是雇人，那是名副其实的小农场主，自己当老板。但家庭农场最主要的就是知识性强了，机械化程度高了，经营思路拓宽了，经营理念要求更高了，就要求我们有足够的知识和文化去面对这些问题。

关于经营资金的问题，有的同学说，那我土地承包过来了没有资金经营怎么办，这个大家不用愁，随着去年开始的建筑业、工业、服务行业的萧条，很多老板退出这些行业，开始关注相对风险更小的农业，他们手里有资金，但没技术，更没土地，想在农村搞产业，必须要找懂技术、有土地的新型农民合作。以我为例，位于瓦房店市的大连华冶轴承有限公司的李振华经理通过市场调查和论证，在中药材种植上和我们合作，给我这边投资将近 200 来万；另外，大连星辰造船厂的老总王威，今年准备在我这里投资种植树莓 5000 亩，在我村建速冻厂，厂房已经买好，因为担心我们这个地区种植出来的树莓品质是否合格，今年先小面积试种，成功了明年大面积发展。总之，现在在农村，只要有人品、有知识、有土地，是不愁找不到投资人的。

最后，我给同学们提个建议，希望大家多关注一下林下经济班，特别是中药材，当前建筑业萧条，绿化也受到很大影响；相反，随着国家对国学，特别是对中医药学的重视，还有我们全民保健意识的提高，以前药材是用来治病的，现在随着人民生活水平的提高，药材大多用来保健，很多药材登上了人们日常的餐桌、茶桌，中药材的用量越来越大，价格也是一涨再涨。拿我们种植的中药材玉竹为例，以前只是用于治疗肺热、滋养肺阴，用量不太大，但现在玉竹相继做成了一些日常保健食品，比如宽甸玉竹加工厂研发生产的玉竹挂面、玉竹茶，远销到韩国，用来养颜润肺，用量扩大到了以前的数十倍之多。咱们地产的药材品种白鲜皮，从 5 年前的每公斤 27 元涨到了现在的 90 元，这几年吉林省集安市种植人参赚个几千万的人比比皆是。

我说的有点多了，最后，希望领导、老师们莅临我处指导，也希望同学们到我那儿走走，互相探讨、互相学习，争取把我们的产业做得更大、更好，来回报家庭，回报社会，回报国家，谢谢大家！

附 4：新宾学员庞龙在培训班的学习体会

农为擅技者丰

新宾满族自治县青松岭林下种植专业合作社
抚顺本色农业生物科技有限公司
第三期农民技术员培训班(园林花木)班长
庞　龙

不甘平庸的天性注定要开启自主创业的艰难航程，自 2009 年起在林下种植食用菌、中药材、山野菜等，5 年筚路蓝缕的路程，感想颇多的同时，经验也在丰富着自身。思路不再“小农”，渐行拓宽。信心满满笃信坚定，趋向成长！

广阔农村　大有可为

我居住的地方山青水秀，物产丰饶。经过多次向沈阳农业大学、省农科院、省林职院、市农科院等专家咨询、求证姬菇、榆黄蘑、木耳等食用菌在林下种植的可行性，结合市场调研，了解到有机绿色食品市场需求的状态，确定走特色高端食材的市场定位。于是在林场 45 林班 50 年红松林下小面积试种姬菇、榆黄蘑、木耳等食用菌。同时担负着为沈阳农业大学、省农科院、省林职院、市农科院等科研院所对北方食用菌品种在林下种植的提纯、驯化和选育，掌握各品种对光、温、水、气的需求的生长习性，理化环境适应度等详实的第一手资料，并积累了丰富的种植经验，为品种能够示范推广夯实了基础。如木耳‘1022’‘2010’‘黑威’等表现出耳黑、耳厚、香嫩、产量高等优质特性；姬菇，口感香嫩、菌盖肥厚、潮次间歇时间短；榆黄蘑菇味浓厚，颜色鲜艳自然、肉厚嫩滑，品质表现极优。

产学研结合　技术创新效益丰

在用料上，力求废物利用。我们经过多次实验，以粉碎的玉米秸杆(70%)为主料，木屑(20%)、麦麸(10%)等为辅料，在林下采取半熟料袋料堆垛式和地面铺覆式 2 种栽培模式，实践证明，各品种表现出品质佳、产量高效益好的优质特性。3 万袋姬菇占地 3 亩，产值达到 20 余万元；600 平方米榆黄蘑产值达到 7 万余元；木段木耳 3 千段产值达到 2 万余元。去年 9 月 28 日，国家林业局产业司领导及专家前来考察时，一位随行的日本专家对姬菇、榆黄蘑地栽方式产生浓厚兴趣，想要了解此项技术，被我们委婉拒绝。明年拟在37亩红松林下基地采取层架式大面积种植香菇，树间悬吊猴头立体模式，榆黄蘑地面铺覆，并将这些食用菌合理间作，形成景观，打造观光休闲采摘基地，并与省林职院创办科普教学示范基地。通过网络宣传，吸引消费者前来观光采摘、体验，置身大自然的怀抱，缓解生活压力，放松心灵，尽享快乐！

社会效益　生态效益　经济效益三方共赢

2013年，正式成立新宾满族自治县青松岭林下种植专业合作社。

林下种植食用菌是兼顾了社会效益——节约土地有效利用树荫庇护，无需搭设棚架等设施，相对棚栽成本减少了2/3；生态效益——周年出菇后的菌料经物理转化后成为树木生长优质的养料，达到了以林养菇、以菇促林、和谐共生的生态目标；经济效益——在土地污染，食品安全形势日益严重的现实中，野生环境下自然生长的食用菌，返璞归真，菇味浓厚、菇肉香嫩、菇色自然，经检验测定，所含蛋白质、多种氨基酸、维生素、矿物元素、多糖类等各项指标远远高于棚栽，生理活性极高，吸收率可达90%以上，市场售价是棚栽食用菌的2～3倍，仍被市场认可。

顺势而为　做实走远

随着发展和认识的提高以及市场的召唤，顺应时势，2014年8月我又注册成立了抚顺本色农业生物科技有限公司，相继在延长产业链、注册商标、取得进出口经营权等方面入手，力求发展形成标准化、专业化、品牌化、产业化，确定以特色菇业、休闲菇业、创汇菇业等作为未来5年的发展方向。产品精细分级、国际标准包装、定位高端食材、进军国际市场。下一步我们计划扩大规模采用平地大棚制种养菌，林下出菇的生产模式，与广大农民种植户形成全面合作，实现共赢。开发蘑菇茶、蘑菇面食、蘑菇汤料等系列食品。现在正与韩国相关株式会社、俄罗斯农业综合开发公司洽谈合作，向他们出售各种食用菌出菇菌棒，从而实现企业“国内站稳，国外拓展”的5年规划目标！

网络营销　前景广阔

会种会养更要卖得好，不会卖是大部分农民或农民组织面临的最大难题，产品进超市、店铺、农贸市场销售总是不如人意，难有效果。身处伟大的信息时代，有效利用电子商务平台来谋求产品销售渠道的畅通和推介势在必行。今年我们已与一家做电商的公司进行合作，借助他们成熟的网络营销渠道和相关资源销售农产品并提升企业形象，树立品牌等，效果特别明显。未来我们还要将微信销售纳入网络营销平台，利用各种人脉关系的星星之火，打造燎原之势，让更多的消费者了解我们，认可我们，形成持续购买力，从而使企业与国内外市场相通相融、顺利接轨，真正把网络营销这个广阔的舞台做大做好，为企业插上翱翔的翅膀！

“农为擅技者丰”，我会一直努力，常怀感恩之心，用心专心发展林下种植产业，将人与自然共生共荣的特色之路，向农业现代化延伸！

第四章

终身教育

第一节　终身教育

一、终身教育的概念

终身教育最早是由法国保罗·郎格让(Paul Lengrand，1910—)提出，1965年12月，在教科文组织“第三次促进成人教育国际委员会”上，保罗·郎格让以“终身教育”为题做了学术报告，这是在国际会议上讨论终身教育的开端。此后，在联合国教科文组织及其他有关国际机构的大力提倡、推广和普及下，“终身教育”已经作为一个极其重要的教育概念而在全世界广泛传播。许多国家在制定本国的教育改革的方针、政策或是构建国民教育体系的框架时，均以终身教育的理念为依据，以终身教育提出的各项基本原则为基点，并以实现这些原则为目标。简言之，终身教育已经不是一种理论研究层面的东西，而是各国付诸行动的原则和基础。

法国保罗·郎格让作为“终身教育”始作俑者是这样定义的：终身教育所意味的，并不是指一个具体的实体，而是泛指某种思想或原则，或者说是指某种一系列的关心与研究方法。概括而言，指人的一生的教育与个人及社会生活全体的教育的总和。

曾任联合国教科文组织教育研究所专职研究员的R·H·戴维认为：终身教育应该是个人或诸集团为了自身生活水平的提高，而通过每个个人的一生所经历的一种人性的、社会的、职业的过程。这是在人生的各种阶段及生活领域，以带来启发及向上为目的，并包括全部的正规的(formal)、非正规的(nonformal)及不正规的(informal)学习在内的，一种综合和统一的理念。

联合国教科文组织终身教育部部长E·捷尔比指出：“终身教育应该是学校教育和学校毕业以后教育及训练的统和；它不仅是正规教育和非正规教育之间关系的发展，而且也是个人(包括儿童、青年、成人)通过社区生活实现其最大限度文化及教育方面的目的，而构成的以教育政策为中心的要素。”

上述三人从不同侧面阐述了各自对终身教育的观点。虽各自侧重不同，但有一点是相同的：他们都认为终身教育应该包括人一生所受的各种教育的总和。它开始于人的生命之初，终止于人的生命之末，包括人发展的各个阶段及各个方面的教育活动。既包括纵向的一个人从婴儿到老年期各个不同发展阶段所受到的各级各类教育，也包括横向的从学校、家庭、社会各个不同领域受到的教育，既有学校教育，又有社会教育；既有正规教育，也有非正规教育。其最终目的在于“维持和改善个人社会生活的质量”。构建终身教育体系就是主张在每一个人需要的时刻以最好的方式提供必要的知识和技能。

终身教育体系的构建根据其基本特征可概括为终身化和一体化。终身教育体系在纵向上，应体现上下的连续性和一贯性，强化学前教育、学校教育、学校后继续教育以及老年教育的结合，强调各级教育在组织和内容上的一体化；在横向上，打破各类教育彼此孤立隔绝的状态，调动社会所有形式的教育资源，使普通学校教育、职业教育和成人教育相互沟通和渗透，正规教育与非正规教育相互补充，是学校教育、家庭教育、社会教育相结合的一个教育体系。

二、我国终身教育体系

我国终身教育体系可粗略地分解为三个系统：

一是以学历教育为主的学校教育系统，它是终身教育体系中的基础部分，也是主干部分。这是因为，固然人的一生中要不断地学习和更新知识，但必须打好学会学习和社会生活的基础，而进行系统组织和能力的训练，养成生存和发展的基本素质，正是正规学历教育所特有的功能。

二是职业资格教育为主的行业教育系统。这个系统大体是一种“三位一体”的构架：

①以行业为主的职业资格教育；

②以企业为主的在职、在岗培训（包括岗位等级培训、知识和技能更新培训等）；

③跨行业、跨企业的转业、转岗培训。

这个系统紧密结合社会发展的实际，以社会需求和受教育者需求为导向，灵活多样地实施各种形式的教育。

三是以文化生活教育为主的社会教育系统，具主要功能是：

①学校教育的补充，校外辅助教育；

②社会职业培训；

③社会文化生活教育；

④广播、通信、影视文化以及各种社会活动的教育影响等。

随着电脑、通信和大众传播媒介的普及，社会教育将成为一个独特的教育系统不断地扩展其教育影响。

第二节　我国终身教育发展的历程

回顾我国改革开放以来终身教育的总体发展趋势，其大致经历了四个重要的发展阶段。

一、终身教育发展的酝酿期(20 世纪 70 年代末期至 80 年代中期)

(一)成人教育的兴起

每一种教育活动的产生、发展及演变的过程，无不与当时的社会背景或历史条件有着深刻的关联。我国成人教育的兴起也是如此，与改革开放的形势有关。1978 年 12 月，党的十一届三中全会做出重心转移经济建设的决策，“改革开放”的大幕从此拉开。但十年“文化大革命”动乱致使学校“关门”，由此产生大量文盲或半文盲。其后学校虽有恢复，但传统教育体制不接受成人学生，这一现状无疑对经济建设重心的转移造成严重障碍。为了解决因“文化大革命”而错失学习机会的年轻人能再度回归教育的问题，我国引入“成人教育”的概念，并给予了扶持与推进。其标志是“双补”教育运动的大规模开展，各种层次、各种类型的成人学校如雨后春笋般涌现，中国独创的成人自学考试制度也在全国范围建立。1986 年原国家教育委员会把成人教育作为国民教育体系的重要组成部分而确立了它的地位。于是，原本产生于西方的“成人教育”概念开始在中国生根开花，并作为一种重要教育形态而受到了当时社会的高度重视。

(二)成人教育体系的建立

这一时期成人教育重点解决五类人员的学习问题：①对已经走上各种岗位，以及需要转换工作岗位或重新就业的工人、农民、干部、专业技术人员和其他从业人员，进行相应的岗位培训，使他们在政治思想、职业道德、文化知识、专业技术和实际能力等方面达到本岗位的规范要求；②对已经走上岗位而没有受完初等、中等教育的劳动者，进行基础教育；③对已经在职而又达不到岗位要求的中等或高等文化程度和专业水平的人员进行相应的文化和专业教育；④为适应社会的迅速发展和科学技术日新月异的进步，对受过高等教育的人进行继续教育；⑤为建设文明健康科学的生活方式，满足人们日益增长的精神文化生活的需求，对成人开展丰富多彩的社会文化和生活的教育。

这一时期是我国成人教育概念形成、成人教育体系建立以及成人教育实践活动日益普及与发展的时期。

二、终身教育发展的初始期(20 世纪 80 年代中期至 90 年代初期)

随着“改革开放”方针的确立，国内政治与经济形势日趋稳定与好转，对外交流的渐次开放，尤其是教育界的对外开放，使得产生于 60 年代中期，且最受人关注的现代终身教育思潮得以传入我国。国际终身教育理念的导入，导致我国传统教育思想开始出现变革，其具体体现为“人人学习、时时学习、处处学习”的终身学习思想逐渐深入人心。

1989 年 9 月，终身教育发展史上具有划时代意义的、联合国教科文组织撰写的《学会生存——教育世界的今天和明天》报告书(1972 年)，由华东师范大学比较教育研究室翻译出版。此书一经出版即被销售一空，并且在当时的教育界形成了一股讨论终身教育的热潮。“终身教育”第一次被写入国家重要教育文献，1993 年 2 月，由国务院印发的《中国教育改革和发展纲要》中明确指出：“成人教育是传统学校教育向终身教育发展的一种新型教育制度，对不断提高全民族素质，促进经济和社会发展具有重要作用。”有学者指出，这段表述标志了终身教育从一种理念开始转向一项具体的国家政策。随后的发展亦充分证明，终身教育虽然最初是由教育界直接引入，但随着对其理解的不断加深以及影响力的不断扩大，终身教育最终受到了各级政府的高度关注，由此一跃成为国家教育政策文本的重要内容。终身教育由一种思潮及理念进而上升为一项具体的国家政策方针的本质转变亦由此拉开了序幕。

三、终身教育体系化与政策化的摸索期(90 年代初期至 90 年代末期)

随着终身教育理念的深入人心，终身教育逐渐作为一项基本国策在全国得以广泛而深入地开展，同时一系列的制度化建设及政策立法举措也相继出台。

1. 终身教育写入《中华人民共和国教育法》

国务院 1993 年发布教育纲要并首次提倡“终身教育”之后，1995 年由全国人大通过并实施的《中华人民共和国教育法》又在第 11 条、第 19 条及第 41 条中更为明确地规定：“国家适应社会主义市场经济发展和社会进步的需要，推进教育改革，促进各级各类教育协调发展，建立和完善终身教育体系”“使公民接受适当形式的政治、经济、文化、科学、技术、业务教育和终身教育”“为公民接受终身教育创造条件”。上述法律条文的明确规定，意味着终身教育被国家法律所认可。而终身教育进入国家教育法本身，证明了其作为一项基本国策的事实已经被正式确立。从此以后，政府对终身教育的推动，开始进入了有法可依、依法保障的全面实施阶段。

2. 颁布《面向21世纪教育振兴行动计划》

1998年12月，教育部颁布了《面向21世纪教育振兴行动计划》，在这一具有重要导向作用的教育政策文献中，其不仅重申了“终身教育将是教育发展与社会进步的共同要求”，而且还进一步提出了要“开展社区教育的实验工作，逐步建立和完善终身教育体系，努力提高全民素质”的具体要求。序言尤其值得关注的是，《面向21世纪教育振兴行动计划》还着重强调，“到2010年，基本建立起终身学习体系，为国家知识创新体系以及现代化建设提供充足的人才支持和知识贡献”序言。需要指出的是，在一份跨世纪的教育行动纲领中，竟前后三次强调指出要建立“终身学习体系”，这一重要信息无疑为进入新世纪后的中国教育及其改革发展注入了新的元素与动力。

3. 颁布《关于深化教育改革，全面推进素质教育的决定》

1999年6月，国务院再次颁布了《关于深化教育改革，全面推进素质教育的决定》，在这一被看作是指明了新世纪教育改革风向标的重要政策文件中，不仅继续强调要“逐渐完善终身学习体系”（第10条），积极“运用现代远程教育网络为社会成员提供终身学习的机会”（第15条），而且还第一次提出了要注意提高“教师队伍终身学习自觉性”的要求（第17条）。一系列政策文件的出台，一系列强化终身教育发展政策精神的下达，都为探索期终身教育的发展注入了强大的生命活力。

（四）终身教育成为国家发展战略的深化期（21世纪初期至今）

随着改革开放的整体推进与深入，社会主义市场经济体制的逐步完善，尤其是经济发展的成就提升了人民整体的生活水平，民众对精神层面的需求开始日益旺盛，继续教育、终身教育的意识不断增强，而这一切又进一步化为动力促进了教育改革的深入发展。2003年7月28日，党中央适时提出了科学发展观的政治纲领，其为教育改革带来了新的活力与发展方向，政府开始更加关注教育的公益性、公平性和均衡性，而这也为终身教育从政策走向立法，提供了重大契机与重要保障。

终身教育或终身学习的概念以越来越高的频率出现在党的历届代表大会会议报告或决议文件之中，这足以彰显党和政府在推进终身教育与终身学习方面的坚定立场与决心。

2002 年 11 月，党的十六大报告强调指出，要“加强职业教育和培训，发展继续教育，构建终身教育体系”（第六部分）；要努力“形成全民学习、终身学习的学习型社会，促进人的全面发展”（第三部分）。2003 年 10 月，《中共中央关于完善社会主义市场经济体制若干问题的决定》再次强调指出，要“深化教育体制改革，完善现代国民教育体系和构建终身教育体系，建设学习型社会，全面推进素质教育，增强国民的就业能力、创新能力、创业能力，努力把人口压力转变为人力资源优势”（第十部分）。2004 年 9 月，中共中央在《关于加强党的执政能力建设的决定》中，继续明确要求“营造全民学习、终身学习的浓厚氛围，推动建立学习型社会”（第六部分）。2006 年 10 月，中共中央在《关于构建社会主义和谐社会若干重大问题的决定》中，再次提出要“深化教育改革，提高教育质量，建设现代国民教育体系和终身教育体系”（第三部分）。2007 年 10 月，党的十七大报告强调要“发展远程教育和继续教育，建设全民学习、终身学习的学习型社会”（第八部分），这一精神最终被写入了 2010 年的《国家中长期教育改革与发展规划纲要（2010—2020 年）》。2012 年 11 月，党的十八大报告再次强调要“完善终身教育体系，建设学习型社会”。2013 年 11 月，党中央在《关于全面深化改革若干重大问题的决定》重要文件中，再次强调提出“深化教育领域综合改革”，推进“继续教育”改革发展，“试行普通高校、高职院校、成人高校之间学分转换，拓宽终身学习通道”。2015 年 10 月，党的十八届五中全会通过了《中共中央关于制定国民经济和社会发展第十三个五年规划的建议》，继续就“建立个人学习账号和学分累计制度，畅通继续教育、终身学习通道”做出部署。党的十九大提出“办好继续教育，加快建设学习型社会，大力提高国民素质”。

第三节　终身教育体系

一、终身教育体系产生的背景

终身教育体系发端、发展于 20 世纪 60 年代，并在 80 年代后开始在各国教育改革与发展中付诸实践，是指教育系统为个人提供一生参与有组织的学习机会，使其不断学习，提高素质，以适应社会发展的需要。终身教育体系尽可能有效地向社会开放，各级各类教育之间具有包容性，最终实现沟通与衔接。

终身教育体系是以现代大教育观看教育的形态和体制，是家庭教育、学校教育和包括成人教育在内的社会教育等各个领域之间的有机联系整体。

终身教育体系超越了阶段性、制度化并贯穿于人生的始终，是一种全新教育模式，它在教育目标的价值预设上具有个体性，在教育过程的实现形式上具有多样性，在教育范畴的时空变化上具有整合性，在教育资源支撑上具有开放性。

1. 萌芽期(古希腊时期至20世纪初)

梭伦(Solon)：人活得愈久，学习得愈多(西元前6世纪)。

荷马(Homer)：派代亚(paideia)观念，将社会形塑成一个能够达成继续教育、终身学习目的的教育母体思想，教育必须超越学校教育阶段，贯穿人生的全程。

苏格拉底(Socrates)：教育真正的本质在使人们经由一生的时间，达成真实的生活目的。

柏拉图(Plato)：教育是由出生到临终的一个历程，个人唯有终身不断地学习，才有可能成为健全的公民。

亚里斯多德(Aristotle)：所有人都渴望知识，经由教育与终身不断地学习，达到智慧的德行，才能享受美好的人生。

2. 酝酿期(1919～20世纪60年代)

1919报告书：现代终身教育思想的分水岭，由英国重建部成人教育委员会于1919年提出，反映对于普遍和终身教育的迫切需求，强调每一个人的尊严与价值及个体发展的承诺。

杜威(Dewey)：教育即生活，在生活中人类不断地成长和发展，吸收新的经验，获得持续不断的成长；教育即成长与成熟，应该永远是一个的历程；教育即是经验不断重组与改造的过程；学习可以、也应该贯穿人的一生。

林德曼(Lindeman)：成人教育主张生活的全部就是学习，因此教育是没有终点的；成人教育的课程是建立在学习者的兴趣与需求上，经验是成人学习者活的教科书。

其他如叶克斯李、华勒斯、齐派翠克、皮尔斯、强森、麦克约翰、布莱森、李文史东、杰克思、西革尔等对于终身教育的重要论点如下：教育是终生的历程，教育历程没有终点；教育即生活，教育是生活的一部分，教育不能与生活脱节；教育不应局限在学校或青少年阶段，入学前的幼儿与离校后的成人也需要接受教育；教育是全民、终生、普遍的需求，教育为所有人的权利，不应为少数人服务；在终身教育中，学习者是主体，学习者的兴趣应受到重视；学校教育应该培养学生终身学习的态度、动机和能力，为终生学习做准备；终身教育中，应学会运用非正规、非正式的学习与教学方法，以弥补正规教育的不足；成人需要继续教育，以不断学习新知，调适社会生活。

3. 典范的形成(1960 至 20 世纪 80 年代)

自 1960 年代开始，在联合国教科文组织(UNESCO)、欧洲经济合作发展组织(OECD)、欧洲议会的数次重要会议及报告书提出以后，终身教育逐渐形成新的典范，被广泛推广至世界各国，成为若干国家制定教育政策的标准。重要代表人物与著作如下：

林格兰(Lengrand，1975)：终身教育导论。

法尔(Faure et al.，1972)：学习生存。

戴夫(Dave ed.，1976)：终身教育的基础。

克罗普雷(Cropley ed.，1980)：迈向终身教育体系。

二、我国终身教育体系的概念及内容

终身教育体系指教育系统和社会机构为社会成员提供终身参与有组织学习机会的教育制度安排和网络。20 世纪 60 年代由国家教育局提出，目的是实现教育体系一体化。

随着科技强国以及人才发展战略的提出，国务院于 1999 年 1 月批转的教育部“面向 21 世纪教育振兴行动计划”提出，到 2010 年基本建立起终身学习体系，终身教育作为一项规定和任务，已分别写入《中华人民共和国教育法》和《中国教育改革和发展纲要》中，并在面向 21 世纪教育振兴行动计划中作为一项行动目标提出来，全面实施终身教育，要求有一个一体化的系统。教育体系一体化是终身教育论的中心思想，也是各国实施终身教育的共同趋势。而终身教育的目标，便是使社会成员都能具有终身学习的条件和机会，要达到这样的目标，必须建立终身学习的社会。

终身教育体系的建立，是教育自身发展的必然选择，包括两方面的内容：一方面是通过社会组织，建立各种教育机构，提供各种教育的场所和机会，建立和架构一个使学习者能够终身受到教育的体系，最大限度地创造学习的条件，使人们在不同阶段和不同层次的各种学习需求的实现得以保障；另一方面是促进个人的终身学习。

在《国家中长期教育改革和发展规划纲要(2010—2020年)》第二章战略目标和战略主题中，就构建体系完备的终身教育有专门论述：“构建体系完备的终身教育。学历教育和非学历教育协调发展，职业教育和普通教育相互沟通，职前教育和职后教育有效衔接。继续教育参与率大幅提升，从业人员继续教育年参与率达到50%。现代国民教育体系更加完善，终身教育体系基本形成，促进全体人民学有所教、学有所成、学有所用。”

《国家中长期教育改革和发展规划纲要(2010—2020年)》的一大亮点，是在教育发展中突出了终身教育的理念，提出了构建终身教育体系的目标和任务。构建终身教育体系是实现党的十七大提出的使全体人民学有所教、建设学习型社会战略目标的必然要求。“基本形成学习型社会”是教育规划纲要提出的今后10年我国教育改革发展的三大战略目标之一，实现这一战略目标的基本前提是构建完备的终身教育体系。学习型社会的基本特征是教育面向全体社会成员开放，教育能满足人生各个阶段的、多样化的学习需求。而只有终身教育体系才能满足全体社会成员的终身学习需求。没有终身教育体系作为支撑，学习型社会就无法实现。构建终身教育体系既是教育改革发展的目标和任务，同时也是实现学习型社会的重要手段。

构建终身教育(学习)体系是当今国际教育改革发展的共同趋势，但在我国，构建什么样的终身教育体系？如何构建终身教育体系？对此，大家的认识并不清晰和统一。因此，尽管构建终身教育体系的命题已提出多年，但实际进展不大。这次教育规划纲要对构建终身教育体系的目标、内涵与任务做了清晰的表述，这对于推进终身教育体系的构建具有重要意义。教育规划纲要指出：学历教育和非学历教育协调发展，职业教育和普通教育相互沟通，职前教育和职后教育有效衔接。现代国民教育体系更加完善，终身教育体系基本形成，促进全体人民学有所教、学有所成、学有所用。

上述表述具有以下几方面的含义。

第一，终身教育体系要求实现各级各类教育的协调发展。要满足全体社会成员在人生各个阶段的教育需求，必须大力发展包括幼儿教育、义务教育、高中阶段教育、高等教育和继续教育在内的各级各类教育，提高各级各类教育的参与率。教育规划纲要在提出未来10年教育的发展任务时，将学前教育列专章进行规划，提出基本普及学前教育的目标与任务，就是重视儿童早期教育的重要体现。同时，针对我国终身教育体系中继续教育相对薄弱的状况，教育规划纲要提出要大幅度提升继续教育参与率，使从业人员继续教育年参与率达到50%。

第二，终身教育体系要求实现各级各类教育的有机整合、有效衔接与相互沟通。这可以从三个方面或维度来理解，一是加强各级教育的纵向衔接，二是各类教育的横向沟通，三是促进各种学习成果的相互承认与整合。教育规划纲要提出的建立终身学习“立交桥”就是实现各级各类教育衔接与沟通的重要举措。

第三，正确理解国民教育体系与终身教育体系的关系。教育规划纲要在谈及构建终身学习体系时，强调要使现代国民教育体系更加完善，体现了对完善国民教育体系在构建终身教育体系中的重要作用的深刻认识。终身教育是贯穿人一生、面向全体社会成员的教育，国民教育是终身教育的基石，国民教育体系是终身教育体系的重要组成部分。没有现代国民教育体系作为依托，终身教育体系也就难以建立。

三、终身教育推进体制

1. 终身教育管理机构的设置

建立终身教育体系是一项庞大的社会系统工程，必须有相应的专门机构行使统一规划和管理协调的职责。应成立国家构建终身教育体系委员会，可以由国家领导人出任主任，国家教育、人事、劳动和社会保障、财政、计划、经济、文化、广播电视、新闻出版等有关部、委、局负责人担任委员。委员会决定构建终身教育体系的大政方针及重要问题。下设办公室挂靠教育部，作为委员会的办事机构，负责统一规划、管理协调教育内部和教育外部的有关实施终身教育体系的具体工作。国家设立了这样的管理机构，省、市(地)、县、乡(镇)各级政府亦建立相应机构，自上而下形成一个管理系统。如此，这项工作由专门机构负责，由专人抓，各级政府在制定当地事业发展规划时把发展终身教育作为政府工作的目标之一，才有可能迅捷地将构建终身教育体系的工作落到实处。

2. 终身教育的立法

终身教育体系的构建必然而且必须依靠法律法规的强制和规范。因此，终身教育的立法与法治问题就成为左右终身教育体系构建与否的关键因素之一。之所以强调必须通过立法和法治来启动并促进终身教育体系的构建，主要是基于法律法规的强制性和规范性。

尝试建立地方性终身教育法规，以规范和促进当地终身教育的完善和发展；修订现行的有关法律法规，以渗透和补充终身教育的法律法规内容；在“尝试”和“修订”的基础上，订立国家的“终身教育法”，终身教育的推行与终身教育体系的构建必须与国家的发展目标、政策法规相适应，也就是说，国家应从战略发展的高度来规范、约束和指导终身教育的开展。而国家制定一部具有统筹和指导作用的广泛适用的终身教育法则是达成这一目标的具有根本性的战略举措。

制定出终身教育法以后，关键的问题，是严格贯彻执行。这是一个法治问题。为此，需要强调如下几点：①严格执法；②强制执行(如同义务教育一样)；③奖惩有力；④激励为主。

3. 完善终身教育服务体系

提供广泛的学习渠道，完善终身教育服务体系；

(1)以社区教育为切入点，建立全方位开放的教育制度，积极构建中国的终身教育体系

社区教育是市民终身学习的一种教育方式。这是由社区教育的地域性、全员性的特点决定的。社区教育是实现市民终身学习的基本保证。

(2)充分发挥民间教育机构的作用

民间教育组织是推进终身教育必要的中继站和不可缺少的辐射源，在终身教育体系的构建过程中具有不可替代的巨大作用，建立自上而下、纵横相连的民间终身教育组织网络，对推动和促进中国终身教育的发展与终身教育体系的构建将起到非常重要的作用。正确规范和引导民间终身教育组织的发展，充分挖掘其潜在的功能。建立民间终身教育组织应有政府的引导和规范，只有如此，才能发挥它们的基层辐射作用和联络桥梁作用。民间终身教育组织自身应采取积极主动措施，切实推进本地终身教育的发展和终身教育体系的建立。由于终身教育体系的建立尚处于摸索和实验阶段，因此，民间终身教育组织应在这方面做出积极的努力，多做一些尝试性的探索。

4. 拓宽经费筹措的渠道

没有雄厚资金的支撑是构建不了终身教育体系的。各级财政在确保教育经费三个增长(即各级政府教育财政拨款的增长要高于同级财政经常性收入的增长，在校学生人均教育经费逐步增长，教师工资和学生人均公用经费逐步增长)的基础上，增设适当比例的全民终身教育专项投入。成立全国终身教育发展基金会，吸收民间资金，接受社会组织和个人以及海外友好人士的捐赠。

各省、自治区、直辖市及其所辖市地、县(市、区)均可仿效成立类似基金组织。

5. 构建终身教育体系的实施策略

分地区、分步骤实施，构建终身教育体系的实施策略。

从国家发展的战略高度来讲，现阶段中国构建终身教育体系宜采取总体规划。所谓总体规划，是指国家要有一个构建终身教育体系的总体方案或总体目标。这个问题在《中华人民共和国教育法》《中国教育改革和发展纲要》等战略指导文件中已经指出，只要再做必要的细化(如2010年基本建立终身学习体系，那么在2010年之前这段时间应再细化一些，分几个时间段，确立每个时间段的具体目标等)，就可制定出既宏观又具体的总体规划。

所谓分地区实施策略，是由中国的具体国情决定的。但由于地域、传统等诸多方面的差异，各地区的发展极不平衡。可采取由东向西分片推进的办法解决各地区之间的差异难题。具体可先在东部较发达的地区进行试验试点，待试验成功后先在该地区推行建立终身教育体系；在东部沿海地区大面积推行之时，可在中西部选取条件较好的地区进行试验试点，待东部沿海地区推行建立终身教育体系取得成功之后，再依据其经验并结合当地的试验分别在中西部地区进行推广，以期最终在全国建立终身教育体系。所谓分步骤实施策略，是由终身教育自身的本质特点决定的。终身教育是贯穿人的一生的社会实践活动，它有两个显著的特征：终身性、全员性。终身性是指终身教育是从人的生命开始到人的生命结束的全过程教育，包括胎儿教育、婴幼儿教育、青少年教育、成人教育、老年教育等。全员性是指终身教育是面向全体社会成员而不是某一个人或某一部分人的教育：

(1)全国要制定分步骤实行的战略指导方针，具体规定在某一段时间内应完成或达到的目标；各地要根据国家的指导方针，结合本地情况制定相应的分步实施对策。

(2)作为分步实施的必要环节，应有选择地进行试点，做到由点到面，以点带面，最后实现普及。

(3)分步骤实施应遵循先易后难的原则，先从简单的比较容易解决的问题入手，在条件较好的地区推行，逐渐过渡到难度较大的问题和条件较差的地区。

(4)分步实施还应坚持先建立后完善的指导思想，在起始阶段不应求全责备、过分追求完美，而应当采取实事求是的态度，先建立后完善、先普及后提高。

四、终身教育体系的主要特点

1. 终身性

这是终身教育最大的特征。它突破了正规学校的框架，把教育看成是个人一生中连续不断的学习过程，是人们在一生中所受到的各种培养的总和，实现了从学前期到老年期的整个教育过程的统一。既包括正规教育，又包括非正规教育。它包括了教育体系的各个阶段和各种形式。

2. 全民性

终身教育的全民性，是指接受终身教育的人包括所有的人，无论男女老幼、贫富差别、种族性别。在当今社会中，每一个人都要学会生存，而要学会生存就离不开终身教育，因为生存发展是时代的主流，会生存必须会学习，这是现代社会给每个人提出的新课题。

3. 广泛性

终身教育既包括家庭教育、学校教育，也包括社会教育。可以说，它包括人的各个阶段，是一切时间、一切地点、一切场合和一切方面的教育，终身教育扩大了学习天地，为整个教育事业注入了新的活力。

4. 灵活性

现代终身教育具有灵活性，表现在任何需要学习的人，可以随时随地接受任何形式的教育。学习的时间、地点、内容、方式均由个人根据自己的需要来选择。

5. 实用性

人们可以自主选择最适合自己的学习，途径如下：

(1)变革学习理念，由一次性的学习过程改为“终身学习”“处处学习”“学习工作化，工作学习化”“团队学习”“研究式学习”“反思式学习”，让学习成为团体和成员个人的生存状态和发展模式。

(2)发掘学习潜能，并把这种潜能当作稀缺资源进行整合。

(3)通过创建学习型组织唤醒成员的学习意识，培植团队的学习意识。

(4)提供学习保障，引导学习行为，校正学习方式，确保学有所用；健全学习网络，确保学有所得；创新学习载体，提高学习成效，确保学有所获。

(5)创新学习模式，注入学习活力。把学习的绩效与需求紧密地结合起来，使学习成为生存的前提和发展的动力。

第五章

企业终身教育

第一节 企业终身教育概述

一、企业终身教育及其体系的概念

企业终身教育及其体系，是指在企业内部建立一个系统的、与企业的发展以及人力资源管理相配套的终身教育管理体系、终身教育课程体系以及终身教育实施体系。

终身教育管理体系包括终身教育制度、终身教育政策、管理人员终身教育职责管理、终身教育信息搜集反馈与管理、终身教育评估体系、终身教育预算及费用管理、终身教育与绩效考核管理等一系列与终身教育相关的制度。

终身教育课程体系是指建立并完善包括企业文化终身教育、入职终身教育、岗位终身教育、专业知识和专业技术终身教育、营销终身教育、管理和领导技能终身教育等一系列具有本企业特色的终身教育课程。

终身教育实施体系则包含了确保终身教育制度实施，并通过终身教育活动的有效组织和落实、跟踪和评估、改善和提高，体现终身教育价值的一整套控制流程。

二、影响企业终身教育及其体系建设的主要因素

提升人力素质是提高企业各方面品质、生产力及竞争力的利器，而提升人力素质最直接有效、成本最低的方法，就是加强对员工的教育训练。现在企业的经营，由于受到国际化、开放化、自由化的挑战，竞争越来越激烈，人员的流动、薪资的调高、人力素质的提升等就自然成为企业在竞争导向中，最重要的经营策略之一。然而，企业终身教育及其体系建设过程中也存在着各种因素的影响：

第一，中小企业终身教育意识相对消极，对终身教育意义的认识不足。中小企业的资源有限性和经营不稳定性的特征决定了领导的决策具有很多短期性倾向，偏向于使用在短期内能直接为企业创造价值的人才，而不是为企业的长远发展建设配套的“自造”人才机制，终身教育意识的缺失也使得企业对于内部存在的终身教育需求认识模糊，

第二，中小企业可调动和使用的资源相对有限。中小企业本身资源和地

位相比较于大中型企业处于劣势，企业可调动和使用的资源有限，在进行业务经营方面的投资之后，已经没有更多的资源去用于人才培养以支持长远发展，而由于地位上的劣势，要吸引外部资源的进入也相对较难，而中小企业人员流动性又相对较高，资源的限制使得中小企业对员工终身教育后流失给企业带来的机会成本和风险的敏感度较高。

第三，中小企业对于自身可用于终身教育的资源发掘不够，利用不充分。大多中小企业确定了终身教育需求后，或者当终身教育计划完成后，就开始着眼于搜寻、筛选和考察终身教育课程。承包商将终身教育外包，而很少甚至没有意识到本企业内部存在着丰富的终身教育资源，自然对内部可利用的终身教育资源也没有进行充分的发掘。

三、企业人员社会终身教育及其体系建设建议

那么作为资金、人力等资源极其有限的中小企业，应该怎样最大化利用自身现有资源建设合理、科学的人员终身教育呢？人力资源顾问专家——华恒智信分析员针对中小企业建设员工社会终身教育及其体系的提出了几点建议：

第一，进一步提升对员工社会终身教育及其体系建设重要性的认识。进行科学的终身教育需求分析。从领导层的重视开始，在对自身特点进行分析后制定人员终身教育的战略，由上而下引导企业中学习和终身教育意识的产生。在进行终身教育需求分析时，一是明确组织的总体需求；二是明确并分析岗位对个体的要求；三是分析现有人员的能力水平；四是明确现有能力和要求能力之间的差距；五是识别差距中可用终身教育来缩小的那一部分，确定终身教育需求细则。可采取座谈、问卷调查、绩效分析、岗位与人员分析等方法进行，终身教育的战略和计划将建立在分析结果上。

第二，充分发掘和利用企业自身的终身教育资源。许多中小企业往往倾向于实行终身教育外包，而有意无意地忽视了内部终身教育资源力量的发挥，着力建立一支规范化的内部终身教育师队伍并充分利用。在实践中企业可以充分利用中小企业内部终身教育力量来有效降低终身教育成本，且在一定程度上能够有效加强终身教育的效果。内部终身教育师所做的终身教育内容都具有十分显著的个性化，是真正针对管理体制、企业文化和终身教育需要等而度身定做的。但内部终身教育师的终身教育技能和终身教育风格，及其所影响的终身教育方式等专业性需要特别注意。

第三，针对企业特点，在实践中探索有针对性的、有效的终身教育措施和方法。加强对企业的诊断咨询功能，结合企业发展规划和行业特点，开展案例教学，更好地强调针对性。中小企业中管理者个人对于企业的影响较大，所以可以借鉴国外有效的做法，对中小企业管理者参加终身教育活动可以通过津贴等形式给予一定的资金支持，促进管理者提高自身管理技能，从整体上能促进一个有活力的中小企业群体的蓬勃发展，也可借鉴比利时和德国员工免费终身教育制度的经验，给予员工参加终身教育活动的激励，可以在一定程度上降低中小企业员工的流失率，促进中小企业的良性发展。

第四，充分利用外部资源，弥补终身教育资源不足的限制。我国在借鉴其他国家成功经验的基础上，建立了中小企业支持服务机构，直接服务于众多的中小企业，研究中小企业发展中遇到的突出难题，根据中小企业的终身教育需求，开展直接针对中小企业人员的终身教育活动和编制终身教育计划，或者通过设立的中小终身教育发展基金资助中小企业开展终身教育活动，而作为中小企业，可积极地利用这些社会资源。

总的来说，建立科学、完善的员工社会终身教育及其体系，把个人的成长和中小企业的成长有机结合在一起，面对瞬息万变、错综复杂的商业世界，借助个人的自我完善和集体学习可为中小企业的发展提供人力资源支持。对一个中小企业来说，要确保员工终身教育效果长期有效，就需要建立系统的员工社会终身教育及其体系，使员工终身教育与绩效薪酬、职业生涯规划等制度密切挂钩，提高学员学习的自主性，由“要我学”变“我要学”，这样员工社会终身教育及其体系的效力才能有效发挥，中小企业才有持久的竞争力。

四、企业终身教育及其体系的特征

建立和完善有效的社会终身教育及其体系，是终身教育管理工作的核心任务。社会终身教育及其体系是否有效的判断标准是，该社会终身教育及其体系是否为企业竞争力的提升、实现企业的战略目标提供了最优秀的人力资源。有效的社会终身教育及其体系应当具备以下特征：

1. 着眼于企业核心需求

有效的社会终身教育及其体系不是头痛医头、脚痛医脚的“救火工程”，而是应该深入发掘企业的核心需求，根据企业的战略发展目标预测企业对人力资本的需求，提前为企业需求做好人才的培养和储备。

2. 以企业战略为导向

社会终身教育及其体系是根源于企业的发展战略、人力资源战略体系之下的。企业只有根据自身的战略规划，结合自身的人力资源发展战略，才能量身定做出符合自身持续发展的高效社会终身教育及其体系。

3. 考虑员工发展的需要

按照马斯洛的需求层次论，人的需要是多方面的，其最高需要是自我发展和自我实现。按照自身的需求接受教育终身教育是对自我发展需求的肯定和满足。终身教育工作的最终目的是为企业的发展战略服务，同时也要与员工个人职业生涯发展相结合，实现员工素质与企业经营战略的匹配。这一体系将员工个人发展纳入企业发展的轨道，让员工在服务企业、推动企业战略目标的同时，也能按照明确的职业发展目标，通过参加相应层次的终身教育，实现个人的发展，获取个人成就。另外，激烈的人才市场竞争也使员工认识到，不断提高自身的技能和能力才是在社会中立足的根本。有效的社会终身教育及其体系应当肯定这一需要的正当性，并给予合理的引导。

第二节　企业终身教育及其体系的建立

一、企业终身教育及其体系的重要性

企业建立社会终身教育及其体系的最终目的是持久有效地将终身教育进行到底，让终身教育发挥最大的效果，让终身教育走上正规化，让终身教育成为企业的家常便饭，灌输到每一个员工的思想里，并成为一种提升自己和企业竞争力的必备工具。具体来说，建立社会终身教育及其体系的意义有以下几点：

1. 减少终身教育投资的浪费

终身教育管理体系的不健全，导致企业在进行终身教育投资过程中发生了很多不必要的问题，走了很多弯路，造成了终身教育投资的巨大浪费。这也是我们经常看到许多企业的老板在终身教育经费的投入方面总是斤斤计较的原因之一。因此，要想使企业对终身教育投资恢复信心，使企业的终身教育工作真正产生激励员工、促进企业发展的作用，就必须从基础工作做起，一步步地将终身教育的管理工作做到位，建立起一套有效的社会终身教育及其体系。

2. 通过提升员工的技能来提高工作绩效

终身教育的激励可以通过员工提高绩效来持续，而绩效提升的结果可以

使员工得到物质的满足或职务的提升，职务的提升又将会产生新的终身教育需求等，它们是一个永无终点的循环过程。因此，企业需要根据自身的实际情况在这些职能之间找到衔接点(如终身教育使员工能力提升后，以何种方式承认其新价值，如何对员工重新评估，合理地进行职业规划等)，完善人力资源管理系统，使终身教育激励机制能够长久地持续下去。

3. 使终身教育目标与企业经营战略更好地结合

企业的经营战略是一项综合了企业的目标、政策和行动计划的规划。战略能够影响到一个企业如何运用它的实物资本(如厂房和设备)、金融资本(资产和现金储备)和人力资本。经营战略在很大程度上影响着终身教育类型、数量及终身教育所需要的资源，还影响着企业所需要的各种技术的类型和水平，影响到企业在终身教育方面的决策。为使企业获得发展，终身教育活动应该辅助企业实现其经营战略，使终身教育活动不仅着眼于当前所需知识和技术的传授，更着眼于企业未来的发展。而建立一个系统的社会终身教育及其体系则可以解决这些问题。只有终身教育方式具有战略性、计划性和长期性，才能更好地将终身教育活动与企业的发展战略相结合，使终身教育真正符合企业的需要。

二、企业终身教育及其体系的建立的条件

(一)良好的软环境是社会终身教育及其体系建设获得有效进展的前提

终身教育业内流传着这样一句话：终身教育说起来重要，忙起来次要，急起来不要。这句话真实地反映了目前终身教育工作在绝大多数企业中的地位。在很多企业，高层领导表面上看起来很重视终身教育，大会小会强调终身教育的重要性，但真正操作起来，在时间上、经费上与经营管理工作发生冲突，往往最先让步的还是终身教育。所以，要进行完善的社会终身教育及其体系建设，首先必须有高层领导的高度重视和关心，最好由一把手亲自抓，这样才能在人力、财力和物力上获得足够的保障。

美国通用电气企业(GE)的人才培养机制一直为世界所称道。GE 之所以能有今天，是与企业高层对终身教育和人才培养的重视分不开的。GE 董事长兼首席执行官杰克·韦尔奇，在 GE 全球前 500 名经理人员大会上讲到：GE 成功的最重要的原因是用人。他认为，他最大的成就是关心和培养人才。韦尔奇不仅要求人事部门对最高层的 500 名主管进行严格的审查，逼迫这些部门的经营者识别出未来的领导者，制订出所有关键职务的继任培养计划，决

定哪些有潜质的经理应送到克罗顿（GE 的终身教育中心）接受领导才能终身教育，而且每年韦尔奇本人都要亲自走上讲台，为他们授课。

（二）企业各部门要承担起在社会终身教育及其体系建设工作中各自相应的职责

社会终身教育及其体系建设是一项系统工程。企业相关的管理层要承担起相应的职责。高层领导主要从宏观上加以把握和调控，根据企业发展需要，确定人员终身教育政策和相应的制度条例，把人员终身教育纳入企业用人体制。在终身教育需求分析和训后实施、评估等工作上，则要充分发挥各部门中层和基层管理者的作用。

终身教育部门作为终身教育管理的职能部门，担负着社会终身教育及其体系运营和完善的主要职能，终身教育部门要在充分了解企业发展战略和终身教育政策、方向的基础上，从专业的角度将企业的终身教育工作有效地推进到企业的每一个角落。

（三）要有具备自身特色的高质量的课程系列

课程是终身教育的“产品”，产品的质量如何，关系到“顾客”的满意度高低，也决定着终身教育的质量。企业课程体系中应包含哪些内容，这取决于企业赋予终身教育部门的任务和职责。

一般来说，终身教育的任务可分为 3 个方面：

①丰富专业知识；

②提高业务技能；

③改善工作态度。

通过终身教育使职工的素质水准和工作能力进一步符合企业期望的要求，为提高企业的管理水平、产品质量和经营效益服务；帮助解决企业经营管理业务中的实际问题，促进企业的生产发展和服务升级。

课程的项目组合和终身教育方式的选择要丰富多样，既要有专门培养高层管理人才的类似于“接班人计划”的“核心管理团队”项目，也要有为企业未来中层管理岗位提供候选人的“后备青年人才”项目；既要有用来帮助新进应届毕业生顺利完成从学生向合格员工转变的“入职辅导”项目，也要有用来帮助员工尽快掌握新技能的“岗位业务终身教育”项目。

（四）要建立一支稳定的、专业或兼职讲师队伍

企业内部工种多、人员多，特别是零售企业，涉及的产品、业务种类繁

多，终身教育部门不可能承担所有终身教育授课，所以，终身教育中心应主要起组织管理作用。不同的工种、不同的技术岗位应配备相应的兼职教师，主要以教授新技术、新知识为主，同时在班组建设中进行常规辅导。

企业内部兼职讲师在企业终身教育工作中具有多方面的优势：他们有丰富的实务经验，熟悉企业文化，终身教育安排的协调性好、时间灵活，熟悉企业内部的专用沟通语言，容易与学员进行交流，终身教育成本低，而且，培养内部讲师，有助于企业形成学习型组织的氛围。

终身教育管理部门和相关职能部门应共同承担起企业兼职讲师队伍建设的任务，发现和培养企业内的优秀骨干充当兼职终身教育师。在内部兼职讲师队伍建设方面，应注意下面几个问题：

(1)组织定期的教研活动，提升讲师的授课水平。

(2)督促讲师做好授课内容的整理，形成系列教材，提炼并整合经营管理和操作技能方面的知识和经验，推动企业内部知识整合。

(3)建立激励机制，将终身教育职责与工作职能、晋升机制相结合，激发兼职讲师对终身教育工作的热情和参与课程开发的积极性。

(4)慎选人员，保持队伍的相对稳定。

三、企业终身教育及其体系的建立步骤

首先，进行终身教育需求分析，即对企业要不要做终身教育做出决策，主要从组织、人员和工作任务三个方面进行分析。作为开展终身教育工作的第一步，首先需要清楚的是：企业是否需要进行终身教育？即终身教育什么的问题。企业的终身教育需求来源于两个方面，一是组织的需求；二是员工的需求。组织需求表现在组织战略的变化、业务的调整，以及不断变化的经营环境提出的要求。员工的需求表现在员工是否胜任岗位工作任务、员工是否达到业绩目标要求，以及员工个人的发展等。需求分析包括组织分析、人员分析和任务分析三项内容：

①组织分析。考虑的是终身教育是在怎样的背景下发生的。通过组织分析来判断在企业的经营战略、可用的终身教育资源以及员工的上级和同事对终身教育活动的支持程度，终身教育是否符合需要。

②人员分析。确定哪些人需要终身教育。包括分析、查找原因，判断业绩不佳到底是什么原因引起的，是知识、技能或能力不足，还是由于工作动力不够，或者是工作岗位设计本身有问题；确定谁需要终身教育；确定员工

是否作好终身教育准备。

③任务分析。首先需要确定员工需要完成哪些方面的重要任务，然后确定为了帮助员工完成他们的这些任务，应当在终身教育中强调哪些知识、技能以及行为。

在实践中，组织、人员、任务这些分析并不是按照某一特定的顺序进行的，不过由于组织分析关注的是终身教育是否与企业战略目标相符，以及是否与企业愿意在终身教育上花费时间和资金保持一致。因此，要最先完成组织分析，而人员与任务分析通常是同时进行的，因为如果不了解任务与环境，就很难知道业绩不佳的到底是不是终身教育的问题。

其次，依据终身教育需求制订企业的终身教育计划和相关预算。

在明确了终身教育需求以后，就可以确定终身教育的目的和计划了。终身教育计划的制订则可以使终身教育目标变为现实。终身教育计划主要包括终身教育目标和课程名称、终身教育对象、实施日期、实施时数、场地、终身教育方法，以及终身教育预算等。在年度开始前，制订该年度预定举办的终身教育课程的日程，终身教育实施日期要慎重决定，应使终身教育对象都能参加；计划课程时，除预先决定的固定课程之外，也应检讨其必要性；除终身教育课程外的其他辅助学习，可一并提出检讨；讲师费、会场租金及其他各项开支要做出预算并进行审核，讲师费的预算最好能有一定宽裕。

第三，进行终身教育课程的设计，包括三个部分：终身教育课程规划、选择相关资源、教学设计和学员方案编制。

课程规划包括：明确课程目标、提出终身教育教案、考虑各种终身教育方法、选择终身教育方法、深化终身教育内容、测试与评估课程。

资源选择包括：教材教具、课程、场地、讲师。课程选择主要来自两个方面，一是企业内部；二是企业外部。外部选择主要来自高校、研究机构、终身教育咨询企业等，应综合地进行评估选择。与课程选择一脉相承的讲师选择也来源于两个方面，企业内部或外部。选择讲师应依据课程目的与目标出发，参照以下标准进行：专业能力、教学能力、教学热情、工作量，是否会因为太忙碌以至于降低教学质量。接着是对终身教育场地的选择——场地人数容纳量、光线明暗度、设备齐全度、桌椅排列方式是否合乎所需、是否可弹性运用、是否安静不受干扰等。最后是教材和教具的选择。

教学设计和学员方案编制包括：设计终身教育计划表、终身教育进度表、终身教育评估表、终身教育汇总表，以及学员方案、教案印刷和终身教育效果跟踪方式等。

第四，终身教育实施，包括终身教育信息发布、终身教育组织、教材编印等。

第五，终身教育成果转化与评估，包括终身教育成果转化方式、过程监测和效果评估等。

成果的转化是终身教育最为关键也是最容易被忽视的环节，正如一些终身教育开始得轰轰烈烈，过程也是紧锣密鼓，但是效果转化还是需要各级受训人员、管理人员以及高层的同时支持、给予运用所学技能的机会等方面考虑，并且受训者的上级应从任务提示、反馈结果、不断强化等方面对终身教育成果转化进行监测。

对终身教育进行评估也是必须的，它可以达到衡量终身教育管理质量、评估学员参与程度、评估终身教育效果等目的，而且有利于开展改进终身教育管理质量、建立终身教育教材档案、鉴定终身教育需求等方面工作。终身教育评估一般分为四个层次：学员反应的授课满意度；学员收获的授课吸收程度；学员应用的实际应用程度；成果与影响的对个人与组织的成果。

以上五个步骤如图 5-2 所示。

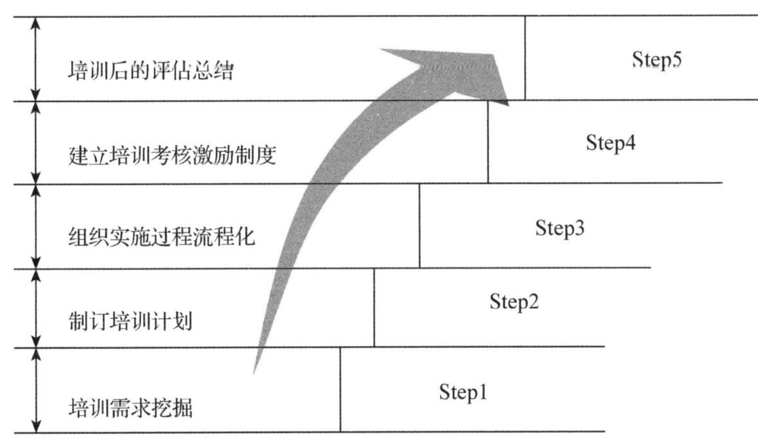

图 5-2　终身教育的一般步骤

四、企业终身教育及其体系的运行

(一) 建立和健全激励员工参与终身教育的机制

虽说现在流行“终身教育是企业给员工最好的福利”这一说法，但并不是所有的员工都积极欢迎这种福利的，因为学习毕竟是一项需要付出时间和精力的事情。尤其是我国现有的很多大型零售企业中，有相当一部分的员工并未意识到提升自我竞争力的重要性。所以，如何解决员工从“要我终身教育”到“我要终身教育”的观念转变，是首要解决的问题。机制约束是提高员工参与积极性的一个有效方法。下列制度对于社会终身教育及其体系的运行是必须的：

1. 终身教育计划制度

把终身教育工作纳入到企业工作的总体计划中，制订企业长期、中期和短期的终身教育计划，并由专门人员定期检查终身教育计划的实施执行情况，根据企业发展的需要适时调整终身教育计划。

2. 终身教育上岗制度

制定先终身教育后上岗的持证上岗制度，规定新进员工、新提拔员工、到新岗位工作的员工必须首先通过终身教育，不合格者不得上岗。

3. 终身教育奖惩激励制度

把终身教育结果与奖惩挂钩，把是否接受终身教育以及受训学习的好坏作为晋级、提薪的重要依据。对达不到终身教育要求的受训者给予一定的行政降级、经济处罚或岗位调整。形成“终身教育、考核、使用、待遇”一体化的激励机制，保证“参与终身教育与不参与终身教育不一样，学得好与学得差不一样”，从而激发员工学习知识、学习技术、学习管理、自我锻炼的积极性。

4. 终身教育课时考核制度

规定所有员工每年都要参加一定学时的终身教育，根据员工岗位特点、工作性质和要求的不同，制定不同的终身教育时间标准。规定员工终身教育期间待遇同上班期间待遇一样。

5. 终身教育经费单列制度

终身教育要有一定的经费保证。要对员工的人均终身教育经费、终身教育经费占企业全部支出的比例做出明确的规定。终身教育经费要随着企业的发展、利润的增长而逐步提高。

（二）重视终身教育考评和训后质量跟踪

企业的终身教育注重行为导向，也就是说，看终身教育的质量高不高，效果好不好，主要看终身教育的内容在员工的日常工作行为中落实得多不多。也就是通常所说的：终身教育中要有“触动”，终身教育后要有“行动”。所以，在社会终身教育及其体系的运作中，终身教育考评和训后质量跟踪是很重要的一环。要先制定考核标准，并严格按照标准进行终身教育，训后进行各种形式的考试或考核。成绩全部填入专门的人事管理档案，作为量才录用、晋级提拔的重要依据和参考资料。

终身教育后，还要进行质量跟踪。在受训者返岗工作后定期跟踪反馈，以确认受训者在各方面是否有进步和改善，也可进一步发现工作中仍然存在的问题，为制订下一步的终身教育计划提供依据。质量跟踪除包括终身教育的内容外，还应包括企业对员工基本的仪态仪表、语言表达、知识技能和敬业精神的要求。质量跟踪调查的方法包括员工自查、互查、听取部门主管的意见等，也可由终身教育部门随机从员工中抽取人员按照一定的标准进行问卷调查。如果员工的岗位性质是面向顾客的，也可使用客户反馈调查法：设计用户反馈调查表，随服务项目送达用户手中。使用这种方式，要注意采取适当的激励形式，确保调查表的回收率。

（三）完善终身教育管理责任制

任何制度的推行，都必须把管理责任落实到人才会有效。为了保证社会终身教育及其体系的良性运行，企业要考虑建立相应的责任制，如推行终身教育指标与部门经理经济利益挂钩制，在年终进行综合考评，凡终身教育工作开展不好的单位，对主管领导进行一定的经济处罚，只有真正地将终身教育指标同基层领导的经济利益挂钩，终身教育工作才能见效。

（四）加强终身教育费用的合理配制

终身教育经费的管理要做到专款专用，履行终身教育经费预算决算制度，确保各终身教育项目的经费保障。应按项目单列计划，同时也要考虑适当的机动经费。要科学调控终身教育的规模与速率。终身教育工作的规模、速度和水平质量受终身教育经费的制约，就是说，要根据经费的情况，在不影响终身教育质量的前提下，科学合理安排终身教育类别及规模等次，实施有计划、有步骤的终身教育。终身教育经费的使用要与终身教育工作的总体思路统一起来。在终身教育经费相对紧张的情况下，如何用现有的资金办出超效益的事情来，关键就是要分清主次，突出重点。把终身教育经费的使用与终身教育的效益结合起来考虑，避免人力、物力及财力的浪费。

第三节 企业终身教育及其体系的问题与对策

一、终身教育存在的问题

（1）需求迫切：1996年，国内只有2%的国营、民营企业采用外来终身教育讲师，主要是大学教授；到2001年年底，约有85%以上的国营、民营企业需要引进终身教育，而且倾向于从国内外终身教育机构聘请讲师。

（2）不知信谁：据统计，有21%的总经理及高管、43%的部门经理看到通知后，随手扔掉。报纸、刊物、网络媒体登载各类终身教育课程，无法选择，只好盲目选择。

（3）左评右测，拼命杀价。

（4）只要过程，不求结果。

（5）试探上马，终身教育前准备工作往往忽略面对面沟通及针对性方案，终身教育师心里没底。

（6）片面看待终身教育师，褒贬不一，毁誉参半。

二、终身教育风险的防范

终身教育不仅是一项见效慢的投资，而且是一项高风险的投资。终身教育的风险主要体现在下述几个方面：

1. 终身教育对象选拔工作的风险

终身教育对象选择错误，会造成预期目标难以达到，形成浪费。

2. 终身教育效益回报风险

终身教育效益的体现总是具有一定的滞后性，如果此时企业进行战略调整，如转产、工艺改造等，就可能使正在接受终身教育或刚结束终身教育的知识和技术过时，形成浪费，就会使终身教育没有回报。

3. 专业技术保密难度增大的风险

任何一个企业在生产经营过程中，总有自己的管理经验和专有技术。专有技术必须要通过具体的人员去操作和管理，才能使之转化为生产力和具体的产品。这就需要通过终身教育使参与这一工作的人员掌握。显然，掌握的人越多，保密难度越大。

4. 人才流失的风险

员工经过终身教育必然提高知识水平和工作技能，无疑提高了自身的价值，增强了自身的社会竞争力，具有了更强的适应能力。如果其个人的回报要求在企业得不到满足，跳槽的可能性就会增加。

5. 培养竞争对手的风险

企业员工终身教育的目的就是为企业所用。如果人才流失，他所去的企业大多数都是本企业的竞争对手，由于对企业所掌握的“情报”和新知识技能的应用，对本企业形成潜在的威胁。同时由于“跳槽”人员的待遇必然高于其在原企业时的待遇，对在本企业的人员必然造成负面影响。

所以，企业在完善社会终身教育及其体系的同时，一定要建立相应的留才机制，做好风险防范。

企业的兴衰与每一个员工的利益息息相关，而员工的素质高低又是企业发展的命脉。在追求利润最大化的环境条件下，终身教育的成功与失败，同样关系着企业的兴衰和成败，所以，有竞争头脑、有战略眼光的企业一定会注重经济效益和人员终身教育两手抓，强调提高效益靠人才，人员终身教育出效益的观点。而完善的社会终身教育及其体系，是终身教育工作持续有效开展的途径和保证，它不仅关系着员工的职业生涯发展，同样也左右着企业的发展。

三、企业终身教育及其体系建设的技巧

(1)按月召开终身教育座谈会，将统计的终身教育成绩及问题进行发布，加深各级主管、内部讲师对社会终身教育及其体系的认识，诊断运行过程存在问题，融洽内部气氛，寻找解决思路。

(2)设计“内部讲师荣誉榜”，将内部讲师头像及优秀讲师介绍、主要课程等资料依次在厂报或墙报上进行大力宣传、介绍，为企业终身教育及其体系顺利运行宣传“造势”。

(3)定期举办终身教育征文活动，规定主题如“我眼中的员工终身教育”“我的成长经历”等，在全体员工中公开征集文章，号召全员参与，提升全员终身教育理念，然后公开评选，选出前三名进行表彰。

(4)举办“心得报告评选”，将优秀的学员“终身教育心得报告”推荐上内部刊物或在企业宣传栏公开公布，也可适当地组织员工进行学习讨论。

(5)实施“月度优秀讲师”奖励，对终身教育流程规范、终身教育目标顺利完成、终身教育课件教材完整、学员评价高的讲师进行公开奖励。

(6)实施“月度优秀部门”评选，对终身教育目标顺利达成、终身教育组

织到位、支持配合度高的部门进行荣誉奖励(如流动红旗)。

(7)实施“月度优秀学员”评选奖励，对遵章守纪、参与度高、终身教育考试成绩合格、有心得报告及感想深刻并发表见报的优秀学员进行奖励。

(8)制订“行动计划”，要求终身教育对象根据终身教育内容，制订自己的改善行动计划，并选定目标进行全程跟进，对行动及时、改进效果明显的学员进行奖励。

(9)与外部终身教育机构合作，定期举办或参与一些终身教育专题的沙龙、论坛等，指派内部讲师作为主讲嘉宾参与，一方面提升企业形象，另一方面培养内部讲师的荣誉感和成就感。

(10)结合终身教育工作的实际，组织内部终身教育知识或技能竞赛，将终身教育理念、知识和方法融入企业的日常运作流程，使其慢慢地成为企业的一种习惯，从而可以自动运行。

第四节　企业终身教育的内容和制度建设

一、企业终身教育制度

(1)年度训练计划区分为职能性终身教育、阶层性终身教育及激励性终身教育。

(2)教育训练必须由专业人员来负责，终身教育部专职负责企业内部的终身教育。

(3)规定终身教育的周期，如每月举行一期终身教育。

(4)各部门终身教育内容如下：

①普通营业人员终身教育教材：品牌文化、专业及货品知识、首饰佩戴与保养知识、柜台及道具摆放知识、接待及服务礼仪。

②管理人员终身教育教材：所有普通营业人员终身教育内容，以及市场行情分析、店面经营管理、销售活动策划、品牌营销战略、社交礼仪终身教育、沟通力终身教育。

③市场开拓人员终身教育教材：所有普通营业人员和管理人员的终身教育内容，以及谈判技巧终身教育、各品牌市场优劣势分析、市场考察及考察地图。

(5)每年年初，终身教育部必须编列正式的年度教育训练预算。不能由内部完成的专业终身教育，可以外聘相关专业知名人士授课。

(6)制定终身教育解决方案，步骤如下：

①明确方案涉及的终身教育项目，评估现有的终身教育资源：包括人手、资金、课目、师资等；确定终身教育重点项目和常规项目，确定终身教育工作的重点；确定终身教育需进行的课程开发、师资培养、建设系统；确定终身教育计划和终身教育预算。

②终身教育计划的沟通与确认：这要求做好终身教育报告。首先，明确报告的目的，是获得终身教育相关的部门、管理者和员工的支持，以便终身教育计划的落实；其次，要说明报告的内容，如终身教育的出发点、终身教育要解决的问题、终身教育的方案和行动计划、希望得到的支持等；再次，要注意报告的方法，报告方法是否得当，关系到终身教育计划能否在终身教育部门内部获得统一的认识，也关系到主管领导和企业管理层对终身教育经理、终身教育时间、终身教育效果追踪的承诺。

二、企业终身教育的内容

(1)企业历史教育，职业道德终身教育。

(2)企业经营的策略方针。

(3)企业经营的年度目标。

(4)企业经营的改善重点。

(5)企业文化。

(6)新员工的岗前终身教育。

(7)各个部门都要学习行业相关的专业知识。

三、终身教育效果追踪与评估、终身教育档案建立

1. 终身教育效果追踪与评估

如何保证终身教育项目的成功，终身教育内容的哪些部分应该加强，哪些部分应该削弱或者终止，这就要对终身教育效果进行追踪与评估，分析其中的原因。

终身教育效果追踪与评估要用一系列方法、工具、可复制的工作表和各种案例，这有助于大家按照系统的流程去计划和实施终身教育项目的可信评估。

如何评估终身教育效果，要追踪终身教育效果 6 个关键因素，主要包括：

对终身教育结果进行衡量与评估的必要性和收益衡量与评估的必要性，用6种方法进行评估的框架，创造一个以结果为导向的终身教育文化，投资回报率模型和流程、制定终身教育目标——衡量的基础、确定评估计划和基础数据、终身教育期间的数据收集(第一级和第二级评估)、终身教育之后的数据收集(第三级和第四级评估)、终身教育效果鉴别、将数据转换成货币价值、确定终身教育成本、计算投资回报率(第五级评估)、确定无形收益、实施业务影响研究、衡量终身教育结果的快捷方法、争取管理层的支持并实施终身教育评估的流程。

2. 终身教育档案建立

教育部发布的《教育部关于办好开放大学的意见》(以下简称《意见》)指出，探索建立“学分银行”，将学习者的各类学习成果转换成学分进行存储，实现不同类型学习成果的转换，为学习者申请相关学历证书、学位证书、毕业证书、资格证书等提供依据。

开放大学是在中央广播电视大学和地方广播电视大学的基础上组建，以现代信息技术为支撑，办学网络立体覆盖全国城乡，学历与非学历教育并重，面向全体社会成员，没有围墙的新型大学。

《意见》指出，适应全民终身学习需求，不断拓展开放大学办学功能，为学习者学习成果转换提供便利服务。建立个人终身学习电子档案，主要存储个人信息、学习经历、学习成果及转换记录等信息。完善档案管理，一人一档、终身有效，经授权后可供用人单位、教育机构查询使用。加快学习成果认定，制定学分转换标准，对学习者在正规教育和非正规教育过程中获得的学分、证书、工作和生活经验及技能等进行认定，确定学分，实现学习成果转换。主动沟通高校、行业、企业和用人单位，通过协议或联盟等方式，推进相互之间学习成果的认证。

意见要求有关地方将开放大学纳入经济建设、社会发展总体规划，加大支持力度，加强对开放大学建设的指导和管理。同时对开放大学在教师队伍建设、在线教育工作、“学分银行”建设、注册入学等方面予以政策支持。

2012年以来，国家开放大学、北京开放大学、上海开放大学、江苏开放大学、广东开放大学、云南开放大学相继成立，积极开展“探索开放大学建设模式”试点。截至目前，6所开放大学共设置专业210个，其中本科专业49个，专科专业161个；累计招生392万人，其中本科117万人，专科275万人，目前注册在学人数369万人；开展非学历培训项目56个，开发非学历教育资源240余万学时，开展线下培训38万余人次。

图 5-3 至图 5-5 分别展示了社区终身教育及其体系、终身教育架构及终身教育部组织结构。

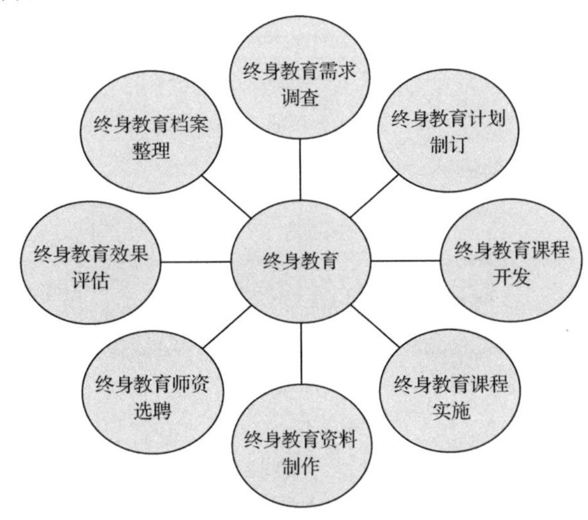

图 5-3　社区终身教育及其体系图

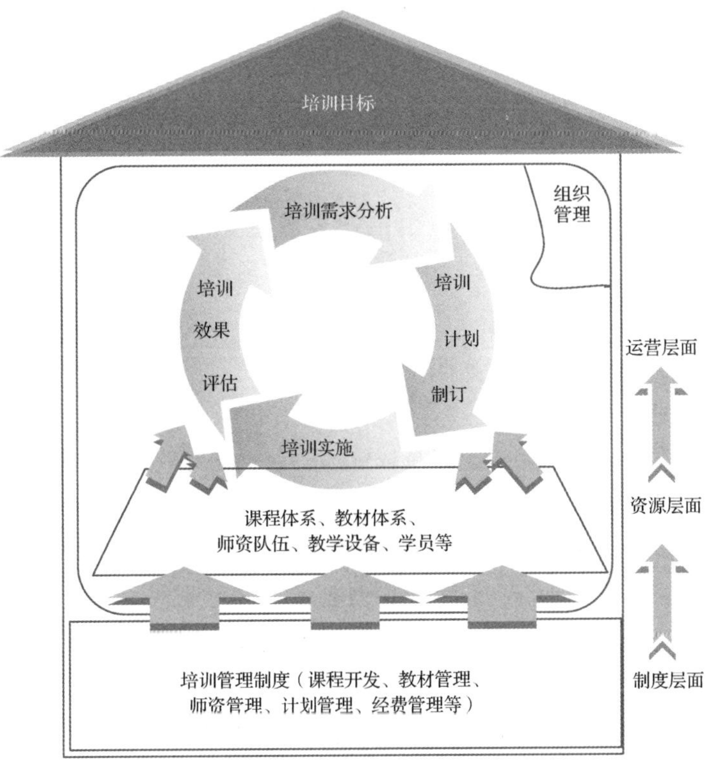

图 5-4　终身教育架构图

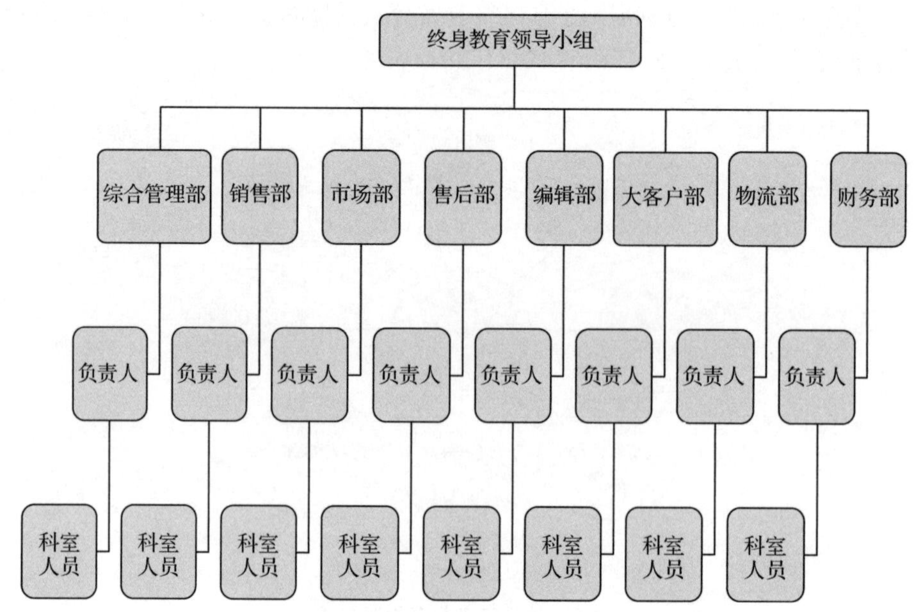

图 5-5　终身教育部组织结构图

第五节　企业终身教育的评估

一、绩效评估(企业新业务员终身教育)

(一)终身教育内容评估

时间：×月×日—×月×日

地点：企业终身教育部

终身教育师：某知名销售终身教育师、企业终身教育师(管理、销售、礼仪、珠宝货品)

学习人员：市场开拓人员(加盟业务人员)

(1)企业概况：企业业务范围、创业历史、企业现状以及在行业中的地位、未来前景、经营理念与企业文化、组织机构及各部门的功能设置、人员结构、薪资福利政策、终身教育制度等。

(2)员工守则：企业规章制度、奖惩条例、行为规范等。

(3)财务制度：费用报销程序及相关手续办理流程以及办公设备的申领

使用。

(4)实地参观：参观企业各部门以及工作娱乐等公共场所。

(5)上岗终身教育：岗位职责、业务知识与技能、业务流程、部门业务周边关系等。

(6)新市场开发：业务员的基本素质培养，如何寻找目标客户、接近目标客户、让你的客户喜欢你、管理好你的客户、从拒绝中寻找新商机，促成缔结的几要素，关系营销，客户关系管理。

(7)根据企业终身教育制度选取终身教育教材。

(二)终身教育评估

(1)现场影响力：受训人是否产生呼应、共鸣，终身教育现场气氛、秩序。

(2)观念导入度：受训人是否接受到新的观念、理念。

(3)知识更新度：受训人是否接受到新的知识体系。

(4)技能改善度：受训人的管理技能是否得到改善。

(5)生产率提升率：受训人的生产效率是否得到提高。

(6)分别员工级别，设计调查问卷。

(7)对员工进行随机抽样访谈。

(8)对讲师进行随机抽样访谈。

(9)对已离职人员进行随机抽样访谈。

(10)相关性分析，综合评估。

二、针对加盟商的社会终身教育

1. 针对加盟商的终身教育制度

(1)每年举行一次对加盟商的终身教育、沟通。应该主要包括：店面经营策略方针、店面经营的年度目标和店面经营的改善重点。

(2)每年举行各加盟商店长或经理的终身教育。加强品牌营销战略终身教育，广告及策划活动终身教育。

(3)每年举行一次各加盟店和直营店的营业员代表的终身教育。

(4)各大区不定期举行一次集中终身教育。

(5)企业的促销活动实施前和新系列产品上市前要进行终身教育。

(6)每次促销活动前除终身教育，还应该在其加盟店或直营店内指导活动。

2. 终身教育加盟商实例

(1)终身教育内容：品牌文化、专业及货品知识、柜台及道具摆放知识、接待及服务礼仪、消费心理分析、人文知识、销售技巧、终身教育指导促销活动。

(2)销售目标：完成良好。

(3)终身教育意义：塑造本企业品牌较为明显的竞争优势，为以后的长远经营打下基础。拉动终端销售，提升品牌口碑传播。

第六节 企业员工终身教育及其体系建设建议

一、企业员工终身教育及其体系的作用

在现代企业和经济发展中，人才是无法估量的资本，是能给企业带来巨大效益的资本。将人才作为资源进行开发是经济发展的必然。中小企业必须创造一个科学有效的员工社会终身教育及其体系，吸引人才，留住人才，满足企业经济发展和竞争对人才的需要。员工社会终身教育及其体系是社会终身教育及其体系中最重要的组成部分，是终身教育的基石和不可再生力量，在企业中起着非常重要的作用。但是中小企业现在的员工社会终身教育及其体系往往流于形式，得不到终身教育预期的效果。那么如何搭建有效的员工社会终身教育及其体系，如何实现员工社会终身教育及其体系的有效落地就成为了企业管理者关注的焦点。

随着经济社会对于知识和人才竞争的逐渐激烈化，外聘优秀人才门槛渐高，为内部员工提供终身教育使其更符合企业发展目标成为支持企业长足发展的必要措施。相关研究表明，恰当的终身教育投入的回报率可达到3000%，远大于其他投资回报率。因此，众多外资企业投入大量精力和资金建设社会终身教育及其体系，以支持企业对于人才的需求。相比之下，我国的企业，尤其是中小企业在终身教育方面就做得不足。人力资源顾问专家——华恒智信分析团队结合多年的咨询实战经验及人力资源专业的深入研究，对中小企业员工社会终身教育及其体系的建设进行了深入分析，并结合中小企业在建设员工社会终身教育及其体系过程中的限制因素提出了针对性的管理建议。

二、员工终身教育及其体系优化

(一)事由

随着经济的快速发展所带来的人民群众需求的变化，企业管理者逐步认识到应当把对企业员工的终身教育以及员工社会终身教育及其体系的优化的视为一种投资，应加以重视，使企业与员工实现双赢。但是，目前企业员工的终身教育的体系尚不完善，导致企业虽然投入了大量的终身教育资金和精力，其终身教育效果仍较差，阻碍了企业的长足发展。此时，如何对企业员工进行科学合理的终身教育以及优化员工社会终身教育及其体系就成为企业管理者关心的重点。企业作为一个权变系统，作为企业主体的人也应当是权变的，企业只有不断地对企业员工进行终身教育，才能使员工跟上时代的步伐，适应新技术及经济发展的需要。

1. 客户行业

园林工程。

2. 问题类型

企业员工终身教育。

3. 客户背景及现状问题

某森林公园是所在省份林业局的直属林场，属于国家AAAA级景区，是所在省份的十大公园之一。该公园东西长约1.8km，南北长1300m，占地面积约150hm^2，其中，水域面积近60hm^2，建成绿地面积约75hm^2，绿化覆盖率达到95%以上。公园内资源丰富，环境优美，人文、自然资源丰富，文化底蕴厚实，于2002年被批准为国家级森林公园，是一处旅游、休闲、度假、会议研讨与科学实验的理想场所。

经济的快速发展所带来的人民群众需求的变化，环境和生态问题的涌现，必须要求采用相适应的经营方法、合格的管理人员及经营能力，而这一切的关键之处即在于公园工作人员的综合素养。所以，该公园希望通过定期的终身教育来帮助员工获取有效信息和先进技术成果，不断提高员工的综合素质，适应新形势的需要。管理者逐步认识到，不应把现代公园的人员终身教育所产生的人力资本的再生产视为一种消费，而应视为一种投资，应加以重视，使公园与员工实现双赢。例如，公园管理者提出，大多员工的工作年限较长，工作积极性不高，服务意识欠缺，甚至对顾客的询问爱答不理，因此，公园管理者提出希望能通过员工终身教育提升员工的服务意识。但是，目前该公园的员工社会终身教育及其体系尚不完善，虽然投入了大量的终身教育资金和精力，其终身教育效果仍较差。基于这样的背景，公园管理者决定引入外部专家的力量，帮助企业搭建一套科学完善的员工社会终身教育及其体系，并对多家咨询企业进行了深入的了解，最终人力资源专家——华恒智信凭借其专业性和丰富的咨询实践经验得到公园管理者的认可。

4. 现状、问题及分析

经过多次实地考察和深入访谈，华恒智信顾问团队发现，目前，该公园的终身教育效果较差，人力资源管理者、部门管理者也不知道应该终身教育哪些内容，经常是“别人终身教育什么课程就终身教育什么课程”，甚至是部门领导“拍脑瓜”决定终身教育内容，例如，某个部门领导认为员工沟通能力差，要加强沟通能力，于是开展“如何提高沟通绩效”的终身教育，但是终身教育前后，员工的工作表现相差并不大。而从员工的角度来说，大多员工认为终身教育是浪费时间或者是把终身教育当成休假，有员工指出，“参加终身教育学习的东西根本用不到”，所以员工参与终身教育的积极性也比较低，这就更影响了终身教育效果。

（二）问题

华恒智信顾问团队通过对该公园实际管理情况和员工社会终身教育及其体系现状的深入了解，该公园的员工社会终身教育及其体系主要存在以下几个方面的问题：

1. 欠缺科学的终身教育需求分析，终身教育针对性差

该公园的人力资源管理基础工作较差，对各个岗位需要什么样的人才并不清楚，没有找到员工达成目标所需的能力和实际能力之间的差距，换言之，没有做到员工缺什么，就给他们补什么；各部门在年底做终身教育需求调查时，仅按照终身教育企业提高的课程清单选择课程，认为这门课有用，那门课时髦，就选择这些课程；将各部门的课程汇总起来即形成企业年度终身教育计划，而没考虑这样的课程体系是否能对提升员工的工作技能有所帮助，是否支撑企业战略及年度经营目标。

2. 终身教育目标不明确，且终身教育随机性强

与大多企业类似，公园的终身教育课程安排随机性很强，经常是领导听了某个终身教育老师的课程，觉得不错就请来给员工作终身教育，或者是看到某个员工执行力差，就请老师来做提升执行力的终身教育。整个终身教育过程的安排随意性很大，目标不明确，计划不详细，没有专门的终身教育管

理制度，缺乏相应的终身教育规范和终身教育指导材料，一旦遇到企业的其他活动，首先让路的就是终身教育；另外，终身教育方法还是采用简单的课堂式教学，单纯的理论灌输。

3. 终身教育后的跟踪、评价、考核等制度往往被忽视

一是在终身教育中没有严格的考评制度，终身教育对象往往以各种借口逃避终身教育而不会受到任何处罚；二是终身教育时热热闹闹，轰轰烈烈，但终身教育结束后能够落实到工作中的内容比较少，多数情况是终身教育时学到新知识，掌握新技能，但出了课堂到实际工作中还是按老套路行事，导致终身教育无效。

(三)解决方案

公园的生存与发展要归结到人的作用上，具体可落实到如何提高员工素质、调动员工的积极性和发挥员工的创造力上。公园作为一个权变系统，作为公园主体的人也应当是权变的，即公园必须不断终身教育员工，才能使他们跟上时代的步伐，适应新技术及经济发展的需要。

基于对该公园实际管理情况的深入了解，针对其员工社会终身教育及其体系所存在的问题，华恒智信顾问团队针对性地提出解决方案，帮助企业完善了员工社会终身教育及其体系。

1. 基于公园发展战略，制订员工终身教育规划

基于对公园长远发展战略和短期要实现的发展目标，华恒智信帮助公园制订了员工终身教育的长远规划，以逐步提升员工的工作技能，改进职业意识，促进优秀人才队伍的建设，从而支撑公园的进一步发展。

2. 对岗位进行分层分类，实施有针对性的终身教育

不同层级、不同类别的岗位，其工作职责有着较大的差异，岗位所需的能力素质要求也存在差别。基于工作分析及人员测评等基础工作，华恒智信帮助企业搭建了分层分类的社会终身教育及其体系，以进一步提升社会终身教育及其体系的针对性。同时，结合岗位需求和人员特点，约定了不同阶段的终身教育内容、终身教育重点及适合的终身教育方式，明确终身教育要求，鼓励终身教育方式的多样性，加大终身教育过程中的考核力度和考核频次，进一步提升终身教育的有效性。

3. 引入终身教育积分制，促进终身教育效果的转化

将终身教育与考核、薪酬、员工晋升等相挂钩，并建立相关的配套激励及处罚机制，尽量提升员工的终身教育积极性，引导员工将终身教育所学到

的东西应用到工作实践中，促使终身教育效果的转化。

经过一段时间的运行，公园领导反映，“员工终身教育走上了正规，工作技能和服务意识都有了很大的进步”。

(四)思考与总结

终身教育是一种有的放矢的间接投资。现代园林工程行业的企业处于发展迅速阶段，急需各种人才，需要进行长时间细致而且全面的员工终身教育，员工终身教育的内容要切合公园经营管理实践的需要，以提高员工的工作技能、工作效率为着眼点，以提高员工素质和凝聚力为宗旨，摒弃形式主义，使终身教育效益最大化。

越来越多的企业管理者认识到对企业员工进行科学合理的终身教育对企业发展的重要性，但是，大多企业对企业员工的终身教育并不科学，终身教育需求不明确、针对性差、终身教育随意性强等问题普遍存在，企业员工参与终身教育的积极性不高，终身教育效果也往往不尽人意。针对这些问题，华恒智信顾问团队进行了深入的分析和研究，结合该企业的实际管理情况，搭建了“分层分类”企业员工的社会终身教育及其体系，并结合公园发展的实际需求，针对性制定了终身教育内容，以逐步建立优秀的人才队伍，促进企业的进一步发展。项目结束后，该企业管理者对华恒智信的专业和项目成果表示了高度认可，并提出合作第二期咨询项目的意向。

1. 终身教育策略需求分析

终身教育规划制订前必须进行充分的终身教育策略层需求分析。终身教育规划必须密切结合高校战略，从高校的人力资源规划和开发战略出发，对高校一定期限内的终身教育发展进行规划。其本质也是计划，如终身教育发展两年规划、年度规划等。终身教育规划往往可以按照两年考虑，但每年度必须进行修正调整，调整后自然以年度终身教育规划来看待。

终身教育规划基本任务是一级策略(如人力资源策略)转化设置年度终身教育目标和二级策略(如运作策略、绩效管理策略等)。其中，终身教育目标需通过年度需求调查、人力资源部门素质测评，结合人力资源发展策略来完成，包括内容目标(以课程体系表现)、绩效目标(如覆盖率)、组织目标(如队伍建设)、成本目标(如人均费用)等。这里，终身教育规划中回答的问题往往事关高校发展，如是否建立终身教育中心、终身教育学院或终身教育大学？是否引入外部有经验有落地实践的终身教育高校？是否横向扩大终身教育中心的功能？课程体系如何规划？各岗位类别需要什么方向的课程？企业年度的课程开发总体任务应该是什么(如终身教育规划要对年度计划提出要求或方向性指导)？要回答这些问题，就必须进行充分的调查与研究。需求调查与研究的主题包括：企业终身教育组织变革、企业终身教育模式演变、体系规划蓝图、终身教育覆盖率等。这个层面的分析主要体现组织分析，与组织的战略发展目标密切联系，信息来源也以高层管理人员为主。

需求调查与研究方法有以下几类：一类是数据研究，如上年度终身教育策略检讨与工作总结、本年度人力策略新要求调查、终身教育组织效能评价等；二类是主观评估，如高层主管访谈、员工主观意见收集等；三类是比较法，如与同行业横向对比、国际著名企业的终身教育经验或策略借鉴；四类是追随法，紧密跟踪终身教育最新发展动向(如对连锁行业来说，2015 年的一个高校内训终身教育就是一个门店盈利系统的终身教育)。基于对终身教育规划的需求调研一般由企业终身教育委员会负责、终身教育部主导、其他所有部门参与。其中，必须充分重视高层、同行业、终身教育机构的讲师的资质经验与技术。

2. 年度终身教育需求分析

年度终身教育计划是根据年度终身教育规划中的策略，进行作业计划组合的制订。这个作业计划组合包括终身教育组织建设、项目运作计划、资源管理计划、年度预算、机制建设等内容，它回答的是企业终身教育做什么、怎么做、需要多少资源、会得到什么收益等基本问题。要回答这些问题，就必须对以下主题进行科学的需求调查分析：组织建设计划包括部门架构调整、人员配备、考核管理体系等；资源管理计划包括讲师管理、课程资源管理、费用管理等；项目运作计划包括各类终身教育项目的组合，也包括课程子方向分解或细化；年度预算要进行分解提报；机制建设实际上是属于作业计划里的政策规则，目的在于保证年度计划实施质量。

另外，课程体系规划出来后，课程资源怎么组织？由谁来开发？走什么样的流程？需要何种机制来保证？相关的制度或规定如何？像类似资源管理方面的问题也必须进行访谈、总结等研究分析并提出改善方案。

年度终身教育需求调查与研究分析手段主要有：一类是分析法，如问题分析(最后求解到员工个人)、绩效分析；二类是经验法，如历年项目需求；三类主管意见归纳法，如员工访谈、意向调查等。这里的问题分析，应该是通过发展目标要求下的相对问题与现有要求下的绝对问题点分析，包括组织问题、员工问题，我们希望通过分析来解析出员工自身问题，并通过终身教育来解决。类似流程的问题，我们无法通过终身教育来解决。

本层面的需求分析与企业及各职能部门的年度工作计划相联系，信息来源以中高级管理人员为主，且主要是中层管理人员。

3. 终身教育项目需求调研

终身教育项目需求调研是为了顺利完成终身教育项目计划任务。后者是从组织的战略出发，在全面、客观的终身教育需求分析基础上做出的对终身教育时间、终身教育地点、终身教育讲师、终身教育对象、终身教育方式和终身教育内容等的预先系统设定，同时，也回答需要多少资金、具体操作流程、注意事项等基本问题。其中，终身教育内容调研是最为重要的。

项目一般根据年度项目计划，以学员群体为对象设立，并可以明确地提出项目目标以及相应的课程组合。课程组合确定之前往往需要项目前的详细调研，终身教育目标一般可量化和很明晰，每个课程也会有初步定位。终身教育项目有三类：第一类是基于任务的，如管理标准化体系建设动员终身教育；第二类是面向对象的，如产品经理终身教育；第三类是以内容为主要关注点的，如商务礼仪终身教育。

终身教育项目需求分析方法一般有以下几类：第一类是任务分析法，就终身教育所服务的高校活动进行分析，看哪个环节、哪类员工需要终身教育，终身教育哪些方面；第二类是员工岗位评估法，结合岗位说明书、个人绩效、个人职业规划、个人素质测评、个人主管意愿等，来进行确定；第三类是归纳法，根据全企业共性的问题进行归纳，然后设置专题课程或终身教育项目。

第七节　终身教育工作的体系

一、终身教育工作内部组织总体框架

1. 成立终身教育工作领导小组

组长：总经理；

副组长：副总经理；

成员：各部门长；

执行秘书：终身教育主管。

2. 各部门终身教育职责

(1)终身教育工作领导小组工作职责

- 审议年度终身教育工作总体规划；
- 审核年度营销网络终身教育课程开发规划；
- 组织开展年度终身教育合作伙伴招标工作；
- 审核内部终身教育师的资格；
- 组织召开季度终身教育工作例会；
- 审核终身教育计划实施效果。

(2)综合管理部工作职责

- 统筹企业终身教育管理工作；
- 制订年度终身教育工作总体规划；
- 管理专业终身教育机构招标考核；
- 负责企业新员工的入职终身教育以及内部员工的常规终身教育；
- 组织各部门实施职能范围内的终身教育活动；
- 管理内部讲师；
- 管理终身教育效果评估与考核。

(3)各部门、各大区终身教育负责人职责

- 制订本部门/区域终身教育计划，并组织实施；
- 检查、考核终身教育课程的实施；
- 编制本部门/区域专业性的终身教育教材，主持内训。

(4)各部门终身教育员工职责

- 编制本部门下月终身教育计划、上月终身教育工作小结；
- 实施本部门当月终身教育工作；
- 跟踪终身教育计划的落实，并根据本部门情况及时提出调整建议。

(5)销售代表、服务代表职责

- 转训相关营销、服务终身教育课程；
- 负责经销商、服务商的内部终身教育工作支持及考核。

(6)各部门终身教育分工

综合管理部：对企业内部全体员工的终身教育及指导。

网络部：对经销网络人员的终身教育及指导。

售后部：对服务网点人员的终身教育及指导。

销售部：对信息员的业务终身教育及指导。

市场部：对促销员的业务终身教育及指导。

二、终身教育方式

企业终身教育采取内部终身教育和外委终身教育相结合的原则。

1. 内部终身教育

①课堂终身教育：通过内部讲师进行有针对性地课程开发，通过正式授课实施终身教育。

②实习终身教育：通过指定带教老师对新上岗人员进行指导与终身教育，使其尽快适应工作需要。

③工作指导：通过领导对具体工作的指导、修正来提高下属人员自身工作水平。

④内部交流：通过同事之间内部研讨、头脑风暴、内刊等共享经验教训来提高自身工作水平。

⑤竞赛活动：通过比赛的形式来提升对知识技能的掌握。

2. 外委终身教育

即委托社会终身教育咨询机构进行有针对性的课程开发及课堂终身教育实施。

企业高层、企划、财务、物流、人力等有特殊专业终身教育需求的人员，可以申请报名参加社会终身教育咨询机构组织的专业性终身教育班。

三、终身教育管理与考核

（1）终身教育管理采取分级管理原则，综合管理部负责企业统一安排的终身教育；各部门负责组织自己职能范围内的终身教育及内部日常终身教育。

（2）建立终身教育例会制度，每季度召开一次终身教育例会，参加人员包括：终身教育工作领导小组所有人员及各部门终身教育员，展开终身教育工作的季度总结和部署。

（3）员工终身教育考核采取学分制＋考核考试成绩相结合的原则。为每一个员工建立个人终身教育档案卡，按每参加终身教育 1 小时计 1 学分，全年需满 100 分；将学习内容及学分成绩，经由授课人或指导者和综合管理部签字确认；凡授课终身教育，必须进行书面考试，考试分数记载于个人终身教育档案卡上。

（4）对于计划外的内部终身教育，各部门或个人应提前至少两周提出终身教育申请，并填写《终身教育需求申请表》报至综合管理部统筹安排。

(5)特殊专业终身教育，各部门或个人应提前至少一个月提出终身教育申请，并填写《终身教育需求申请表》，经部门领导审批，报终身教育工作领导小组审核批准后送至综合管理部，方可参加外部终身教育机构组织的终身教育课程。终身教育费用在3000元以下者一律可先行垫付，然后参照考核成绩、转训情况、终身教育教材归档情况报终身教育工作领导小组批准后给予报销，并将报销额度汇入终身教育档案。

四、终身教育工作流程

1. 终身教育需求调查

(1)综合管理部每年第四季度组织企业各部门终身教育员依据该部门的终身教育目标，分别对内部营销服务人员、外部营销服务网络人员制订调查计划，实施调查，做出《终身教育需求调查表》报综合管理部。

(2)综合管理部将根据各部门的工作职责及终身教育需求的合理性，进行核查、汇总及确认。

(3)《终身教育需求调查表》的填写可通过访谈或书面资料的形式进行。

2. 终身教育计划制订

(1)综合管理部根据企业长远发展规划和年度经营计划、销售企业的营销计划和营销策略、销售企业组织机构和岗位设置、岗位标准和素质要求、员工职业生涯的规划制订企业终身教育目标。于每年年底前制订下年度终身教育计划，在终身教育计划中对讲师授课费、课程开发费及外派终身教育费等费用进行预算注明，将预算并终身教育计划报终身教育工作领导小组审批。

(2)各部门终身教育员依据企业年度终身教育计划制订本部门的年度终身教育计划，填写《年度部门终身教育计划表》，经本部门确认后交综合管理部审核备案。

(3)各部门终身教育员需根据本部门的年度终身教育计划按月进行分解，制订月度终身教育计划，经本部门确认后，于每月月底前交综合管理部审核备案。

(4)综合管理部将结合企业发展现状于每半年对终身教育计划进行合理的调整、优化。

3. 终身教育课程开发

(1)综合管理部根据终身教育需求调查的汇总结果，于每年年底分别组织相关部门或终身教育咨询机构进行有针对性的课程开发。

(2)现有力量无法自行开发的课程将通过终身教育咨询企业招标来完成。

(3)终身教育课程开发从公共课程、基础课程、进阶课程三大方面来设计课程模块，形成模块化课程设置。

4. 终身教育师资选聘

(1)企业的终身教育课程是以内部开发为主，外部引进为辅，与之相应的师资也以内部讲师为主，外部讲师为辅。对于内部讲师，其来源主要为：企业高层管理者、部门负责人、专业技术人员和内部选聘的其他合适人选；对于外部讲师，综合管理部将在每年年底通过终身教育咨询机构的广泛招标来严格选聘，也将在集团终身教育部、兄弟高校、其他成功高校中认真细致地选聘出优秀的终身教育讲师。

(2)对终身教育讲师的评估，一方面，对参与讲授的外聘讲师资格进行权威认可和淘汰筛选；另一方面，对内部讲师也要进行合理的监控和选拔。

5. 终身教育资料制作

综合管理部保证参训人员人手一份内容较翔实的纸质终身教育资料，便于以后进一步巩固消化。部分课程，根据实际情况制作电子版本(如光盘格式)资料以利于转训。

6. 终身教育课程实施

(1)综合管理部在终身教育计划的基础上制订终身教育实施方案，并报终身教育工作领导小组审核批准。各部门按终身教育计划要求分别负责组织实施各项终身教育计划。

(2)终身教育实施方案设置相应的课程体系和终身教育对象，综合管理部有权要求相关部门按要求派员参加，并审查参训学员资格。

(3)参训学员终身教育前须做好工作交接，如遇特殊情况不能参加终身教育，需提前1天以书面形式由主管部门领导签字批准，报综合管理部请假。

(4)终身教育实施期间，全体人员暂停使用一切通信工具。终身教育过程中，应严格遵守课堂纪律，不准迟到、早退，否则将严肃处理。

(5)综合管理部在终身教育实施期间有权对相关部门的终身教育资源，包括终身教育设施、课程、师资等进行调配。

(6)对于企业或部门终身教育计划中各项目发生变更时，在终身教育项目实施前项目负责部门需填写《终身教育课程调整申请表》交综合管理部审核备案。

7. 终身教育效果评估

(1)综合管理部将按照《终身教育效果反馈表》对整个终身教育课程实施

过程中的师资、组织、课程设置等方面进行系统效果评估。

(2)综合管理部及各部门终身教育员对终身教育评估结果不合格的项目分析原因并制定整改措施。

8. 终身教育档案整理

(1)各部门终身教育员在企业及各部门终身教育课程实施过后一周内，将每个参加终身教育的学员的《终身教育签到表》以及考试成绩汇总，并报至综合管理部审核存档。

(2)综合管理部将按照终身教育课程的实施情况对每一个学员填写《个人终身教育档案卡》，并将依据《个人终身教育档案卡》不定期对学员的终身教育成效进行追踪调查，并加入工作考核之中。

(3)各部门终身教育员每月月底前将本部门当月的终身教育工作总结交至综合管理部审核存档。

终身教育工作作为企业内部一项重要的服务性质工作，是一个系统工程，必须竭尽全力保障内外营销服务人员得到系统、完善、实效的终身教育和良好、舒心、细致的组织安排，协同一致地为实现企业的发展努力！

附：企业终身教育及其体系建设举例

前言

我企业于×年×月×日成立于×区以来，通过×年多的努力发展，已建立了初步的市场和高校组织体系，现企业面临一个突破发展的瓶颈，审视企业现有人力状况后，需根据企业发展建立一套完善的终身教育发展计划的任务提上日程。

纵观×年多来企业成长路，因资金、人力等各方原因，终身教育发展这一块基本未曾开展，还处于空白地带，而面对当前的内外压力，企业的各项终身教育尤显重要、迫切。

在此背景下，我们力求建立相对完善的社会终身教育及其体系，以提升企业的竞争能力。

一、建立企业教育与终身教育作业程序

1. 目的

为有效提升人力资源素质，借由适宜的教育训练，以增进员工的专业知识、工作技能和充分了解企业整体工作系统的各项要求。对承担各岗位职责的人员规定出相应岗位的能力要求，并进行终身教育以满足规定的要求。

2. 适用范围

××(广州)×××有限企业所有员工。

3. 权责

(1)部门经理

负责本部门教育方案的核准，批准本部门年度终身教育计划，核定部门负责人的岗位工作人员任职要求。

(2)人事部门

企业内训练地点安排、资料管理，企业外训的安排，教育训练执行、考核及记录，包括：

①负责编制各部门负责人的岗位工作人员任职要求；

②负责批准各部门员工的岗位工作人员任职要求；

③负责季度、年度《终身教育计划》的制订及监督实施；

④负责上岗基础教育；

⑤负责组织对终身教育效果进行评估；

⑥负责《员工档案》的管理。

(3)各部门

①编制本部门员工岗位工作人员任职要求；

②负责本部门员工的岗位技能终身教育；

③应工作需要提出终身教育申请。

4. 终身教育形式

(1)新进人员终身教育

①训练对象及时机：人事部门每月底针对新进人员安排2小时以上课程的终身教育。

②训练课程：企业简介(经营/品质政策、企业组织架构、服务范围介绍)、企业规章制度/福利制度、岗位技能、工作规则及卫生守则，消防安全等。

企业基础教育　包括企业质量方案、安全和环保意识，相关法律法规，行业标准基础知识等的终身教育。在进入企业一个月内，由人事部门组织进行；

部门基础教育　学习本部门运作的内容(包括部门方案和所涉及的程序文件、相关制度等)，由所在部门负责人组织进行。

岗位技能终身教育　学习作业指导书、规则及规范、所用设备的性能、操作步骤、安全事项及紧急情况的应变措施等，由所在岗位技术负责人组织进行，并进行书面和操作考核，合格者方可上岗。

(2)在职人员终身教育

①所有执行技术操作以及与质量相关的在职人员，均须按终身教育计划实施在职训练。

②训练计划：每季度末，各部门应根据服务情况提出下季度教育训练申请单，由厂或部门领导审核后，交人事部门汇总成季度教育训练计划；临时性训练或外训，由相关单位交出教育训练申请单，经企业领导审核后执行；按终身教育计划，每年应对在岗在职员工至少进行2次全面的岗位技能终身教育和考核。

(3)特殊工作人员终身教育

①特殊工序、关键工序人员的终身教育，由所在岗位技术负责人负责终身教育，终身教育合格后持证上岗；每年对于这些岗位的人员还应进行终身教育和考核。

②质量管理体系内审员应由质量认证咨询机构终身教育、考核、持证上岗。

(4)研发人员终身教育

各类研发技术人员是新产品开发的主力军，应创造条件使他们的知识不断更新，由生产部研发室负责人安排老师组织终身教育或送外终身教育。

5. 终身教育训练的实施与考核

(1)人事部门在训练前，应以口头或书面通知方式知会受训单位或人员。

(2)内部教育训练，一律由具有讲课能力的人员担当，参照《内部讲师资格表》。

(3)必要时，授课教师应执行考评，以验证训练的效果，训练考评可任意选择：口试、实际操作、笔试或心得报告。考评结果由授课讲师记录于《训练课程考核表》，交由人事部门存档供任用、升迁时审查参考。

(4)具备委外训练单位的证照，则被视为考评合格。

(5)每年 11 月各单位部门上报本部门下年度的《终身教育申请单》，根据企业需求及下年度各部门《终身教育申请单》，人事部门于 12 月制订下年度的《年度终身教育计划》(包括终身教育内容、对象、时间、考核方式等内容)，经部门经理批准后下发各部门，并监督实施。

(6)每次终身教育各相关部门应填写终身教育记录，记录终身教育人员、时间、地点、教师、内容及考核成绩等，培训后将有关记录、试卷或操作考核记录等交人事部门存档。由人事部门填写每个员工的《员工教育训练履历表》，当员工调入本企业其他部门时，应将该员工的《员工教育训练履历表》和其他相关终身教育资料一并移交。

(7)各个部门的计划外终身教育，应填写《终身教育申请单》，报部门经理批准，由相关部门组织实施。

6. 企业内终身教育教材

(1)人事部门应在终身教育前准备好终身教育教材，终身教育教材包括但不限于：与终身教育教程相对应的质量体系文件，训练单位及讲师自行拟定的文件或资料、训练教程。

(2)有关的所有被引用文件或资料，外训单位提供的教材等。

(3)除质量体系文件外的任何其他终身教育教材，由人事部门列管。

7. 讲师资格与效果评价

(1)内部讲师由各部门推荐，经部门经理审核后最终由总经理室审批，方可具备内部讲师资格；外部讲师是指权威机构中的咨询师。

(2)有关终身教育记录，由人事部门负责保存。

8. 记录与保存

本控制程序及产生记录皆须永久保存，若有人员离职即由人事部门将其个人教育记录销毁。

9. 权限

本控制程序由管理部人事部门负责制(修)订，经总经理核准后发布实施，修改时亦同。

10. 相关记录表

(1)《年度教育终身教育计划表》；

(2)《教育训练执行记录表》；

(3)《终身教育课程考核表》；

(4)《终身教育效果评价表》；

(5)《员工教育训练履历表》；

(6)《特殊岗位资格评定表》；

(7)《终身教育申请表》。

二、发挥内部人力资源，建立内部讲师管理办法

1. 总则

(1)目的

为充分利用企业内部的智力资源，积极培养和建设企业兼职讲师队伍，发挥内部讲师在企业整体终身教育体系中的核心作用，特制定本管理办法。

(2)适用范围

本办法适用于××(广州)×××有限企业各种类型的终身教育，包括各生产部门及其他部门的终身教育。

2. 管理职责

(1)归口管理

管理部是内部讲师的归口管理部门，负责讲师的评聘及相关管理工作。

(2)讲师工作职责

①据企业管理部的安排，展开相关内训课程。

②负责参与企业年度终身教育效果工作总结，对终身教育方法、课程内容等提出改进建议，完善企业社会终身教育及其体系。

③负责终身教育学员的考勤和考核。

④负责编写或提供教材教案。

⑤负责制作终身教育学员测试试卷及考后阅卷工作。

3. 讲师资格评审及程序

(1)讲师类别

讲师分储备讲师和正式讲师两类，讲师除了可以获得授课薪酬之外，还可以获得企业组织的“讲师终身教育”(委外或外派)，正式讲师等级资格证由管理部颁发审核，总经理审批。

(2)外聘教师

非本企业人员在为本企业员工进行终身教育的过程中，经管理部评审合格后，也可聘请其担任管理部讲师(等级评聘按照本办法)。

(3)讲师评选条件

①具有认真负责的工作态度和高度的敬业精神，能在不影响工作的前提下积极配合企业终身教育工作的开展。

②在某一岗位专业技能上有较高的理论知识和实际工作经验。

③形象良好，有较好的语言表达能力。

④具备编写讲义、教材、测试题的能力。

(4)等级评聘

为了保证终身教育效果并激励讲师授课水平的自我提升，讲师按级付酬，正式讲师划分为3个等级，等级按《终身教育效果调查表》得分标准评聘。

(5)内部讲师评聘程序

各单位推荐或个人自荐—管理部审核—总经理审批，审批后的讲师将获得储备讲师的资格。管理部与各部门应适当安排储备讲师授课。

各部门安排内部讲师授课前应通知管理部有关讲师和课程安排事项，以便于管理部对讲师的授课情况进行跟踪；跨单位聘请内部讲师由管理部提供必要的协调。

管理部对储备讲师的授课效果进行抽查，对连续两次抽查得分低于60分的讲师，暂停安排授课，若因个人或组织需求，可按本规定重新申请。各级讲师均可以提出升级申请，管理部受理申请并组织升级评聘，聘期半年。同时满足以下标准可申请升级评聘：

①连续两次考察授课均达到以下评分标准：三级讲师为 70～80 分；二级讲师为 80～90 分；一级讲师为 90～100 分。

②授课时数：三级讲师须授课 12 学时/年；二级讲师须授课 16 学时/年；一级讲师须授课 24 学时/年。必要时管理部邀请专业人士参与评审。管理部对正式讲师的授课效果进行抽查，连续两次抽查得分低于本级标准得分下限的讲师降一级，经再次考核得分高于本级标准得分上限方可恢复原级别。

(6)企业鼓励广大干部、员工积极参与讲师评聘与升级，讲师业绩作为其工作绩效考核的参考依据之一。

4. 讲师考核

(1)终身教育项目考核：终身教育学员和管理部对终身教育项目的效果、教材设计、授课风格、学员收益等进行评估。

(2)年终考核：管理部对讲师在年终进行综合评定，考核结果由总经理审核。

对考核结果不合格或者受到学员两次以上重大投诉的讲师，企业将取消其讲师资格。

(3)企业根据考核结果，每年度从讲师队伍中评选出部分优秀讲师，并给予一定物质奖励和精神奖励。

5. 讲师的终身教育

为了提高终身教育的成效，凡申请担任正式讲师的人员，经过资格初审后，接受讲师资格终身教育课程：学习原理、成人学习特点、高校终身教育与员工发展、教材设计与制作、终身教育技能训练和专业外出终身教育。

6. 讲师的报酬

(1)制定付酬标准。

(2)报酬支付，终身教育费用由终身教育基金承担。

7. 附则

(1)本办法由管理部人事部门制订、修改并解释，总经理核准后实施。

(2)本办法自正式文件下发后，生效。

第六章

高校终身教育实践

第一节　大学终身教育体系的构建

1999年1月，国务院批转教育部《面向21世纪教育振兴行动计划》提出，到2010年，基本建立起终身学习体系，终身教育作为一项规定和任务，已分别写入《中华人民共和国教育法》和《中国教育改革和发展纲要》中。国际21世纪教育委员会认为：终身教育是进入21世纪的关键所在，也是必须适应职业界的需要和进一步控制不断变化的个人生活的节奏和阶段的条件。保尔·郎格让的继任埃托雷·捷尔比认为：终身教育应该是学校教育和学校毕业以后教育及训练的统合；它不仅是正规教育和非正规教育之间关系的发展，而且也是个人(包括儿童、青年、成人)通过社区生活实现其最大限度文化教育方面的目的，而构成的以教育政策为中心的要素。

一、高校构建终身教育体系的作用

(1)终身教育理念激励高校为社会大众提供多样化的受教育机会。终身教育是市场经济社会发展的大趋势，随着知识经济时代的到来，知识更新的速度日趋加快，周期不断缩短，任何人都不可能学一而终，必须做到活到老学到老。人们对于知识获得的需求，需要社会提供各种制度保障和物质资源，高校因此有了为社会大众提供服务的作为，学校的图书馆、实验室、科研所等这些优势资源可为社会大众提供各种便利。目前，许多高校开展网络远程教育、函授等多种继续教育形式，为社会大众提供多样化的受教育机会。

(2)为构建终身教育体系激励高校培养优质教师。终身教育理念激励高校教师自身不断自我教育，自我完善。对师范生的培养更加注重专业化的培养，扩大了高等师范教育的职能范围，并更多地承担在职教师的进修和培训任务，如国培计划。终身教育理念促进学校组织多种资源为教师的发展提供教育平台，关注每一位教师的成长，积极打造专业素质强的教师队伍。

(3)高校是构建终身教育体系的主导力量。随着社会的发展变迁，高校的职能已由传统的传授知识转变为教学、科研和社会服务的三大职能，并且高校的服务职能为适应市场需求在不断强化。为适应市场需要提高办学效益，高校自身也在不断创新突破，以其自有的资源条件(图书资料、先进的科学实验条件等)，为高校开展终身教育研究及推广提供了各种便利。另外，高等教育大众化，使得高校将前沿理论知识和高新技术向社会展开，引领着终身教育理念的传播。

二、终身教育理念下高等教育的转变

(1)高校从教育的终端转变为终身教育的组成部分。传统的教育观念下，人们认为大学是精英分子的特权地，接受的教育是最深奥最高端的知识文化。终身教育理念下，高校已不再是教育学习的终端，不再是深奥知识传播的唯一场所。对于获得资深知识的人来说，获得的渠道已然是多样化、多形式的，高校只是获得知识的一个渠道。高等教育对于一个人来说仅仅是人生接受教育的一个阶段，是继续教育新的起点和基础，是进行终身教育的一个重要环节。

(2)大学作为高等教育的主体地位被打破。随着终身教育理念的传播，大学已不再是高等教育的唯一场所，失去了以往占有高等教育的统治地位，高等教育从单一的精英教育转化为多样化的大众教育。传统的教育模式下，大学是高等教育的权威机构，是培养人才和传播真理的最高学府。随着终身教育的介入，打破了人们的传统观念，打破了大学作为高等教育领域的主体地位。

(3)终身教育理念的传播为高等教育发展注入了新的活力。终身教育理念的传播让人们形成了对教育的全新认识和全新理解。学校教育不是教育的全部，高等教育也不是教育的终结。终身教育的提出让我们明白现代社会的教育已经不可能一次完成，而要终身教育。终身教育的推行，进一步沟通了教育与社会的关系，拓宽了学校的生源。在未来的社会需求中，世界文化知识是日新月异的，这就要求人们要“活到老，学到老”，即终身学习，那么另一方面显现的是学校教育生源多样化。相对的，高校对于特定人群的人们进行教育，已不再是局限于校园教育，而是网络教育、函授等多种形式。

(4)终身教育使得高等教育的培养模式多样化。终身教育使得高等教育由曾经的自我封闭走向开放，开展多种教育模式多样化教育的形式。高等函授教育、业余大学、高等教育自学考试、远程高等教育、网络教育的高等教育及课程教育正在迅速发展，尤其是现在的 MOOC(大规模网络开放教程)教学模式的出现对大学提出了新的挑战。高等教育多样化的培养方式拓宽了人才获得更高教育的途径，社会发展要求每个人终身不间断地学习，也为社会成员提供了多样化的成才途径和方式，扩大了高等教育的开放度。

三、高等教育构建终身教育体系的困境

(1)高校对终身教育发展缺乏足够的重视。高校发展终身教育的中坚力量是继续教育，但在高校发展过程中被认为是高校开展教育的副业，继续教育的内容“没有学术水平”，专业化指导等使得终身教育未能得到学校以及社会的足够重视。另外，由于终身教育体系尚未建成，高校开展继续教育相关实践等也不规范。

(2)高校教育发展终身教育资源不足。要构建终身教育体系，建设学习型社会，就需要高校建立适合成人学习特点的生活设施，但是由于现有教育资源仍然紧缺，教育经费不足，缺乏建构先进继续教育的专业化平台，高校难以发挥功能，很难保证终身教育的教学质量。

(3)高校师资发展跟不上终身教育发展的步伐。终身教育一般为继续教育的形式，它的发展需要高校教师对终身教育理念的深入理解，在数量和质量上对教师提出新的要求。目前，我国高校中担任继续教育的师资力量相对紧缺和不足，我国的高校一般每个教师对应四十至六十个人，这就造成了教学质量明显下降。

(4)缺乏完善的终身教育立法体系。我国第一部关于终身教育的法律，是福建省 2005 年 9 月 28 日颁布实施的《福建省终身教育促进条例》，但由于多种原因并没有达到相应的实际效用和法律效力，不过其象征意义是不可言喻的。继这之后，我国出台的第二部地方终身教育法是 2011 年 1 月 5 日通过的《上海市终身教育促进条例》，其对终身教育的实施宗旨与目的、主体与对象，终身教育与成人教育，终身教育与继续教育，终身教育体系与国民教育体系之间在内在关系都进行了进一步的说明和规定，但是在实际操作中仍有不足之处。目前，我国终身教育立法的理念并没有进入人们的思维之中，对于终身教育立法的意识还在前足阶段，仅仅出现在少数的地方政府认识觉悟中，国家层面尚没有完整独立的相关立法体系，这是值得我们去重视的。

四、终身教育视野下高等教育改革发展的启示

(1)运用现代教育技术，推广高校联盟，实现教育资源共享。终身教育和学习型社会的最重要条件是学有所教，它强调教育对象的全民性、教育过程的终身性、教育资源的共享性和教育空间的社会性。大学担当着为社会发展服务的重要角色，推进终身教育发展是高校的责任，大学作为信息知识的前

沿场所，应当开放优质的教育机会和资源为终身教育提供服务渠道。深入推动高等教育的大众化普及化，从而达到全民终身教育的目的。

(2)加强培养大学生的创新精神与合作精神及其终身学习的意识。高校发展终身教育的目的是为了学生的发展，为了学生受益于终身教育的开展，能在离开校园后在这适者生存的社会中激流勇进。故高校在从自我管理角度发展终身教育的过程中，也要兼顾学生终身学习能力的培养。在教学活动中，积极启发学生独立思考的主动意识，激发学生的创造潜能，鼓励学生挑战权威，对不同的问题提出不同的见解，充分展示和张扬学生的个性，促进学生独立意识、批判精神和创新能力的发展，使其在离开校园后仍能受益于学校的教育，这才是高校发展终身教育的固有成就。

(3)用终身教育理念建设学习型高等教育教学团队。2005 年起，我国教师资格考试实行全国统考，打破了教师资格的终身制，这不仅是对中小学教师的要求，更是对高校教师进行终身学习的挑战，终身教育和学习型社会的到来要求高校教师要时刻激励自己坚持终身学习和自我发展。高校要想建立实质性的学习型高等教育教学团队，就需要高校教师要在教育教学活动中不断创新、不断激励自己的成长，力争时代前进的步伐。高校教师要勉励自己做知识型社会先进知识的引导者、开发者，成为高校特色有内涵的教学团队成员，为高校构建高校终身教育体系提供坚实的保障。

要与时代共进，就要终身不断地学习，就要具有终身学习的能力。21 世纪是信息化社会，知识和信息的时效性非常有限，人如果仅仅依靠在学校阶段获得的知识来应对社会各种各样的挑战，是绝对不够的。在不断探索发展过程中，终身教育及终身学习开始被人们越来越重视。人们通过终身学习获取知识技能，满足社会需求，来不断完善自我，实现自身价值。同时，国家政府机构也为了培养新型人才，优化人才，建立学习型社会，促进终身教育理念的深入推广，并采取各种政策措施。

第二节　辽宁林职院终身教育体系构建研究的背景

一、开展该项研究，是落实科教兴国、人才强国战略的必然要求

实施人才强国战略是党和国家一项重大而紧迫的任务，国家先后制定了一系列有关方针政策。进一步明确了构建分层分类的专业技术人才继续教育

体系，加快实施专业技术人才知识更新工程；完善以企业为主体、职业院校为基础，学校教育与企业培养紧密联系、政府推动与社会支持相结合的高技能人才培养培训体系；大规模开展农村实用人才培训，充分发挥农村现代远程教育网络、全国文化信息资源共享工程网络、各类农民教育培训项目、农业技术推广体系、各类职业学校和培训机构的主渠道作用。这就为林业人才的培训教育工作指明了发展方向，对开展林业成人教育和培训工作提出了迫切要求。

二、开展该项研究，是落实科教兴林、人才强省战略，推进现代林业建设的客观要求

我国已经进入建设现代林业的新时期。全面提升林业的生态、经济、社会三大功能和效益，满足社会对林业的多样化要求，缩小我国与发达国家在林业建设上的差距等工作任务迫切要求林业人才队伍素质和领导干部能力有进一步的提高。因此开展该项研究，推进成人教育和培训工作的开展，符合现代林业建设和人才强省的实际需求。

三、开展该项研究，是推动全民终身学习、建设学习型社会的迫切需要

我国非常重视成人教育工作。2012 年 2 月，教育部《关于加快发展继续教育的若干意见》(征求意见稿)进一步明确了继续教育的发展目标是到 2015 年，形成比较完善的终身教育体系，实现教育现代化，基本构建成学习型社会。

四、开展该项研究，是丰富学院内涵发展、切实做好社会服务的实际需要

高职教育是高等教育的一部分，其承担的任务，既有学历教育的成分，又有非学历教育，即职业技术教育的成分。高职院校要学历教育与非学历教育双轨并重，全方位发展，不仅办好学历教育，还要大力开展技术培训，职业技能教育等，为继续教育服务，为专业技术人才培养服务。

第三节 国内外研究现状及发展趋势

一、国外研究成人教育和培训的情况

韩国为了实现终身学习社会的目的，1995 年韩国教育改革委员会提出了学分银行制度，以此连接正规教育、非正规教育及非正式教育，从而达到开放高等教育的目的。有求学愿望的民众可以到不同的认证机构学习课程，积累固定学分后，就可以由韩国教育科学技术部认证并获取大学学位。这种机制可使全体民众在任何时间、地点选择自己想学的课程进修，获得开放高等教育的学习机会。

欧美发达国家对成人高等教育的发展，无论是政策的制定还是实践活动的推动，始终都给予了极大的支持。一般都严格实行“低门槛”开放入学，高标准、高淘汰率的毕业模式。借助信息高速公路的建立，部分发达国家利用科技通信开展实地培训与远程学习相结合的方式，大力倡导“启发式”“研讨式”教学，形式灵活多样，有课堂教学、函授教学、远程教学、实地教学等。既可白天上课，也可晚上上课。克服了成人教育机构照搬正规学校教学模式的现象，更符合成人学习特点。

日本对林业职员的培训主要采用研修的方式。目前日本已经形成了比较稳定的林业职员研修体系。1969 年，日本林野厅以训令第 1 号颁发了《国有林野事业职员研修规程》，把整个培训工作纳入了规范化、制度化的轨道；日本的林业职员培训的经费纳入财政预算，使培训经费有了可靠的保障；采取灵活的培训方式，一般分为工作岗位外进修、工作岗位内进修、自我学习；按照进修需要又分为按级别、按业务能力、新录人员、按课题研修等，培训管理十分科学，做到了把握实际需要、有组织有计划进行、保持长期性；专门的研修机构，以专业的培训方法、技术和手段确保各个研修项目高质量实施。如根据目标和制约条件选定课程、根据实际安排开班时间、以人为本地实施教学、注重实践和实地考察、重视对培训效果的评价等。

二、国内研究成人教育和培训的情况

高校成人教育的管理模式基本是实行一级管理模式即成教院统揽成人教育管理工作的全部内容和全过程，从招生到毕业，从制订计划到实施教学，

从制定规章制度到教学管理，从质量控制到学生管理各个环节，均由成教院完成；二级管理模式则是由系(部)负责教学实施工作，安排教师、制订课表、组织考试、实施考勤和日常管理，统筹安排教学资源的应用。成人教育学院则行使招生、学籍管理、毕业手续办理、协调、沟通、检查职能；混合型模式的管理则是成教院与各系之间以契约或合作的形式分工，各系与成教院在自愿互利的基础上建立二级管理关系。本研究也认为倾向一级管理模式。本研究认为在成人教育的管理中存在以下不足：教学方法还是以课堂教学为主，不够灵活；教师队伍中教师素质参差不齐，实践技能高的教师不多且不固定；实践教学安排的少。研究也提出了相应的改革措施，主要有实施远程教学、实行灵活弹性学制、健全成人高等教育质量监控、采取灵活多样的教学形式、面向全体成人开放、与企业联合办学、加大成人教育制度方面的建设等。

澳门的成人教育工作倡导努力构建民众广泛参与的、多元的、可持续发展的成教体系，全面倡导终身教育，把成人教育作为学校普通教育的延伸，全面涵盖了家庭教育、回归教育、社区教育、职业培训以及扫盲教育、博雅教育、老人教育等教育活动。

国家林业局组织的《林业干部教育培训能力建设研究》课题 2010 年结题，该课题包括三个子项目，分别是“林业干部教育培训管理创新研究”“林业行业培训机构核心能力建设研究”和“林业基层企事业单位领导干部业务能力建设及指导性培训方案研究”，取得了丰富的研究成果。提出了创新林业干部教育培训管理的对策建议；确定了林业培训机构核心能力建设的内容、途径，提出了评价指标体系；确定了林业基层企事业单位领导干部业务能力建设与培训需求，制订了指导性培训方案。

其他部门的培训课题研究则总结了培训存在的问题，包括市场不规范、师资力量匮乏、培训质量不高等问题。研究也提出了相应的措施，如建立培训体系建设领导小组和工作小组、加强内训师队伍建设、注重培训体系的动态建设、培训体系建设与职业生涯发展要有机结合等。

三、发展趋势

今后一个时期将是我国林业发展的战略机遇期。从国际来看，林业在政治、经济领域的地位日益凸显，已成为国际外交战略的制高点。胡锦涛同志向世界庄严承诺，实现到 2020 年我国森林面积增加 4000 万公顷、森林蓄积量增加 13 亿立方米的“双增”的目标，这是我国应对气候变化的积极行动。从国内来看，我国坚持协调发展、绿色发展、共享发展、建设“两型”社会，加快实现结构调整、生态环境保护、民生改善等战略目标，给林业提出了前所未有的发展要求。党中央、国务院高度重视林业，将森林覆盖率和森林蓄积量确定为国家“十二五”规划的约束性指标。

完成新的艰巨任务，迫切需要深入实施人才强林战略，造就一支高素质的人才队伍。“林业的振兴离不开高素质人才。”原国家林业局党组书记、局长赵树丛在福建农林大学调研时强调了人才建设的方向。2011 年年底《全国林业人才发展“十二五”规划》颁布，标志着林业人才工作开启了新篇章。可见，培养一大批素质高、能力强、懂经营、会管理的林业人才队伍，比任何时候都重要、都迫切。而承担该项任务的成人教育和培训工作的好坏，也影响到人才培养质量的高低，所以该项目有着很好的可持续发展性，有着很好的研究、开发空间和研究领域。

辽宁林业职业技术学院成人教育和培训中心开办多年来，为辽宁省林业事业培养了大批合格人才。但是如何发挥学院办学优势，创新继续教育模式改革，在办学理念、教学内容、办学方式、教育管理上有新的突破。充分结合辽宁省林业的实际，通过问卷、调研、走访、座谈，凝练出学院构建终身教育体系的基本构架，并在不断实践总结的基础上，探索出切实可行的终身教育体系的理想模式，在实际中加以运用，为辽宁省林业生态建设和社会主义新农村建设培养更多的实用性人才、为建设小康社会做出学院应有的贡献。

第四节　项目研究的主要内容

1. 全日制教育立交桥的合理构建

主要是中专、专科的衔接，专升本、实践班等有序推进。

这期间重点收集了 2012—2015 年全日制学生专升本情况。有 38 名学生考入本科院校继续深造。

2. 非全日制学历教育的有机整合

政校合作、校企合作、国际合作、自考、研究生等终身教育的实践。

①以提高教育内容和教育方式的针对性为重点，稳步发展高等学历继续教育、研究生教育。

②积极推进国际合作办学的开班。

③改革完善高等教育自学考试改革试点工作。发挥各学院的优势，结合

实际开展好自考工作。

3. 短期培训与职业能力提升的有机结合

以加强人力资源能力建设为核心，大力发展职业导向的非学历终身教育。

①根据我省林业建设和人才规划纲要的要求，以提高岗位适应能力和创新能力为核心，有计划、分层次大力加强对林业党政管理、企业经营管理、专业技术、高技能、农村实用等各类人才的继续教育培训活动。

②根据林业经济发展方式转变和产业结构调整升级的需求，以提升企事业单位员工岗位能力、职业道德和文化素质为重点，大力推进林业企事业单位全员培训，特别是加强林业技能型人员、一线经营管理人员和新进员工的岗位培训。

③根据建设新农村和发展现代林业的要求，以培养新型林农为重点，深入开展农村劳动力实用技术培训，重点开展农村林业发展带头人、农村技能服务型人才、农村生产经营型人才和新型职业农民的实用技术和专业技能培训。

④大力加强农村转移劳动者的转业培训。广泛开展面向进城务工人员、待业人员、失业人员的职业教育培训，帮助他们掌握在城市和非农产业就业的基本知识和职业能力，不断提升技能水平和就业能力。

4. 广泛开展社会生活教育的稳步推进

①以提高城乡社区成员综合素养和生活品质为目的，开展内容丰富、形式多样的道德规范、科技文化、文明生活、休闲文化和健康教育，满足其多样化、个性化的终身学习需求，丰富精神文化生活，提高生活幸福指数。

②重视发展老年教育。发挥资源优势，对老年人科普相关知识等。

③积极开展青少年校外教育。利用学院现有资源，发挥相关分院作用，积极开展适合青少年的各类教育活动。

第五节 项目研究的理论基础以及结论

一、开展终身教育的问卷调查

确定15项调查内容，可分为两大部分。

第一部分为调查对象的基本信息，共计九项，分别为：

①性别；
②年龄；
③学历；
④从事行业；
⑤参加过单位组织的培训；
⑥何种形式；
⑦每次参加培训的天数；
⑧单位高层领导对培训的支持力度；
⑨单位有没有正式的培训制度或规定。
第二部分是调查对象对终身学习的需求，共计六项，分别为：
①对终身学习的认知程度；
②认为每次培训多长时间较为合适；
③对于培训时间安排方面；
④希望接受的培训内容；
⑤对培训参与的积极性程度；
⑥希望参加以哪种方式为主的培训。
最终形成调研报告。

二、座谈研讨

到有关高校、省林业技术推广站、苏家屯区林业局、科技局、清原县林业局、阜新冈山林场等相关企业等单位，就课题研究的重点和难点问题进行研讨和论证，将举办不同范围、不同层次、不同人员参加的研讨会和座谈会，不断完善研究的内容。

三、终身教育实践的四种模式

（1）基于学习者机会、动机和可教育性开展的一种补偿性教育的模式

即在众多的学校教育活动中，由于各种原因学员不可能得到他所需要的正规学校的学习，因此，他在参加工作后需要随着工作的发展、职业的挑战以及岗位的变化继续学习，需要得到以前没有得到的一种补偿教育模式，即搭建全日制学历教育和非全日制学历教育的上升空间。主要人群是已经取得学历或者是走向职业生涯的人群，可以是全日制也可以是非全日制。

(2)继续性的职业教育模式

即在学校后、正规教育后，包括在高中后和大学后的各种继续的职业教育的模式。

(3)适应社会转型和民主化要求的终身学习的模式

随时随地都在学习，以业余或非学历为主。人群可以是各类人群，在学习内容、学习工具和技术以及学习时间上具有非常大的弹性和多样性的特点。即短期培训与学历教育的融合。

(4)以休闲取向为主的终身学习的模式

主要以提高生活质量为主的学习，如茶艺、园艺、文学、艺术等方方面面提高自身修养为主的终身学习模式。短期培训与职业技能证书融通。

四、主要理论成果

(1)发表论文一篇。在《辽宁林业科技》上发表论文《构建与林业建设紧密结合的培训体系》。

(2)编写省农民技术员培训教材三本。分别是《林下经济》专业培训教材，《园林花木》专业培训教材，《园林工程识图与预算基础》培训讲义。

(3)编撰一本辽宁省农民技术员培养工程学员手册。

五、未来理论探索的空间

1. 终身学习与传统教育的差别

终身教育、终身学习与我们现有的教育和学习到底是一种什么样的差别？它是不是就是一个简单的时间的延长呢？或者是不是就是一个简单的空间的拓展呢？应该说它同时具有时间延长和空间拓展的含义，或者说是数量增加的含义。但更重要的是终身教育和终身学习这样一种理论和实践的提出反映了一种教育的社会地位的变化。这一点是我们在考虑终身教育的政策和实施终身教育的实践中必须首先明确的定位。在这种社会地位的变化中，最关键的一个特点就是教育与整个社会的关系发生了变化，与政治、经济、文化和个人的发展关系方面的变化。如果说过去的那样一种针对性教育与社会、经济、文化的关系更多的是一种准备性的、阶段性的，那么，在今天它更多地成为一种基础性的、全方位的，而且与社会、经济的联系不仅仅是时间的先后关系，而是一种相互渗透、彼此有紧密的联系。目前，我们国家大力倡导建设学习型社会，也与大力开展终身学习、终身教育的理念非常一致。

2. 终身学习的责任主体问题

由于终身学习和终身教育更多地与个人的发展相联系，它也更多地体现在与职业教育、成人教育、大学后教育以及个人的休闲和个人发展取向的教育的关系中，所以它对于学习者和提供者来说，具有比较高的回报率，而且是一种非常重要的人力资本的投资，这与基础教育是不同的。但是终身学习的实施是否首先是政府的责任呢？通过对终身教育研究与实践项目来看，有的实施终身教育的责任主体仍然是政府。实际上个人前期在学校教育中所受的教育、接受教育的程度对他后期接受终身教育的机会以及接受终身教育的程度和获得的资源影响是非常大的。如果他早期受的教育非常少，或者说早期的学历非常低，那么他在后期所接受培训的机会，从一般统计学的规律来说，也低于那些在早期得到更好的教育、得到更高教育的人的机会。一般来说，教育较少的人群思想上就对终身教育认识不足，不愿意接受继续教育，甚至对教育和配需不理解，政府拿钱选派学员进修学习有的学员还不愿意参加。所以终身教育如果想实施得彻底并取得成效，还要靠政府的干预以及政策指导，如果说在这个方面完全靠市场来控制，完全靠个人来调节，实施起来效果不会很好。

3. 终身学习结果以及效果的识别、认证以及应用

如果前期没有学历、自谋职业的人群，终身学习后取得了一些职业资格证书，如何去评价它、如何去鉴定它、如何去应用它？如过去我们的教育分类可以根据不同的形式、教育所发生的场所来进行，如正规的、非正规的，如学校教育可以通过小学、中学、大学来进行，但是终身学习的这一概念、终身学习的这一实践，和过去的教育活动的识别和教育理念的论断是不一样的。它可以发生在各种情境中，可以是我们正规的学校，也可能是家庭、社区以及各种各样的工作场所，可以是各种各样的经验或者说体验。所以单纯按照场所和形式来进行分类肯定是不够的。这样的话，我们怎样来对终身教育或者终身学习进行识别呢？怎么样进行认证呢？怎么来对这种学习后更好地应用呢？因为目前缺乏这样一种通用的识别、认证、应用体系，学习者是得不到一些部门或者组织的肯定和奖励的，他所要求的如提高薪酬标准或者是从事更专业的劳动等动机得不到满足，不能够让每一个学习者通过终身学习受益，也就是他付出的和他所得到的之间不能够形成一种差额，而且是回报更大的话，就不可能形成动机，也就不可能形成一个终身学习的承担能力，所以这也是在终身教育理论中值得探讨的一个非常重要的问题。

第六节　项目研究报告

本项目的实践起始于 2012 年 10 月，经过三年的实践，取得了一定的成绩。

本研究选取了省级农民技术员培训项目以及开展自考本科、与加拿大合作办学等项目为实践载体。

一、实践成果

1. 基本构建起灵活开放的继续教育体系

以国民教育体系为依托，整合院内各类教育资源，构建了“政校联合 + 校企联动”“学历证书 + 结业证书 + 技能证书”多证融通的继续教育体系。

(1)搭建全日制学历教育和非全日制学历教育的上升空间

全日制学生毕业后可以报考省内的大学，完成本科教育。据不完全统计，2012—2015 年，我院共有 38 名学生分别考入沈阳农业大学、辽宁工业大学、辽宁工程技术大学、沈阳工程学院、沈阳大学、辽宁科技大学、辽宁石油化工大学、沈阳建筑大学、辽宁科技学院、东北财经大学、沈阳师范大学、鞍山师范学院、沈阳航空航天大学、沈阳理工大学、大连工业大学等省内大学的园艺、软件工程、计算机科学与技术、物业管理、旅游管理、金融学、机械设计与自动化、会计学、工程管理、土木工程、学前教育、英语、市场营销等专业(图 6-1)。

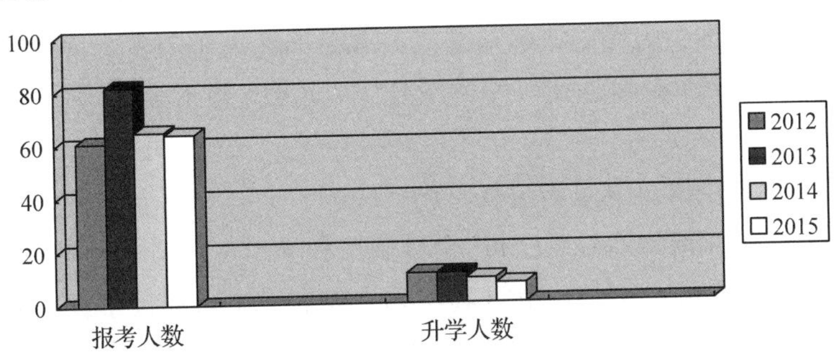

图 6-1　专升本报名和升学情况对比

成人专科、本科生、研究生层次的继续教育有序开展，为我省林业事业培养了一大批合格人才。2013—2015 年，有 346 人获得了专科学历，642 人获得了本科学历，有 9 人获得了研究生学历。

政校企合作方面积极与苏家屯区委组织部联合开展培养新型村干部的培训，有154人报名参加成人高考，经过3年的函授学习获得大专文凭。还积极为企业从业人员开展学历教育，如为沈阳铁路局培养专科学历提高人员30名；为深圳洲际公司培养成人大专生18人。

(2)短期培训与职业技能证书的融合

与省科技厅联合开展农民技术员培养工程，共培养农民技术员641人，学员在获得结业证书的同时还有287人获得了经纪人证书，119人获得绿化工、141人获得花卉园艺师、80人获得林木种苗工职业技能证书。

(3)全日制教育与就业创业教育的有机结合

组织了中国林业职业经理培训，有276名学生获得准林业职业经理人资质证书。

2. 面向社会开放学习资源，搭建终身学习的平台，满足人民群众日益增长的多样化学习需求

(1)社区教育亮点纷呈

以社区、家庭为载体，开办针对不同人群的各类实用型课程。主要对湖西社区居民开展了母婴护理、奥尔夫音乐、感统训练、家政服务、婴幼儿护理、幼儿潜能开发、早教、跆拳道等方面的培训。

(2)以学习型企业建设为载体，建立满足从业人员职业生涯发展和企业生产经营所需要的教育培训机制

行业内为林业从业人员开展护林员培训，为500余家园林企业进行培训、考试，有2346人获得项目负责人证书，为锦州青山局的10名新进员工进行了林业知识的培训，为沈阳市林业基层人员举办林果实用技术培训班，为德中飞美家具(北京)有限公司、博洛尼家居(北京)股份有限公司等举办培训班。

3. 高等教育自学考试有新突破

学生经过三年的学习可以获得“全日制专科学历+自考本科学历”。在校生自考工作取得了新的突破，组织2013级315名学生参加辽宁省自考办组织946科次理论考试；组织315名学生参加主考学校组织的实践考核；新招收172名2014级自考本科学生。目前有自考生44人，本科自考成绩与专科全日制成绩做到了互认。

4. 将国内教育与国际教育接轨

2014年学校与加拿大亚岗昆学院联合培养酒店管理专业的学生首次招生，

在2014年和2015年各录取12人。首次实现了国际合作办学的创新。

二、终身教育体制机制实践创新

1. 实现了继续教育改革的创新

大力发展非学历继续教育，推动高职院校和本科非全日制学历教育与非学历教育协调发展，面向社会开放优质教育资源，承担各类教育培训。探索了政府、企事业、学校联合培养人才的模式，校校联合开展自考、自考和全日制及教学的融通以及政校联合开展成人学历教育，及时跟踪地方支柱产业、优先发展行业、重点企业对专业高技能人才的需求变化，及时开设各类适合地方经济社会发展需要的非学历社会技能培训、岗位培训等，满足各类人员知识更新的需要，加强培训教材建设，适应林业发展的需要。

2. 完善终身教育运行机制，建立健全社会服务以及继续教育的相关制度

建立校内外成员担任的终身教育专家库，组织专家、教授、学者以及专业技术人员为终身教育服务，实现了教学方式与方法的创新。结合不同人群的特点，从专业设置、课程体系、教学内容、教材编写、师资选聘、学生教育与管理入手，做到了理论与实践相结合、基础知识与专业技术教育相结合、校内与校外相结合、教学安排与农事活动相结合、教学内容与学员实际相结合、教师主导作用与调动学员积极性相结合、学员课堂学习与相互交流相结合，形成了体系，针对性强，全方位提升培养人才质量，保证了教学效果。林学院的胡振全老师到清原县的山源中草药合作社实践一年，教学水平和教学效果都有了明显的提高。程龙春、胡振全、林峰三位教师作为我省三区人才服务，到桓仁县有关乡镇开展技术服务，为提高当地居民的教育水平做出了贡献。

3. 实现了人才培养模式的创新

通过自考，学生各科之间成绩可以互相认证，在学生专业毕业的同时可以满足学生学历提高的需要；与国外开展联合办学，拓宽了学生学习的渠道，获得更加先进的理念和知识。

4. 实现了服务社会的创新

切实加强了学校与社会的联系，拓宽了服务渠道。增强了教师服务社会的意识和能力，拓展了教育与科研基地，学员直接走进大学校园，走进课堂，听专家教授讲课，到基地实习，学到了理论、学到了技术，用科技的支撑，发展现代林业，促进农民增收；校园课堂是学院学习知识的基地，农民的苗

圃地、药材园、果园也同样是学院的教学基地。经过实践，学院将新宾青松岭林下种植合作社、清原三源中草药合作社建成了学院的就业创业基地，先后开展了《仿野生林下食用菌栽培》项目，获得省林业科技一等奖；开展了黄精、玉竹等中草药材的组培实验，目前仍在进行中。通过终身教育的开展，拓宽了学院产学研合作的渠道，真正实现了产学研的有机结合，增强了办学活力，扩大了学校的社会影响力。切实达到“学院培训、务林人受益、老师得到锻炼、为地方经济建设服务”的目的。

5. 终身教育激励机制创新

探索对终身教育工作成绩突出的单位和个人进行鼓励的新途径。开展“优秀学员”“学习标兵”等评比，在优秀学员创建的合作社挂牌宣传等，营造终身教育、终身学习的良好氛围。

三、健全终身教育实践载体，积极拓展终身教育形式

通过“课堂教学、技能实训、外出实践、创业训练、社会教育”五大实践环节以及“函授、自考、短期培训、国际教育”四种途径，不断培养学员“专业能力、管理能力、创新能力”三种能力，培养具有较强实践能力和创新精神的高素质、应用型人才。为促进人的全面发展、建设学习型社会做出了贡献。

1. 积极开展省农民技术员培训实践，为新农村建设做出了贡献

(1)项目的由来

该项目实施时间为2013—2015 年，本章节以2014 年为例。建设社会主义新农村、建设山川秀美的新辽宁，是我国现代化进程中的重大历史任务，是振兴东北老工业基地的重要举措。目前，广大农村一缺人才、二缺技术，农民的科技文化素质偏低，已成为农村经济发展的主要瓶颈。特别是在我省林权制度改革、生态公益林建设进程中，在充分保障林农利益的大背景下，在森林尚未产生经济效益时使林农掌握先进的实用技术与现代经营理念、科学管理方法，使林下产业的发展成为增加农户收入的一个新的增长点，提高林农收入，将对森林资源安全等林业生态方面产生良性影响。

为推进我省社会主义新农村建设，2007 年，辽宁省科技厅会同省委组织部、省人事厅、省农委、省财政厅共同实施了“辽宁省农民技术员培养工程”。其主要环节之一是“选拔有一定实践经验的农民进入省内农业高等院校，接受以需求为导向、非学历的技术培训，培养一批懂技术、会经营、留得住、用得上的新型农民”。这一举措为加快农业特色产业基地建设，发展现代农业，

促进辽宁社会主义新农村建设提供了人才保障。“辽宁省农民技术员培养工程”在全国是首创，是培育新型农民的一种新尝试，如何使这一惠民政策真正落到实处，对承担培训任务的高校也提出了新的考验。

辽宁林业职业技术学院作为我省唯一的一所林业高职院，结合学院的资源优势和人才优势，从服务林业主战场、立足行业、面向林农的主旨，通过充分调研，确定了在辽宁主要林区林农中开展园林花木专业和林下经济专业技术培训的项目，旨在通过把省内各地有需求的农民技术员请进校园来进行涉林知识技能的培训，再由这些农民技术员把科技资源带到林区一线，充分发挥新型职业林农建设社会主义新农村的主体作用，实现变输血为换血，使技术常下乡变为技术常在乡。2013 年，获得省科技厅批准立项，同年开展了两期农民技术员培训。在工作的准备及实施过程中，根据调研情况，从农民实际需求出发在组织形式、教学计划、教学组织、技术内容、教学条件标准方面进行了研究与探索，同时在学员结业后进行了跟踪回访，为创立形成辽宁省农民技术员培养工程实施技术体系研究打下基础。2014 年，学院继续申报了“辽宁省农民技术员培养工程”中园林花木专业和林下经济专业的培训项目，再次获得省科技厅的立项审批。学院在总结前两期培训经验教训的基础上，进一步加大工作力度，全面完成合同书的各项任务，超额完成计划指标，同时逐步建立和完善了辽宁省农民技术员培养工程实施技术体系，完成该项目的研究工作。

(2)项目的目的、意义

省农民技术员培养工程实施技术体系的研究与实践，为培养一批“有文化、懂技术、会经营”的新型林农找到了一条适合我省林农实际的有效方法，为加速技术成果的转化找到了新的切入点，伴随着林业产业发展，农村经济实力得以壮大。为做好农村经济发展、农民收入增加这篇文章，有必要培养大批新型职业农民，为我省县域经济发展培养“留得住、用得上、懂经营、善管理”的新型农民致富带头人作用起到应有作用。通过这些“有文化、懂技术、会经营”的新型职业农民技术员的带动和示范作用，切实提高农民整体素质，为农民增收致富提供了技术保障和人才支持。这种教育模式是产学研用结合的最好诠释，也是对农村人才培养工作的一项创新。其承载的意义重大、影响深远、效果良好。

(3)研究成果

2014 年，学院培养“园林花木”专业和“林下经济”农民技术员合计 187

人，超额完成计划150人的预定任务，超计划指标25%。其中园林花木专业137人，林下经济50人。133人获农民科技经纪人证书；151人获得职业技能证书；37人获得了优秀学员、优秀学员干部、乡土专家、村业精英、学习标兵等荣誉称号。

在项目的实施过程中开展的"辽宁省农民技术员培养工程实施技术体系的研究与实践"课题研究工作，在"组织形式、技术内容、保障措施、效益评价"等方面形成了较完善的技术体系，通过学员的跟踪调查和推广应用效果良好，社会效益和经济效益显著。

①创建并完善了"课堂+实训基地+实验林场"教、学、做一体化的农民技术员培养模式。

②形成由"名师+大师+专业的能工巧匠"进行联动的培训教师队伍模式。

③形成园林花木专业、林下经济专业主干课程培训场地、仪器、设备等配置标准。

④产教学研结合成果显著，完成两项科研项目。

⑤学员创新创业能力得到提升。

(4)项目建设内容

按照省科技厅《辽宁省科学技术项目任务合同书》(合同编号2014040001—106)任务要求，结合我省开展的"千万亩经济林工程"，2014年学院继续承担了"农民技术员培养工程"项目中园林花木专业和林下经济专业的培训任务。任务计划150人，实际培养农民技术员187人，超计划指标25%。其中园林花木专业137人，林下经济50人。133人获农民科技经纪人证书；151人获得职业技能证书，37人获得了优秀学员、优秀学员干部、乡土专家、村业精英、学习标兵等荣誉称号。

在项目的实施过程中开展了"辽宁省农民技术员培养工程实施技术体系的研究与实践"的课题研究工作。经过前期准备及2个月的培训实施，在"组织形式、技术内容、保障措施、效益评价"等方面形成了较完善的技术体系，通过学员的跟踪调查和推广应用效果良好，同时产、教、学、研结合成果显著，完成两项科研项目；学员创新创业能力得到提升。

①实地调研：项目组到我省重点林区进行调研，通过走访、座谈、问卷调查等方式了解农民对培训内容、培训方式的需求，为培训计划制订、课程设置、培训内容安排、培训方式确定提供一手材料(图6-2至图6-5)。

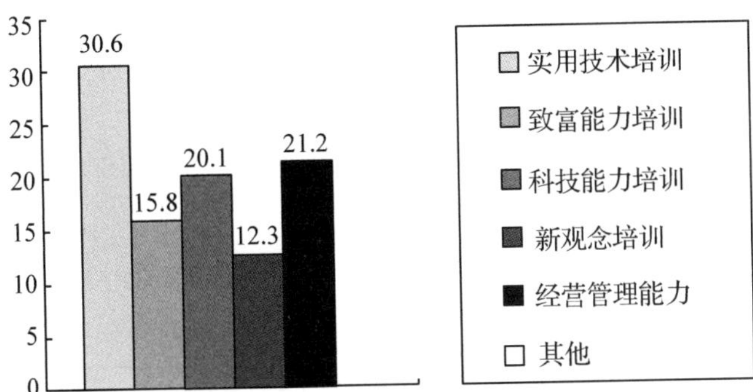

图 6-2　农民对于培训内容需求调查

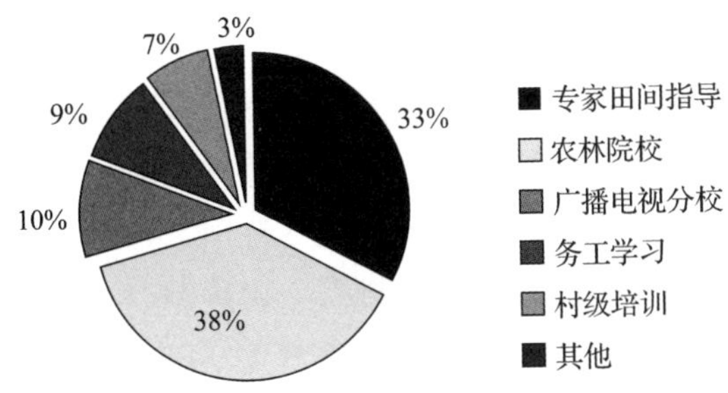

图 6-3　农民对于培训方式需求调查

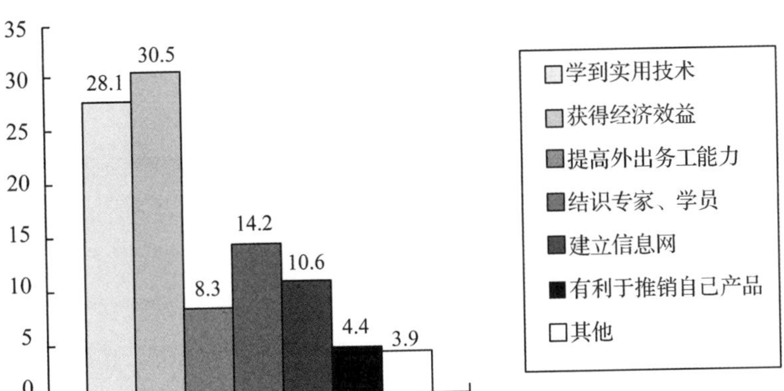

图 6-4　农民对于培训项目需求调查

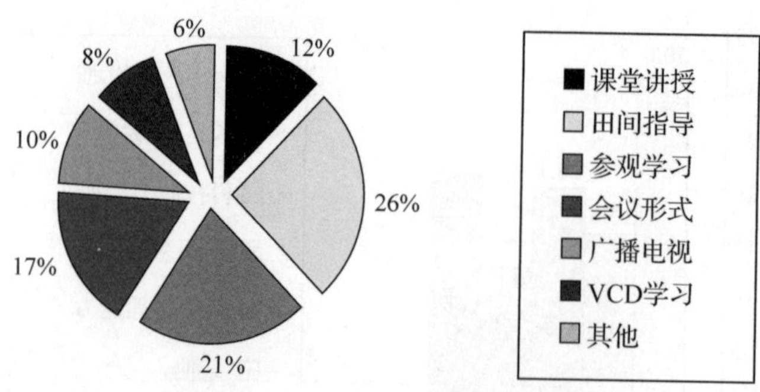

图 6-5　农民对于培训形式的需求

②制定方案：根据调研情况，制定实施方案。包括技术内容要求、培训时间、课程设置、教师队伍建设、组织管理、考核模式、奖励措施等。

③培训对象选定：以辽东山区清原、新宾、本溪县、辽北铁岭及沈阳地区的辽中、康平、法库、苏家屯为重点，并通过当地科技局、林业局，把最渴望得到新技术、新技能、新信息的农民，特别是种植大户、农业技术推广人员、农产品经销商、村干部等在农村有一定影响、有一定生产经验，但在技术更新、观念改变、信息沟通、创新能力有一定不足的人群，根据个人意愿，优先考虑请到学校进行培训学习；同时也重点考虑由 2013 年前两期学员返乡后辐射带动前来学习的学员及老学员实践后期待再次带着新问题来学习的学员。

④培训期间管理办法：做好教学管理工作。贯彻《辽宁省农民技术员培训工程实施方案》(辽科发[2007]42 号)要求，以“培养懂技术、善经营、留得住、用得上的新型农民”为目标，组织教学管理，保证质量；聘请首席专家、名师及行业专家共同制订教学大纲和教学计划，主持教学活动；制订各专业培训计划、培训大纲，有针对性地设置培训内容。根据我省区域特色农业产业发展需求，在突出职业技能培训实用性的同时，加强现代经营管理理念的培养。总体培训时间为 2 个月，授课时间不少于 320 学时，市场经营、合作社管理、政策法规、计算机等经管素质类课程不少于总学时的 30%，专业主干课程需安排课时加入相当的试验、实践内容，制订培训大纲：突出“针对性”和“实用型”的特点；加强综合素质和实践技能的培养面向“市场”，与农村区域经济建设机密结合；贯彻产学研相结合的原则；从学员从事的生产实际需要出发，调查人才的知识结构；学员结业后，为方便上网查询资料，掌握行业动态，教学计划中开设“计算机基础”或“网络营销”课程；坚持理论联

系实际，采用课堂教学与现场教学相结合的授课方式；加强实践教学，能在田间(基地)上的课就不在教室上；坚持理论课与实践课相结合、校内实习与校外参观相结合。在培训时间安排上，本着教学与农时相结合的原则，尽量结合农时来安排课程，便于学员学以致用，在春种和秋收季节，给学员一定时间回家搞生产实践，安排好自己经营的产业项目，保证学习、生产两不误。聘任具有深厚理论功底、丰富实践经验且责任心强的教师任教，专业课教师应具有副高级以上职称。教师依教学计划，编写教案和讲稿(含电子教案和电子讲稿)授课遵循教学规律，保障学员学习效果。授课内容有先进性、实用性，切合农民学员的需求。授课方式灵活多变，做到深入浅出，通俗易懂。

A：园林花木专业培训大纲

通过本课程学习，能掌握本专业的基本理论，基本知识和实践技能，了解本专业的理论前沿，应用前景和最新发展。使学员掌握园林花卉生产与经营、园林苗木生产与经营、病虫害、苗木造型、营销策略等的基础理论和实用技术。为今后从事或指导园林花木专业的花卉生产，园林苗圃植物生产，苗木造型与养护，苗圃经营与管理等工作奠定理论基础和实践技能。

授课地点：校内实训室和实训基地、苗圃、林场。

授课形式：课堂讲授与现场实训相结合。

课程设置(表6-1)：植物识别、花卉生产与经营技术、林木种实生产技术、植物工厂化育苗技术、苗圃生产与经营技术、病虫害防治技术、园林植物造型技术、网络营销、经纪人课程。

表6-1　园林花木专业课程安排

课程名称		学时数			
		理论授课与现场教学	实践	其他	备注
1	植物识别	16	8		
2	苗圃生产与经营技术	16	28		
4	花卉生产与营销策略	16	24		
6	病虫害防治技术	16	8		
7	植物工厂化育苗技术	16	16		

（续）

课程名称		学时数			
		理论授课与现场教学	实践	其他	备注
8	林木种实生产技术	12	12		
10	计算机应用(网络营销)	16	16		
11	创新创业经纪人课程			24	
12	经验交流、活动			20	
13	专题讲座			16	
14	参观、考察			40	
	合计	132	100	88	320

B：林下经济专业培训大纲

通过本课程学习，能熟悉林地经济专业的基本知识和技术，了解林地经济的应用价值、生产现状和发展前景，使学员掌握山野菜、中草药和食用菌的栽培技术与营销策略，能够从事林地经济的生产与管理工作。

授课地点：校内实训室和实训基地、苗圃、林场。

授课形式：课堂讲授与现场实训相结合。

课程设置：食用菌生产技术、苹果生产技术、中草药山野菜生产技术、榛子种植技术、设施葡萄生产技术、网络营销、植物病虫害防治技术、植物种子处理技术、经纪人课程(表6-2)。

表6-2 林下经济专业课程设置

课程名称		学时数			
		理论授课与现场教学	实践	其他	备注
1	计算机应用	8	16		
2	植物种子处理技术	16	8		
3	山野菜、中草药栽培技术	24	8		
5	食用菌栽培技术	16	24		
6	设施葡萄生产技术	8	16		
7	病虫害防治技术	8	16		

（续）

课程名称		学时数			
		理论授课与现场教学	实践	其他	备注
8	苹果生产技术	12	16		
9	榛子生产技术	16	8		
10	创新创业经纪人课程			24	
11	经验交流、竞赛			20	
12	专题讲座			16	
13	参观、考察			40	
合计		132	100	88	320

学员素质培养计划。专业技能培养与综合素质教育并重，在思想道德素质、科技素质、科技能力、表达能力、传播能力、信息处理能力、团队合作能力等综合素质得到提高。通过开展农民技术员上台讲、学习科技自主创业、专题讲座、知识技能竞赛、与成功者交流、座谈、参观考察、开展丰富多彩的文体活动等多种活动，提高学员综合素质。以讲座方式安排农业企业管理、合作社管理、林改政策法规等经营管理课程；以请老学员做创业报告、经验介绍、与行业专家座谈等方式进行自主创业意识培养；以演讲“农民技术员上讲台”、征文“在希望的田野上”“植物识别比赛”“林下作物识别比赛”等方式进行综合素质训练。以专家、教授做社会主义核心价值观、企业管理以及林业发展等方面的讲座进行综合素质培养。以参观、考察方式开阔眼界，增加学员创业信心。以学习竞赛及各类文体活动，丰富学员校园文化生活（表6-3）。

做好服务工作。成立以主管院长为组长的教学管理领导小组，各班级配备专职班主任。建立以寝室为单位的学习小组。建立教学检查、督导制度，及时发现、解决各环节存在的问题，保障教学计划的落实和教学目标的实现。

建立跟踪服务的长效机制。在学员返乡实践（或返乡学习）期间，选择典型乡镇，组织教师到学员的田间进行现场教学和指导；加强与结业学员的联系，定期开展跟踪指导和延伸培训，为学员提供持续的技术支持。

做好档案管理。做好培训过程的文字、音频、视频、图片的采集保存及各教学环节的档案管理工作。在每期培训班开学的第一周期前，完成农民技术员管理信息系统学员信息录入工作。

⑤技术培训内容安排

培训内容突出实用性和针对性针对农民技术员的需要，以应知应会、实践操作技能为重点内容进行技术培训；以创新课程训练进行自主创业意识培训；以“专业基础知识够用、实用技术为主、兼顾素质培养、注重实践环节、动手能力培养贯穿始终”为理念，分专业设置主干课程。培训内容做到“技术技能实用、观念理念够新”，在执行计划的同时，一般在学员入学后上课前根据学员需求进行适当微调，比较灵活地掌握或根据情况增加讲座和课后交流。

表 6-3　素质培养计划与创新创业课程安排

目的	项目内容	备　注
锻炼口才，提高语言表达能力，促进新技术传播效果	农民技术员上讲台讲演比赛	党支部、班委会组织
拓展思维，培养科技引进先行者	《现代林业理论与可持续发展》讲座	学院派员主讲
培养服务村民共同致富责任感	重温入党誓词加强团队合作	与培训中心党总支联合开展创新党日活动
掌握科技富民新政策	辽宁省科技厅的农民科技政策讲座，农业新常态、农村金融问题、省科技厅的新型农业科技服务体系、农业生产方面科技政策解读	省科技创新体系建设服务中心派员主讲
树立榜样力量，培养责任心	开原国营柴河林场、苗圃参观，与五一奖章获得者座谈	石场长主讲
学习、分享成功经验	到铁岭县山北苗木专业合作社参观	参观同班学员合作社，韩翠平主要介绍
学习成功者创业经验，树立信心	到抚顺县汤图广顺中草药山野菜合作社参观座谈	合作社社长邱广顺向学员介绍创业经历
分享成功理念、提高科技素质	专业合作社建立与发展、农超对接怎样做、分享成功经验、座谈	营口市绿泰创意花卉果蔬专业合作社理事长王永刚
经纪人常识，优质农产品电商平台的资源运用	如何做一名称职的经纪人	省经纪人协会派员讲授

（续）

目的	项目内容	备　注
文笔训练	在希望的田野上征文比赛	班委会、党支部
学习能力训练	植物识别比赛	班委会、党支部
锻炼网络营销、信息处理能力	计算机应用比赛	班委会、党支部
道德修养训练	社会主义核心价值观讲座	思政课教师主讲

A：学时安排

每个专业安排学时 320 学时，其中理论授课与现场教学 132 学时，占 41.25%，实践 100 学时，占 31.5%，创新创业课程 24 学时，占 7.5%，专题讲座 16 学时，占 5%，经验交流、活动 20 学时，6.25%，参观、考察 40 学时，占 12.5%。

B：教学组织

培训教学进程安排见表 6-4、表 6-5。

⑥培训方式

(1)创建并完善了“课堂 + 实训基地 + 实验林场”教、学、做一体化的培养模式(图 6-6 至图 6-12)。

实行理论和实践相结合、课堂教学和现场教学相结合、专题讲座和职业技能培训相结合、教学安排与农事活动相结合、教学内容与农村实际需要相结合的教学方式，突出实用技术培养。

培训地点根据具体内容安排在实训基地、苗圃、林场里进行。让学员多动手。将植物识别、花卉生产与经营、园林苗圃技术、林木种实生产、植物工厂化育苗、园林花木造型技术、病虫害防治等课程安排在学院的林盛基地、组培训中心、各实训室、实验林场、沈阳长青葡萄科技有限公司、科发大果榛子种植合作社、添富长苹果专业合作社上，让学员动手做、边做边学、亲自管理。

外出实习、实训、实践、参观考察，扩大学员视野。组织学员到沈阳南湖和富莱美花卉市场、上深沟花卉基地、开原山北苗木专业合作社、国营柴河林场、开原名优葡萄生产基地、苏家屯区永乐葡萄基地、抚顺县汤图中草药山野菜合作社、科发大果榛子种植合作社等地进行实践教学。

表 6-4　第三期农民技术员培训班课程表(园林花木专业)

2014 年 5 月 19 日—7 月 18 日上午课程 8:10—11:45;下午课程 13:00—16:30　在实训室、林盛基地、林场以及花窖上课的老师请在课前通知学生

日	一	二	三	四	五	六
	5 月 19 日(学员报到)	20 日(上午开班仪式综合楼 6 楼报告厅;下午苗圃、实训室 204,程龙春)	21 日(苗圃、实训室 204,程龙春)	22 日(苗圃、实训室 204,程龙春)	23 日(上午苗圃、实训室 204,程龙春;下午活动:参观学院)	24 日(苗圃、实训室 204,程龙春)
31 日(返乡实践)	25 日(苗圃、实训室 204,程龙春)	26 日(植物、实训室 204,刘丽馥;下午活动:上讲台)	27 日(学术报告)	28 日(苗圃、实训室 204,程龙春)	29 日(苗圃、实训室 204,程龙春)	30 日(返乡实践)
7 日(病虫害、实训室 204,刘侠	6 月 1 日(返乡实践)	2 日(返乡实践)	3 日(植物、实训室 204,刘丽馥)	4 日(植物、实训室 204,刘丽馥)	5 日(上午植物、实训室 204,刘丽馥;下午活动:植物识别竞赛)	6 日(病虫害、实训室 204,刘侠)
14 日(返乡实践)	8 日(病虫害、实训室 204,刘侠)	9 日(经纪人课程)	10 日(经纪人课程)	11 日(经纪人课程)	12 日(返乡实践)	13 日(返乡实践)
21 日(花卉、实训室 204,林峰)	15 日(返乡实践)	16 日(教师现场指导:程龙春、培训中心老师)	17 日(教师现场指导:程龙春、培训中心老师)	18 日(花卉、实训室 204,林峰)	19 日(花卉、实训室 204,林峰)	20 日(花卉、实训室 204,林峰)

（续）

日	一	二	三	四	五	六
28日（返乡实践）	22日（计算机、实训室505，靳来素）	23日（计算机、实训室505，靳来素；下午活动：定点投篮比赛）	24日（实践活动：去开原考察苗圃）	25日（林木种实、实训室204，张梅春）	26日（林木种实、实训室204，张梅春）	27日（林木种实、实训室204，张梅春）
5日（返乡实践）	29日（返乡实践）	30日（返乡实践）	7月1日（返乡实践）	2日（返乡实践，教师现场指导：林峰、培训中心老师）	3日（返乡实践，教师现场指导：林峰、培训中心老师）	4日（返乡实践）
12日（计算机、实训室505，靳来素	6日（返乡实践）	7日（返乡实践）	8日（教师现场指导：刘侠、李艳杰、培训中心老师）	9日（教师现场指导：刘侠、李艳杰、培训中心老师）	10日（植物、实训室204，刘丽馥）	11日（学术报告）
13日（计算机、实训室505，靳来素；下午活动：计算机比赛）	14日（工厂化育苗、实训室204，金丽丽）	15日（工厂化育苗、实训室204，金丽丽；下午活动：评优）	16日（工厂化育苗、实训室204，金丽丽）	17日（工厂化育苗、实训室204，金丽丽；下午活动：师生座谈会）	18日（结业典礼）	

表 6-5　第三期农民技术员培训班活动表(林下经济专业)

2014 年 5 月 19 日—7 月 18 日上午课程 8:10—11:45;下午课程 13:30—16:30　在实训室、林盛基地以及组培中心上课的老师请在课前通知学生

日	一	二	三	四	五	六
	5 月 19 日(学员报到)	20 日(上午开班仪式,综合楼 6 楼报告厅;下午食用菌、实训室 208,曹丽茹)	21 日(食用菌、实训室 208,曹丽茹)	22 日(食用菌、实训室 208,曹丽茹)	23 日(上午食用菌、实训室 208,曹丽茹;下午活动:参观学院)	24 日(计算机、实训室 505,邓铁军
25 日(计算机、实训室 505,邓铁军)	26 日(计算机 、实训室 505,邓铁军;下午活动)	27 日(学术报告)	28 日(食用菌、实训室 208,曹丽茹)	29 日(食用菌、实训室 208,曹丽茹)	30 日(返乡实践)	31 日(返乡实践)
6 月 1 日(返乡实践)	2 日(返乡实践)	3 日(种子处理、实训室 208,李晓黎)	4 日(种子处理、实训室 208,李晓黎)	5 日(种子处理、实训室 208,李晓黎)	6 日(果树、实训室 208,蔡之博)	7 日(果树、实训室 208,蔡之博
8 日(果树、实训室 208,蔡之博)	9 日(经纪人课程)	10 日(经纪人课程)	11 日(经纪人课程)	12 日(返乡实践)	13(返乡实践)	14 日(返乡实践)
15 日(返乡实践)	16 日(教师现场指导:曹丽茹、培训中心老师)	17 日(教师现场指导:曹丽茹、培训中心老师)	18 日(榛子、实训室 208,聂媛)	19 日(榛子、实训室 208,聂媛)	20 日(榛子、实训室 208,聂媛)	21 日(上午计算机比赛;下午校园园林植物识别)

（续）

日	一	二	三	四	五	六
22 日（中草药、实训室 208，胡振全）	23 日（中草药、实训室 208，胡振全；下午活动）	24 日（实践活动：去开原考察苗圃）	5 日（设施葡萄、实训室 208，赵常青）	26 日（设施葡萄、实训室 208，赵常青）	27 日（设施葡萄、实训室 208，赵常青）	28 日（返乡实践）
29 日（返乡实践）	30 日（返乡实践）	1 日（返乡实践）	2 日（教师现场指导：蔡之博、培训中心老师）	3 日（教师现场指导：蔡之博、培训中心老师）	4 日（返乡实践）	5 日（返乡实践）
6 日（返乡实践）	7 日（返乡实践）	2 日（教师现场指导：赵常青、培训中心老师）	2 日（教师现场指导：赵常青、培训中心老师）	10 日（中草药、实训室 208，胡振全）	11 日（学术报告）	12 日（中草药、实训室 208，胡振全
13 日（中草药、实训室 208，胡振全；下午活动：林下经济作物识别比赛）	14 日（病虫害、实训室 208，李艳杰）	15 日（病虫害、实训室 208，李艳杰；下午活动：评优）	16 日（病虫害、实训室 208，李艳杰）	17 日（病虫害、实训室 208，李艳杰；下午活动：师生座谈会）	18 日（结业典礼）	

图 6-6 “苗圃生产与经营技术”林盛基地实训课

图 6-7 “葡萄丰产栽培技术”理论课

图 6-8 “葡萄丰产栽培技术”课在长青葡萄科技有限公司基地实践

图 6-9 学员在沈阳富莱美花卉市场参观

图 6-10 学员参观学院实验林场

培训期间，结合农事组织学员返乡实践，将学到的技术应用到实践中去，解决在农业、林业等生产中遇到的一些问题，培训教师到现场指导。同时向抚顺市、沈阳市、本溪市等地农民发放了由学院专家主编的《林业实用技术》1000本。学院的任课教师与学员建立了常年的联系，通过QQ、微信、电话等方式随时解决学员生产中遇到的问题。

图6-11　项目主持人王巨斌教授到学员基地现场指导

图6-12　项目参加人王艳霞、魏岩到学员基地指导

A：教学手段

理论课全部采用电化教学手段，做到教学直观，图文并茂，使学员可以边听边看，一目了然。

B：教学秩序管理

学员每天签到、教师填写日志(表6-6)。

表6-6 第三期农民技术员培训班林下经济专业果树生产技术课程签到簿(2014年6月11日)

序 号	学员签字	序 号	学员签字	序 号	学员签字
1		21		41	
2		22		42	
3		23		43	
4		24		44	
5		25		45	
6		26		46	
7		27		47	
8		28		48	
9		29		49	
10		30		50	
11		31		51	
12		32		52	
13		33		53	
14		34		54	
15		35		55	
16		36		56	
17		37		57	
18		38		58	
19		39		59	
20		40		60	

任课教师：蔡之博

C：考核体系

采取多种考试考核方式，闭卷、开卷、现场问答、实验结果考察、产品考核等。

经考试、考核、审核合格，可获得辽宁省《农民技术员结业证书》；辽宁省科学技术厅、辽宁省工商行政管理局联合颁发的《经纪资格证书》；国家人力资源与社会保障部颁发的《职业资格证书》(《绿化工》《种苗工》或《花卉园艺师》)。

⑦教学条件标准

A：教师队伍建设

组建实践能力强的师资队伍，选派实践经验丰富的专家、名师任教，同时还在校外聘请了行业大师、能工巧匠与行家里手共同组成教师团队为培训班授课、指导。形成了“名师＋大师＋专业的能工巧匠”联动的培训教师队伍(表6-7)。

表6-7 教师团队情况一览表

序号	姓名	职称	研究方向	备注
1	邹学忠	国家二级教授	林学	首席专家、博士生导师
2	王巨斌	教授	林学	首席专家
3	赵常青	教授	设施葡萄生产技术	沈阳市林业果树研究所研究员，中国农学会葡萄分会常务理事，国家葡萄产业体系团队专家、行业大师
4	蔡之博	教授研究员级高级工程师	苹果生产技术	沈阳市林业果树研究所研究员，行业大师
5	何武江	教授研究员级高级工程师	技术培训组织与管理	行业专家
6	李艳杰	教授	植物病虫害防治技术	专业带头人、多家企业技术顾问、名师
7	刘侠	教授研究员级高级工程师	植物病虫害防治技术	知名病虫害防治专家
8	张梅春	教授	植物种子处理技术	名师
9	段婷婷	工程师	培训组织与管理	
10	邓铁军	副教授	网络营销	名师、专业带头人
11	靳来素	教授	计算机应用	名师

（续）

序号	姓名	职称	研究方向	备注
12	曹丽茹	副教授	食用菌生产技术	行业专家
13	杨奕			能工巧匠
14	聂媛	教授研究员级高级工程师	榛子种植技术	行业专家
15	吴泽南			能工巧匠
16	胡振全	副教授	中草药、山野菜生产技术	骨干教师
17	梁君			能工巧匠
18	李晓黎	副教授	林木种实生产技术	教授
19	王艳霞	教授	培训组织与管理	
20	林峰	副教授	花卉生产与经营技术	省科技特派员、行业专家、专业带头人
21	田大田	工程师	花卉生产与经营技术	能工巧匠
22	程龙春	高级工程师	园林苗圃生产与经营技术	行业专家、省科技特派员
23	魏岩	教授	园林技术	名师、专业带头人
24	赵鑫	副教授	植物工厂化育苗技术	博士、主持多项科研项目并获省级科学技术奖
25	金丽丽	副教授	植物工厂化育苗技术	
26	王书凯	教授	植物识别	名师
27	刘丽馥	副教授	植物识别	骨干教师
28	韩立文	教授	园林植物造型技术	名师
29	雷庆峰	教授	林业技术	专业带头人
30	柴艳	教授	技术培训组织	
31	李晓明	教授	林政法规	首席专家
32	陈明明	副教授	社会科学	专业带头人
33	彭瑜	实验员	林业技术	

B：实训条件

教学仪器设备标准。“园林花木”专业、“林下经济”专业实训场地、仪器设备等配置标准主要包括：

实训基地建设是学员学习专业知识、训练专业技能、培养职业素质的重要场所，同时还肩负着拓展学员视野、培养创新能力的重任。为了更好地满足农民技术员培养需求，培养专业技能熟练、职业素养高的农村科技带头人，构建科学、合理实践教学体系，配置适应教学需要的专业实验、实训仪器设备和场地条件是十分必要的。学员通过林木种子质量检测、苗木繁殖与栽培、植物分类、病虫害防治等实验与实训教学，提高实践技能和动手能力，以保障农民技术员的培养质量。

“林下经济”“园林花木”专业实训、实践教学过程中使用的教学场所主要有位于校内的种子检测实训室、苗木繁育实训室、植物实训室、病虫害防治实训室、食用菌实训室。校外实训基地主要有实验林场一处，位于抚顺市清原县，林场总经营面积 4008 公顷，并专门设置为教学服务的 431 公顷实验林。自然资源丰富，植物保存完整，建有实习专用的标准地、植物园、果材兼用林等场所，可安排林下经济、园林花木专业实习实训项目的专业技能实训和职业能力的综合训练、提供生产案例。6350 平方米的实习实训楼同时满足 600 名学生教学实训与住宿生活的需要，内设各类实验室和教室 22 个，集教学、生产、科研、服务、休闲于一体的多功能教学基地，是全国林业高职院中最大的实习实训基地。葡萄生产实训基地(与沈阳长青葡萄科技有限公司共建)位于沈阳市光辉农业示范区内(于洪区光辉乡)，是一家从事葡萄应用科研与繁育为主的民营企业。基地面积 100 余亩，水电设施齐备，其中拥有专供葡萄苗木生产所用的日光温室及大棚设施 50 余栋，葡萄嫁接苗木生产技术处于同行业领先水平，年生产优质嫁接苗木 50 余万株。满足葡萄栽培管理课程的全部实践环节需要。果树生产实训基地(与天富长果树种植采摘专业合作社共建)位于沈阳市苏家屯区沙河镇前岗子村，一至多年生寒富苹果树 300 余亩，满足苹果丰产栽培管理课程的全部实践环节需要。生产技术实训基地位于沈阳市苏家屯区林盛镇，占地面积 10 000 平方米，现代化玻璃温室生产面积 1000 平方米，高效日光温室生产面积 3200 平方米，可满足花卉生产与经营技术培训需求。

C：其他配套标准

食：餐饮中心、学生宿舍可满足学员食宿。

住：免费为学员提供被、褥、床单、被罩等住宿用品，外地减轻学员行李负担。

备品：为学员免费发放教材、林农实用技术手册、学员手册及《绿化工》等职业技能鉴定手册。

其他：制作《学员证》，学员持证在规定时间可以到图书馆阅览室借阅书籍，计算机室、体育馆定期对学员开放。定制学员专用学习笔记、手提袋。

学员入校后统一体检(图6-13)；并为学员购买发放篮球、乒乓球、象棋、跳棋等体育用品，丰富学员的业余生活。

图6-13　学员在校卫生院体检

参考文献

[1]国家中长期教育改革和发展规划纲要(2010—2020年)[M]. 北京：人民出版社，2010.

[2]张伟远，段承贵. 终身学习立交桥建构的国际发展和比较分析[J]. 中国远程教育，2013(9)：9－15.

[3]现代汉语词典[M]. 5版. 北京：商务印书馆，2005：1801.

[4]张伟远，段承贵. 试析欧盟构建资历和学分跨国互认终身学习体系的运作[J]. 中国远程教育，2013(11)：20－26.

[5]香港特区教育局. 2012a. 资历架构[DB/OL]. http：//www.gov.hk/guic/home.asp，2014－05－07.

[6]卢玉梅，王延华，孙静怡. 从资格框架看我国"学分银行"制度中学习成果框架的建立[J]. 中国远程教育，2013(11)：36－41.

[7]杨健民，陈东山. 终身教育的立交桥：香港资历架构的体系和实践[A]. 第十三届海峡两岸终身教育论坛论文集[C]. 西安：西安交通大学出版社，2012. 117－121.

[8]香港特区教育局. 2012a. 资历架构[DB/OL]. http：//www.gov.hk/guic/home.asp，2014－05－07.

[9]齐幼菊，龚祥国. 社会终身教育及其体系构架探析[J]. 中国远程教育，2010(11).

[10]靳培培. 终身教育和学习型社会视阈下高等教育的定位分析[J]. 成人教育，2012.

[11]吴遵民，张媛. 终身教育思潮下我国高等教育自考的定位与发展契机[J]. 终身教育研究，2008.

[12]陈乃林，祝爱武. 终身教育视野下高等教育观念的解构与嬗变[J]. 江苏高教，2006.

[13]克里斯托弗·K·纳普尔，阿瑟·J·克罗普利. 高等教育与终身学习[M]. 上海：华东师范大学出版社，2003.

[14]王莉芬，刘慧玲，廖端芳. 终身教育对我国高等教育创新的启示[J]. 惠州学院学报(社会科学版)，2004.

[15]郑静荣. 教师终身教育体制的建构. 教育教学论坛，2015.